D1727256

Jörg Roche · Xenolekte

Soziolinguistik und Sprachkontakt
Sociolinguistics and Language Contact

Herausgegeben von / Edited by
Norbert Dittmar

Band 5 / Volume 5

Walter de Gruyter · Berlin · New York
1989

Jörg Roche

Xenolekte

Struktur und Variation im Deutsch
gegenüber Ausländern

Walter de Gruyter · Berlin · New York
1989

CIP-Kurztitelaufnahme der Deutschen Bibliothek

Roche, Jörg:
Xenolekte: Struktur und Variation im Deutsch gegenüber
Ausländern / Jörg Roche. — Berlin; New York: de Gruyter,
1989
   (Soziolinguistik und Sprachkontakt; Bd. 5)
   Zugl.: Frankfurt (Main), Univ., Diss., 1986
   ISBN 3-11-011819-X
NE: GT

Satz: Werksatz Marschall, Berlin
Druck: Rotaprint-Druck W. Hildebrand, Berlin
Bindearbeiten: Lüderitz & Bauer, Berlin

Meinen Eltern

Vorwort

Die vorliegende Untersuchung behandelt linguistische Aspekte ungleicher Gesprächssituationen, in denen die eine Seite sich auf ihre Muttersprache stützen kann, während die andere sich mit Annäherungsstufen dieser Zielsprache mühen muß. Es wird vor allem den Fragen nachzugehen versucht, wie die (muttersprachlichen) Sprecher der Zielsprache auf die Schwierigkeiten ihrer ausländischen Gesprächspartner reagieren und wie sich diese Reaktionen in ihrer eigenen Sprechweise ausdrücken. Die linguistische Behandlung solcher Kommunikation geht dabei nicht mehr so stark von den Normen der Standardsprache aus, sie beabsichtigt vielmehr, Ansätze einer eigenen Systematik der *Xenolekte* zu entwickeln.

Die Arbeit hat in ihren verschiedenen Durchführungs- und Entstehungsphasen von unterschiedlichen Seiten Kritik und Unterstützung erfahren, für die ich mich auch an dieser Stelle bedanken möchte. Dieser Dank gilt den Mitgliedern der Heidelberger Arbeitsgruppe des ESF-Projektes um Rainer Dietrich für ihre Unterstützung bei der Datenerhebung sowie Yves Fuchs für die minutiöse Herstellung des Typoskriptes einer früheren Version der Textsammlung und Inge Tarim für die professionelle Anfertigung der Graphiken. Als sehr große Hilfe habe ich auch die treffenden Kommentare, Anregungen, Verbesserungs- und Erweiterungsvorschläge von Mary Carroll, Veronica Ehrich, Volker Hinnenkamp, Louise Jansen, Brigitte Schlieben-Lange, Horst-Dieter Schlosser und Harald Weinrich angesehen, für die ich ihnen großen Dank schulde.

Mein besonderer Dank gilt darüber hinaus Wolfgang Klein für die Schaffung ausgezeichneter Arbeitsbedingungen und für die Mühen der Betreuung des Forschungsvorhabens, allen meinen Informanten für ihre bereitwillige und geduldige Mitarbeit und natürlich meiner Familie für die vielfältige Unterstützung und das große Verständnis.

Die Untersuchung ist durch ein großzügiges Stipendium der Max-Planck-Gesellschaft gefördert und am Max-Planck-Institut für Psycholinguistik in Nijmegen, Niederlande, durchgeführt worden. Sie wurde von der Johann-Wolfgang-Goethe-Universität Frankfurt 1986 als Dissertation angenommen.

April 1989   Jörg Roche

Inhaltsverzeichnis

1. Einleitung

Wenn Sprecher mit Ausländern kommunizieren, von denen sie annehmen oder wissen, daß sie die Zielsprache nicht oder nur schlecht beherrschen, versuchen sie oft, ihr „normales" Sprachverhalten so zu verändern, daß sie für die Adressaten verständlich werden. Abgesehen davon, daß sie im Rahmen sozialer Kommunikationsnormen die Kommunikation gegebenenfalls abbrechen oder vermeiden können, haben sie mehrere Möglichkeiten der Fortsetzung der Kommunikation.

1. Sie können in die Muttersprache des Adressaten oder eine andere Verkehrsprache wechseln.
2. Sie können versuchen, sich in beschränktem Rahmen non-verbal verständlich zu machen.
3. Sie können Veränderungen ihrer eigenen Sprechweise vornehmen, die das Verstehen vermeintlich vereinfachen.

Diese Arbeit befaßt sich mit letztgenannten Veränderungsmöglichkeiten der eigenen Sprache, und zwar schwerpunktmäßig mit den spezifischen Eigenschaften struktureller Vereinfachung der Sprache im Bereich der Syntax, der Semantik und des Lexikons, der Morphologie und der Phonologie. Diese Vereinfachungen sollen in ihrer eigenen Systematik und nicht als Defizienz des bezugssprachlichen Systems erfaßt werden. Sie werden anschließend auf die Einflußfaktoren ihrer Variation untersucht. Dabei soll festgestellt werden, ob von unterschiedlichen Konzepten der Simplifizierung oder lediglich von bestimmten die Variation beeinflussenden sprechertypischen, adressatenbedingten, pragmatischen oder normbedingten Rahmenvariablen auszugehen ist. Die Veränderungen der Sprache zeigen unter Umständen Konsequenzen für den Adressaten: zum Beispiel könnten bei ihm durch die Verwendung nicht zielgerechter Sprache durch einen „Muttersprachler" Gefühle der Abwertung entstehen oder ganz allgemein ein Fortgang seines Zielspracherwerbs behindert werden. Diese Arbeit kann sich nur auf wenige Vorgaben anderer Arbeiten aus dem Untersuchungsgebiet stützen. Als Randgebiet der Spracherwerbsforschung in einem zudem noch sehr schwer zugänglichen Feld wurde der gesamte Arbeitsbereich stark vernachlässigt. Es scheint daher absolut notwendig, die Struktur der in authentischen Gesprächssituationen gewonnenen Daten ausführlich darzustellen und an Textausschnitten zu belegen. Die dargestellten Regularitäten betreffen die empirisch ermittelte Systematik der Sprechweise zahlreicher Informanten aus einem begrenzten Aufnahmegebiet. Auch wenn Authentizität und Repräsentativität der Daten als voll gewährleistet gelten können, ist wie stets bei empirischen Arbeiten eine gewisse Vorsicht bei der Generalisierbarkeit der Befunde angebracht. Diese vorausgeschickte Einschränkung macht jedoch weder Methode noch Ergebnisse dieser Arbeit unangreifbar. Sie soll lediglich darauf hinweisen, daß sowohl die interesseleitenden Fragen, als auch die Untersuchungskategorien, bei Kenntnis der relevanten Forschungsrichtungen und -methoden des Untersuchungsgebietes und angrenzender Gebiete, stark an den Besonderheiten und Erfordernissen des zur Verfügung stehenden Datenmaterials ausgerichtet sind. Der Vorteil einer solchen Vorgehensweise besteht aber andererseits gerade darin, den Zielen der Aufgaben, der Untersuchung der eigenen Systematik von Xenolekten, in besonders geeigneter Weise gerecht werden zu können.

Die Untersuchung ist keine statistische, sondern eine exemplarische. Beim gegebenen Forschungsstand scheint es viel zu verfrüht, bestimmte Erscheinungen und Einflußgrößen statistisch erfassen zu wollen. Dies kann beschränkt nur in einem orientierenden Umfang geschehen, da bisher nicht hinlänglich geklärt ist, welches überhaupt die relevanten Erscheinungen des Untersuchungsgegenstandes und deren relevante Einflußgrößen sind. Wie noch gezeigt werden wird, sind die zahlreichen, diese Faktoren nicht berücksichtigenden Arbeiten zum Thema als wenig hilfreich und oft sogar als 'fehlleitend' zu bezeichnen, da sie mit bestimmten Signifikanzen häufig zufällige Erscheinungen, Epiphänomene oder durch die Erhebungsmethode induzierte Artefakte als gegebene Größen festschreiben wollen. Auch auf diese Probleme wird an den entsprechenden Stellen ausführlich eingegangen werden.

Die Darstellung der Untersuchung ist durch zahlreiche Transkriptionen von Originaltexten belegt, die vorwiegend dem rheinfränkischen (hessischen und pfälzischen) Sprachgebiet entstammen.

2. Untersuchungen von Xenolekten: Arbeitsgebiete, Ergebnisse, offene Fragen

Aus der kurzen Geschichte der Xenolektforschung lassen sich andeutungsweise verschiedene Ansätze erkennen:

— statische zweitspracherwerbsbezogene Eingabeforschungen
— interaktionistische Strategienforschungen
— soziolinguistisch-ethnomethodologisch motivierte Untersuchungen, zunächst nur als Registerforschung betrieben
— sozialpsychologische Experimentalstudien zu Bewertungen von 'Fremdartigkeit' und Abwertungsmotiven
— spekulative und fragmentarische Erörterungen von Einzelfragen zum Erwerb von Xenolekten.

Weit entfernt von einem auch nur rudimentären Gesamtkonzept xenolektalen Sprechens sieht sich die Forschung mit bisher ungelösten methodischen Problemen konfrontiert. Aus diesem Grunde sind mögliche vorhandene Ergebnisansätze noch vorsichtig zu bewerten und an den später dargestellten Kriterien kritisch zu überprüfen. Die Problematik setzt häufig aber bereits dort ein, wo die Relevanz der Qualität der stützenden Daten falsch eingeschätzt oder gar völlig ignoriert wird und wo mittels Angaben im Grunde nichtssagender statistischer Signifikanzen über eine kritische Diskussion der Brauchbarkeit dieser Daten hinweggegangen wird. In der Tat herrscht in der betreffenden Forschung keine Klarheit über ein gesichertes Fundament struktureller Eigenschaften der häufig als „Register" eingestuften Sprechweise von Xenolektsprechern. Ohne eine derartige Grundlage aber bleiben sämtliche auf dem unsicheren Fundament aufbauende Folgerungen oder Hypothesen pure Spekulation. Der einzige Typ allgemein herangezogener Merkmalslisten struktureller Eigenschaften besteht noch immer in der zuerst von Ferguson (1971) vorgeschlagenen Art einer Defizienzbeschreibung.

Im Rahmen eines derartigen Verfahrens der Reduktion vorgegebener Normen läßt sich der *foreigner talk* im Deutschen in den Abweichungen zu standardsprachlichen Normen in einer Liste charakteristischer Merkmale beschreiben. Zu den wesentlichen Merkmalen werden die folgenden gezählt:

— Auslassungen insbesondere von Kopula, Artikel und anderen grammatischen Kategorien.

— „Verkürzungen" der Syntax, das heißt vor allem Vermeidung von Neben-
  sätzen, aber auch von komplexen Hauptsätzen.
— Morphologische Generalisierungen, besonders durch Ausfall der Flexion.
— Reduktion des Lexikons auf ein relativ beschränktes, aber überextensiv
  verwendetes Inventar.
— Phonetische Hyperkorrekturen wie die Verwendung von -en-Endungen
  in der deutschen Umgangssprache oder im Dialekt.
— Höhere Frequenz von Paraphrasen und Erklärungen.
— Höhere Frequenz von Verständnissicherungen (*verstehn?, ja?, ne?, gell?,
  oder?* und ähnlichen).
— Markierung der niedrigeren sozialen Stellung des Adressaten, beispiels-
  weise durch die Verwendung der Anrede *Du*.
— Höhere Frequenz bestimmter Äußerungstypen (Imperative, Fragen).
— Beschränkung auf das Hier und Jetzt.

In weiteren Untersuchungen wurde das Auftreten dieser Merkmale für mehrere Sprachen bestätigt und die Liste möglicher Merkmale geringfügig erweitert (Clyne 1981, Ferguson 1975, Hatch et al. 1978, Dittmar in Heidelberger
Forschungsprojekt 1975, Hinnenkamp 1982, Karapanagiotou 1983, Meisel
1977a/1977b, Mühlhäusler 1984, Roche 1982, Valdman 1977, Werkgroep taal
buitenlandse werknemers (WTBW) 1978 und weitere[1]).
    Bereits Ferguson hat diese in einigen Eigenschaften gegenläufigen Merk-
male unter drei Prozeßkategorien zu subsumieren versucht. Er nennt diese
Reduction Processes, Simplifying Processes und *Clarifying Processes.* Viele
Autoren haben sich in ihren Arbeiten auf diese Einteilung gestützt, obwohl
sie in vielerlei Hinsicht problematisch ist und die bestehenden Widersprüche
nicht klärt. So wäre insbesondere zu klären, warum und gegebenenfalls wann
so gegenläufige Prozesse wie Syntaxverkürzung (*Reduction Process*), durch
Ausfall einzelner Elemente, und Syntaxerweiterung (*Clarifying Process*) in
klärenden Paraphrasen zum Beispiel auftauchen, beziehungsweise wie sie
interagieren.
    Andere Arbeiten wie Stocker-Edel (1977), Lattey (1982) und Arthur et al.
(1980) können die Existenz derartiger struktureller Registermerkmale in
ihren Daten nicht bestätigen und melden Zweifel an, ob solche überhaupt
bestehen können.

---

[1] Zu den weiteren Arbeiten, die sich mit verschiedenen Aspekten des Foreigner Talk beschäfti-
  gen, gehören Clyne (1968), Clyne (1977), Clyne (1978), Clyne (1980), Corder/Roulet (1977),
  Gaskill et al. (1977), Jordan/Fuller (1975), Katz (1981), Long (1983), Mühlhäusler (1981),
  Schuhmacher (1973), Snow et al. (1981), Valdman (1981), Wagner-Gough/Hatch (1976) und
  Wenk (1978).

Eine sehr gute Übersicht über den Forschungsstand bis 1981 ist in Hinnenkamp (1982) gegeben, so daß hier nicht weiter auf Details anderer Untersuchungen eingegangen werden muß. Festzuhalten bleibt jedoch, daß bisher für keine Sprache eine über die Auflistung einzelner Defizienzmerkmale hinausgehende Untersuchung der eigenen Systematik von Xenolekten vorliegt[2]. Auch ist die auffällige Variation in Xenolekten vor allem im Rahmen sozialpsychologischer Studien und weniger Xenolektstudien zwar ansatzweise behandelt, aber nie systematisch untersucht worden. Im weiteren sollen daher nur die wichtigsten Ergebnisse insbesondere der neueren Forschung skizziert werden, soweit sie für den Fortgang der vorliegenden Arbeit von Nutzen sind. Wegen der fundamentalen Bedeutung und der weitreichenden Konsequenzen der Methodik bei Untersuchungen von Xenolekten sollen vor allem auch deren Probleme dargestellt werden.

Ein tieferer Einblick in die Methodik von Daten-Sammlungs- und Auswertungsverfahren macht die häufig ohnehin schon unklare Charakterisierung der Datengrundlage verschiedener Arbeiten noch verworrener und läßt die Verläßlichkeit der darauf aufbauenden Hypothesen noch zweifelhafter erscheinen. Daß die Xenolektforschung also im Grunde noch völlig am Anfang ihrer Untersuchungen steht, kann exemplarisch an den folgenden Problembereichen gezeigt werden. Diese Darstellung wird auch erklären, warum eine Arbeit zu Xenolekten heute notwendigerweise einen ausführlichen deskriptiven Teil enthalten muß.

2.1 Diskursstrategische und diskurstaktische Interaktionsveränderungen

Der Bereich diskursstrategischer und -taktischer Veränderungen in Xenolekten fällt zum großen Teil unter das, was bei Ferguson noch etwas allgemein als die *clarifying processes* bezeichnet wurde. Es handelt sich dabei um Veränderungen, die sich weniger an einzelnen strukturellen Merkmalen als vielmehr an einer höheren Frequenz von diskursorganisierenden Strategien zeigen. Das Interesse der Xenolektforschung hat sich in den letzten Jahren nicht zuletzt deswegen auf diese Veränderungen konzentriert, weil sie im Ver-

---

[2] Allerdings liegen besonders in den Veröffentlichungen von Clyne, Ferguson, Hinnenkamp, Long, Meisel und Mühlhäusler einige sehr fundierte Studien zu den Merkmalen des Foreigner Talk vor. Hinnenkamp versucht darüber hinaus, innerhalb eines ethnomethodologischen Ansatzes die Systematik von dieser Arbeit vergleichbaren Interaktionen zu beschreiben. Dieser Ansatz ist relativ gut dokumentiert (Hinnenkamp 1985, 1986), so daß hier nicht ausführlicher darauf eingegangen wird.

gleich zu anderen relativ leicht zu beobachten sind. Ihr Vorkommen ist nicht, wie bei den zuvor genannten strukturellen Merkmalen, an bestimmte Kommunikationssituationen oder Veränderungsstufen gebunden, sondern sie können zusammen mit allen strukturellen Veränderungsmerkmalen erscheinen und überlagern die Veränderungsstufen. Im experimentellen Vergleich verschiedener Adressatengruppen gegenüber einer Standardkonstellation von Sprechern und Adressaten gleicher Muttersprache läßt sich ihre Frequenz ermitteln. Über die Ergebnisse derartiger Untersuchungen berichtet Long (1982). Bei der vergleichenden Untersuchung von jeweils 16 Muttersprachler- Muttersprachler- und Muttersprachler-Lerner-Dyaden, bei denen die Informanten mit sechs verschiedenen Aufgaben konfrontiert wurden, ergaben sich einige für alle sechs Aufgaben beziehungsweise Teilaufgaben statistisch signifikante Veränderungen. Die einheimischen und ausländischen Informanten führten in jeder Dyade jeweils

1. ein zwangloses Gespräch
2. eine Nacherzählung
3. eine Anleitung zu zwei Kommunikationsspielen
4. die Ausführung des ersten Spiels
5. die Ausführung des zweiten Spiels
6. eine Diskussion über den vermeintlichen Zweck der Untersuchung durch.

Die zwei Dyadenblöcke von jeweils circa 400 Minuten Umfang beziehungsweise die Einzelaufgaben darin wurden einander gegenübergestellt und verglichen[3] . Unterschiede zur rein muttersprachlichen Kommunikation ergaben sich:

1. In der Verkürzung der Satzgefüge, in Wörtern gemessen. (Für alle Aufgaben zusammen.)
2. In Anzahl und Anteil der als präsensmarkierten Verben (höherer Anteil) gegenüber nicht präsensmarkierten Verben (niedrigerer Anteil), wobei allerdings tempusunmarkierte Verben beziehungsweise Verbausfall in den Daten von Long nicht vorkommen. (Dieser Befund gilt nur für die erste Aufgabe.)
3. In der höheren Frequenz von Frage-, Aussage- und Imperativsätzen. (Für alle Aufgaben zusammen.)
4. In der höheren Frequenz der verschiedenen Fragetypen in den gewerteten Satzgefügen. (Für alle Aufgaben zusammen.)

---

[3] Die 16 erwachsenen Lerner differierten nur in ihren Ausgangssprachen, nicht aber in weiteren Variablen (Erfahrung mit dem Ausländerregister, Geschlecht und anderen).

5. In der höheren Frequenz von Bestätigungskontrollen, Verständniskontrollen, Klärungsersuchen, Selbstwiederholungen, Fremdwiederholungen und Expansionen.

Keine signifikanten Unterschiede ergaben sich:

1. für die geringere syntaktische Komplexität der Satzgefüge
2. für das niedrigere type-token-Verhältnis
3. für die Frequenz lexikalisch verschiedener Verben und Nomina
4. für die höhere Frequenz von Kopula- gegenüber Vollverben
5. für die niedrigere Frequenz von „Gesprächsrahmen" (*now*, *well*, *so*), wenn auch eine Tendenz in der vermuteten Richtung festzustellen war.

Das Besondere an Longs Untersuchung ist, daß hier zum ersten Mal in einem direkten Vergleich zweier Versuchsgruppen in einem gleichen Setting deren Kommunikationsverhalten gegenübergestellt wurde und nur teilweise das bestätigt werden konnte, was von anderen Autoren vereinzelt bereits früher eher spekulativ postuliert wurde. Erstaunlich daran ist, daß für einige der oben genannten und immer als konstitutiv vermuteten Merkmale kein signifikanter Unterschied nachgewiesen werden konnte. Das gilt besonders für die geringere syntaktische Komplexität, das niedrigere *type-token-Verhältnis* (das heißt also eine höhere Frequenz von wenigen lexikalischen Einheiten) und für den höheren Kopulaanteil bei den Verben.

Dies mag daran liegen, daß die zugrundeliegenden Daten, so vielseitig sie auch sind, in einer Laborsituation entstanden sind und daher einige in natürlicher Konversation vorkommende Merkmale nicht oder nur verzerrt abbilden. Auch Long weist in Abwägung der inneren und äußeren Validität selbst in gewisser Weise darauf hin. Immerhin aber erlauben seine Ergebnisse die Formulierung von drei allgemeinen Arbeitshypothesen, die die Basis für seine weiteren Untersuchungen zu Interaktionsstrategien und -taktiken in xenolektaler Kommunikation bilden (Long 1982, S.108):

1. MS[4] verändern nicht nur ihre Sprachform gegenüber NMS, sondern auch verschiedene Züge ihrer Interaktionsstruktur.
2. Veränderungen in der Interaktionsstruktur sind stärker und lassen sich konsistenter beobachten, vor allem wenn die MS-MS-Daten und die MS-NMS-Daten vergleichbaren Sprechereignissen entstammen.
3. Eine veränderte Interaktion ist selbst dann zu beobachten, wenn gewöhnlich als „grundlegend" betrachtete Eingabeveränderungen (z.B. geringere syntaktische Komplexität) nicht vorliegen."

---

[4] 'MS' meint 'Muttersprachler', 'NMS' meint 'Nicht-Muttersprachler'.

Die Veränderungen der Interaktionsstruktur lassen sich in *Strategien* (zur vorbeugenden Vermeidung von Störungen) und *Taktiken* (zur Behebung auftretender Gesprächsstörungen) und in einer weiteren Mischkategorie von Strategien und Taktiken formulieren (Long 1982, S.109):

Strategien	Taktiken
zur Vermeidung von Störungen	zur Behebung von Störungen

S1. Gib Themenkontrolle frei	T1. Akzeptiere unbeabsichtigten
S2. Wähle markante Themen	Themenwechsel
S3. Behandle Themen knapp	T2. Verlange Klärung
S4. Mache neue Themen markant	T3. Bestätige eigenes Verstehen
S5. Überwache NNM' Verstehen	T4. Dulde Mehrdeutigkeit

Strategien und Taktiken zur Vermeidung und Behebung von Störungen

ST1. Geh langsam vor	ST4. Zerlege Topik-Kommentar-
ST2. Hebe Schlüsselwörter	Konstruktionen
hervor	ST5. Wiederhole eigene Äußerungen
ST3. Mach eine Pause vor	ST6. Wiederhole des Andern
Schlüsselwörtern	Äußerungen.

Sie ermöglichen die Aushandlung einer für den Lerner verstehbaren Eingabe, die die notwendige Voraussetzung für einen fortschreitenden Spracherwerbsprozeß ist. Vor allem diese Strategien und Taktiken seien Long zufolge dafür verantwortlich, daß die zielsprachliche Eingabe für den Lerner verständlich wird. Weitere seien darüberhinaus denkbar. So besteht mit Sicherheit eine der wichtigsten Techniken nicht-experimenteller, authentischer Kommunikation darin, einen gemeinsamen Gesprächsfaden zu suchen oder auszuhandeln und auf dem Wege dorthin nicht nur Mehrdeutigkeit zu dulden, sondern diese gegebenenfalls selbst zu produzieren. Eine weitere damit verbundene Technik bei der Etablierung von Themen besteht im Suchen beziehungsweise im Vorgeben eines relevanten Kontextes, das heißt in der Einbettung in einen dem Adressaten verstehbaren und plausiblen Rahmen. Für Situationen mit relativ geringen Sanktionsmöglichkeiten des Fragenden (Weg-, Zug- und andere Auskünfte, Telefonerkundungen) gelten zudem mindestens zwei weitere Techniken. Die erste besagt: *Unterbreche oder beende die Kommunikation, wenn andere Techniken bei Lösungs- oder anderen Kommunikationsproblemen nicht zum Erfolg führen.* Die zweite besagt: *Vermeide die Kommunikation bei vermeintlich entstehenden unlösbaren oder nur sehr schwer lösbaren Kommunikationsproblemen.* Belegt wurde dies insbesondere in Stocker-Edel (1977) und in Roche (1982)[5]. Es entstehen nun Fragen

---

[5] Einen ähnlichen, jedoch nicht so weit gehenden Ansatz wie Long verfolgt bereits Stocker-Edel (1977), die in einer empirischen Untersuchung die Reaktionen von Neuseeländern gegenüber

nach der Validität der Ergebnisse in Hinsicht auf andere Xenolektdaten und inbezug auf xenolekttypische Divergenzen zur Kommunikation unter Sprechern der gleichen Muttersprache. Dabei muß nochmals darauf hingewiesen werden, daß auch die Untersuchung von Long in einer insgesamt unauthentischen experimentellen Gesprächssituation durchgeführt wurde. Generell ergeben sich ungünstige Konstellationen durch:

— die zufällige Kombination von Gesprächspartnern, die sich zum Zeitpunkt der Aufnahme nicht kennen, aber
— für diese Situation untypische Aufgaben zu bewältigen haben,
— wobei sie wahrscheinlich keine kommunikativen Intentionen haben, die über das Interesse am Experiment hinausgehen (besonders einflußreich bei Aufgabe 1);
— durch mögliche von der Aufgabe induzierte Phänomene beziehungsweise Frequenzverteilungen (der Informant ist per Aufgabe zum Beispiel häufig natürlicherweise in der Situation des Erklärenden, Auskunft- beziehungsweise Anweisunggebenden) und
— durch eine ähnliche soziale Schicht der Informanten und Adressaten.

Darüber hinaus ist fraglich, inwieweit es überhaupt sinnvoll ist, Strategien und Taktiken (als separate Techniken) abzugrenzen und sie nicht vielmehr, ähnlich wie die dritte Kategorie der *Mischformen*, als eine Kategorie gemeinsamer Kommunikationstechniken zu behandeln. Dieser Vorschlag ergibt sich nicht zuletzt aus dem interaktionalen Charakter sprachlicher Kommunikation, in der die Gesprächspartner ihre bisherigen Erfahrungen mit Taktiken in eine strategische Vorausplanung einbringen werden. Auch diese Diskussion wird erst zu einem späteren Zeitpunkt nochmals aufgenommen, da zunächst zwischen den Intentionen und Strukturen aus methodischen Gründen unterschieden werden soll.

Auskunft erfragenden Adressaten mit deutschem Akzent in einer Klasse der *immediate responses* und einer Klasse der *extended responses* beschreibt. Im Sinne von Long sind diese jedoch ausschließlich als Taktiken einzustufen. Die *extended responses* belegen andeutungsweise ein bestimmtes Vermeidungsverhalten einiger Informanten. Diese versuchen, sofern das für sie möglich erscheint, ihre Gesprächsrolle mit einem weiteren Sprecher der Zielsprache zu teilen, das heißt andere Informanten heranzuziehen oder ihre Gesprächsrolle an diese abzugeben und sich selbst zurückzuziehen. Zu berücksichtigen ist auch hier, daß sich Adressat und Informant nicht kannten und sich die Informanten in einer Situation des Auskunftgebens befanden, also bestimmte Sprechakttypen besonders hervortreten mußten. In vergleichbaren Situationen läßt sich darüber hinaus beobachten, daß die Neigung, die Kommunikation ganz abzugeben oder abzubrechen, gegenüber ausländischen Adressaten größer als gegenüber einheimischen ist.

2.2 Fragen der Methodik

Die Problematik der Beschaffung authentischen Sprachmaterials ist in vielen empirischen Arbeiten ausführlich dargelegt und diskutiert worden[6]. Es kann hier daher auf eine Wiederaufnahme dieser allgemeinen theoretischen Diskussion verzichtet werden. In Kapitel 3 wird darauf allerdings aus dem Blickwinkel der besonderen Situation xenolektaler Kommunikation, wie sie sich für die vorliegende Untersuchung ergeben hat, eingegangen werden. In den bisher vorliegenden Arbeiten zum Thema *foreigner talk* hat die Erörterung der Problematik und die Berücksichtigung von deren Konsequenzen zumeist nur äußerst mangelhaft Eingang gefunden, so daß sich bereits daraus wesentliche Kritikpunkte an diesen Arbeiten und wesentliche Einwände gegenüber deren Ergebnissen ergeben: Ein Datenkorpus, sofern in den Untersuchungen überhaupt vorhanden, bezieht sich meist nur auf vereinzelte Äußerungen sehr weniger Sprecher oder ist ausschließlich introspektiv gewonnen, so daß zum einen wichtige Charakteristika übersehen werden, zum anderen berichtete Phänomene nicht repräsentativ zu sein brauchen, eine Generalisierbarkeit der Ergebnisse also insgesamt nicht gegeben ist. Nicht immer ausreichend wird zudem die Trennung zwischen primären und sekundären Daten beachtet. Die Mißachtung einer solchen Trennung kann aber leicht zu fehlleitenden Annahmen über die tatsächliche Eingabe, mit der die Lerner konfrontiert werden, führen[7]. Auch umfangreiche Sammlungen zu den literarischen Formen des *foreigner talk* oder *Pidgin-Deutsch* (sekundäre Quellen) erlauben keine Rückschlüsse auf Simplifizierungsintentionen deutscher Muttersprachler in authentischen dialogischen Kommunikationssituationen (vergleiche die in Mühlhäusler (1984) gegebene Liste von *foreigner talk* Merkmalen)[8]. In noch stärkerem Maße gilt diese Warnung für die Gleichstellung von Daten natürlicher Kommunikationssituationen mit der indirekten Verwendung sekundärer Quellen, wie etwa mit der von Ferguson vorge-

---

[6] Besonders gute und ausführliche Darstellungen finden sich in Tropf (1983, Band 1) und Scherer (1984).

[7] Der Begriff *Lerner* bezieht sich hier vor allem auf Gastarbeiter in der Bundesrepublik und deren spezielle Situation. Der wesentliche Teil der europäischen Xenolektforschung beschäftigt sich mit Kommunikationssituationen, an denen Gastarbeiter oder deren Angehörige beteiligt sind.

[8] Das zeigt sich unter anderem an den Datenerhebungsverfahren mittels indirekter Befragung, wie sie von Ferguson vorgeschlagen wurde. Während man bei Befragungen von Informanten über die vermeintliche Sprache von Ausländern häufig Verb-Subjekt-Konstruktionen als typisches Merkmal für Äußerungen der Xenolekte erhält, zeigen die authentischen Daten eher das Gegenteil: nämlich einen systematischen Aufbau mit dem Subjekt in Anfangsstellung.

schlagenen und oft praktizierten Gleichstellung von Xenolekten mit *gebrochenem Deutsch* vermeintlicher Ausländer. Dieser Gebrauch in der Literatur (Freitag in Robinson Crusoe, Winnetou und viele andere), der dort auch konsequent ohne Veränderungsvariationen beibehalten werden kann, erfüllt vor allem die Funktion der Markierung der Fremdartigkeit einer Person und hat mit der Funktion xenolektaler Veränderungen in authentischer Interaktion, nämlich sprachliche Mitteilungen zu sein, unmittelbar nichts zu tun. Gleiches gilt darüber hinaus für experimentelle Befragungsverfahren, in denen die einfachen Benennungs- oder Übersetzungsaufgaben aus einem pragmatischen Kommunikationszusammenhang herausgelöst sind und die Funktionen authentischer Kommunikation somit hinter die Lösung der artifiziellen experimentellen Probleme zurücktreten. Hinzu kommt, daß die Interaktionspartner in experimentellen Situationen durch eine höhere Sprachkontrolle beeinflußt werden, die häufig gerade keine xenolekttypischen Veränderungen der Sprechweise, sondern vielmehr standardangenäherte und hyperkorrekte Äußerungen zum Vorschein bringen läßt.

2.3 Die Bezeichnung 'Register'

Die Einheitlichkeit der Merkmalslisten der verschiedenen Untersuchungen in diesem Bereich hat den Eindruck entstehen lassen, es handele sich beim *foreigner talk* um ein institutionalisiertes und festgeschriebenes Register (vergleiche Corder 1977), das ähnlich der Ammensprache (im Englischen *baby talk, motherese*), der Krankensprache, der Telegraphensprache (*telegraphese*) oder anderer simplifizierter Register gebildet wird und auch gleiche Merkmale wie diese aufweist. Umgekehrt hat dann die strikte Auslegung dieser Annahme Wirkungen auf die Methodik folgender Arbeiten gezeigt. So versucht Freed (1978), aus heutiger Sicht in völlig unzulässiger Weise, aus einem Konglomerat verschiedener Datenquellen, die darüberhinaus nicht spezifiziert werden, mittels statistischer Methoden Gemeinsamkeiten und Differenzen von *foreigner talk, baby talk* und *native talk* herauszufinden. Sie sind jedoch solange nutzlos, wie ihre klassifikatorischen Voraussetzungen nicht kritisch reflektiert und die Ergebnisse nicht situationsspezifisch analysiert werden, und sie verhindern eine genauere Analyse der starken Variationen authentischen xenolektalen Sprechens, indem sie den Eindruck einer Einheitlichkeit der Daten vorspiegeln, die in Wirklichkeit gar nicht gegeben ist.

Eine Differenzierung zwischen *foreigner talk* und *foreign register* führen Arthur et al. (1980) ein. Danach zeigt das *foreign register* lediglich eine andere

Frequenz standardsprachlicher Merkmale, während *foreigner talk* das bezeichnet, was üblicherweise ein Register charakterisiert, nämlich eine Art *language switch*; hierbei jedoch auch mit der Verwendung ungrammatischer Formen. Die Merkmale des *foreign register* bilden gleichzeitig eine Basis, auf der der *foreigner talk* aufbaut, das heißt, Merkmale des *foreign register* können sich auch im *foreigner talk* finden, aber nicht umgekehrt. Abgesehen davon, daß sie die eigene These selbst empirisch nicht absichern können (in ihren Daten treten keine *foreigner talk* Merkmale auf), bringt diese eher terminologische Aufteilung das Problem seiner Lösung nicht näher.

Im Zusammenhang mit der Verwendung des Begriffes *Register* ist die Gültigkeit der für Xenolekte konstitutiven Merkmale im interpersonalen Vergleich noch eine völlig offene Frage. Aus dem derzeitigen Forschungsstand ergeben sich stark divergierende Schlußfolgerungen. Nur wenige Arbeiten (siehe WTBW 1978) können (quantitative) interpersonale Variationen in Xenolekten belegen. Einige Untersuchungen berichten dagegen von (qualitativer) interpersonaler Variation der Veränderungen, einem für die Registerhypothese nicht angenehmen Befund. Trotz eingeschränkter Aussagekraft der Befunde, zumeist infolge der ungeeigneten Datenerhebungsverfahren, läßt sich aus den vorliegenden Untersuchungen die Existenz eines ausgeprägten, konsistenten und interpersonal übereinstimmenden Registers nicht ableiten. Auch läßt sich für die Verwendung xenolektaler Veränderungsmerkmale, wie dies für ein Register üblich wäre, keine allgemeine Sanktioniertheit feststellen.

Im Sinne charakteristischer und einheitlicher grammatisch-syntaktischer und lexikalischer Muster lassen sich die stark divergierenden Daten in Xenolekten also kaum als Register bezeichnen, zumal außer den vielen bezugssprachlichen Elementen in Xenolekten umgekehrt auch zahlreiche als xenolekttypisch angesehene Merkmale in der regulären Bezugssprache vorkommen (zum Beispiel in Wegbeschreibungen, Zugauskünften und ähnlichem). Eher könnte sich eine Registereinteilung nach dem Forschungsstand aus inhaltlichen und konzeptuellen Merkmalen ergeben (Beschränkung auf bestimmte Themen, Beschränkung auf den situativ gegebenen Kommunikationsrahmen). Wie noch zu zeigen sein wird, sind vermeintlich einheitlich auftretende Merkmale jedoch auch hier zumeist durch die entsprechenden Erhebungsverfahren induziert und daher für eine Theoriebildung nicht stichhaltig. Die Adäquatheit des Begriffes *Register* besteht nach dem derzeitigen Stand der Forschung nur in seiner äußerst allgemeinen Verwendung als eine *einer bestimmten Situation angemessene, mögliche Sprechweise*. Für die folgenden Untersuchungen wird auf die Verwendung der Begriffe *Register* oder *Ausländerregister* verzichtet, lediglich bei Rekurrenz auf die entspre-

chende Literatur wird darauf zurückgegriffen. Es soll vielmehr genau angegeben werden, wie einheitlich Xenolekte sind, was die Variation in ihrem
Gebrauch verursacht und ob bestimmte soziologische Implikationen, die mit
der Verwendung des Registerbegriffes einhergehen, haltbar sind. In Kapitel 8
wird dann aber noch einmal unter Berücksichtigung der Ergebnisse der
vorliegenden Arbeit darauf zurückgegriffen werden.

Weniger Schwierigkeiten verursacht, wie bereits angedeutet, eine konsistente Charakterisierung im Bereich des *sekundären foreigner talk*, also der
Verwendung charakterisierender sprachlicher Merkmale im literarischen
Gebrauch oder zu Zwecken der Karikatur. Um bestimmte Personen zu
charakterisieren und eine intendierte Identifikation als Ausländer oder
Fremder zu ermöglichen, bietet sich die Verwendung bestimmter, Ausländern typischerweise zugesprochener sprachlicher Merkmale an. Auf der anderen Seite kann durch die „gebrochene" Sprechweise eines Einheimischen
die Adressatenrolle deutlicher hervorgehoben werden, oder es lassen sich
andere für schriftliche Kommunikation wichtige Effekte damit erzielen.
Diese lassen sich zudem relativ leicht und wegen der erhöhten Planungskontrolle vor allem einheitlich durchhalten. Obwohl sie weder den realen
Sprachgebrauch von Ausländern noch den von Xenolektsprechern reflektieren, erfüllen sie die intendierte, häufig stereotypisierende literarische Funktion hinreichend. Für den Bereich des *sekundären foreigner talk* mit seinen
eher einheitlichen und häufig stereotypen Charakteristika wird in Anspielung auf eines seiner hervorstechenden Merkmale die Bezeichnung *Nix-
Deutsch* vorgeschlagen. Das *Nix-Deutsch* wird aber aus der vorliegenden
Untersuchung ausdrücklich ausgeklammert.

2.4 Soziologische Implikationen

Über sozialstatusmarkierende Funktionen von Xenolekten ist in der Literatur häufig spekuliert worden. Verbreitet ist daher die Auffassung, daß Adressaten in Xenolekten als sozial niedriger stehend oder abwertend klassifiziert
werden. Ferguson nennt diese Erscheinung *talking down* (Ferguson 1977,
S.27), Valdman spricht von der Errichtung psychosozialer Barrieren (Valdman 1977, S.128) und Bodeman/Ostow sehen das *Pseudo-Pidgin* gar als
Mittel, das der Ausbeutung der ausländischen Arbeiter Vorschub leiste
(Bodeman/Ostow 1975, S.145). Ammon (1972, S.78) versucht, dies vor allem
an der Verwendung der Anrede *du* gegenüber Ausländern festzumachen:
„Die Abneigung der Deutschen gegenüber den ausländischen Arbeitern
entspringt wohl primär traditionellem Nationalismus. Die Konflikte zwi

schen den Nationen lassen sich aber wiederum weitgehend deduzieren vom
Charakter des Kapitals. Erst die Konkurrenz um den Weltmarkt zwischen
den auf nationaler Ebene operierenden Kapitalien hat einst den aggressiven
Kapitalismus hervorgebracht, der sich in der Abneigung gegenüber Ausländern fortsetzt, ungeachtet der Tatsache, daß das Kapital sich inzwischen
längst international organisiert hat. Die latente Verachtung und Feindselig-
keit, die Deutsche im asymmetrischen Du gegenüber ausländischen Arbeitern zum Ausdruck bringen, richtet sich also nicht auf die für die Konflikte
zwischen den Nationen eigentlich Verantwortlichen. (...)".
Eingehend sind diese Phänomene in Xenolekten jedoch nie untersucht
worden, so daß davon auszugehen ist, daß sich Spekulationen dieser Art eher
an literarischen Vorbildern wie der Darstellung des Verhältnisses von Robinson zu Freitag orientieren. Die Ansätze ignorieren zudem, daß bestimmte
vermeintliche Markierungen der Abwertung, wie die Verwendung der Anrede *du*, eine übliche und normale Kommunikationsform von Arbeitern
darstellen, also auch unter deutschen Arbeitskollegen die Norm sind. Eher
ist daher anzunehmen, daß eine andere Form der Anrede eine bestimmte
Stigmatisierung ausdrücken würde. Zu beachten ist weiter, daß eine einfache
Korrelation von sprachlicher Form und sozialer Funktion zu kurz greift und
daß Hypothesen dieser Art nicht ohne eine Berücksichtigung des Inhaltes
und der pragmatischen Einbettung der Äußerungen auskommen können. Sie
ignorieren somit a priori eine mögliche kommunikationssichernde Funktion
von Xenolekten, die sich deutlich aus Beobachtungen der authentischen
Interaktionsdaten ableiten läßt (HFP 1977, Roche 1982, Korpus von Karapanagiotou 1983). Auch darauf wird in Kapitel 8 nochmals eingegangen
werden.

2.5 Zweitspracherwerb und Xenolekte

Im forschungsgeschichtlichen Zusammenhang interessiert die wechselseitige
Abhängigkeit von sprachlicher Eingabe für den Lerner und dessen produ-
zierter Ausgabe, den verschiedenen Lernervarietäten. Zwar ist es der Zweit-
spracherwerbsforschung bisher nicht gelungen, den Einflußgrad der er-
werbsrelevanten Faktoren detailliert anzugeben, doch wird die Relevanz der
Analyse eines Zielsystems durch den Lerner im allgemeinen nicht bestritten.
In Klein (1984a) ist das Analyseproblem des Lerners eingehend dargestellt.
Ein Grundgedanke der Erwerbsforschung ist, daß eine veränderte oder reduzierte Eingabe zwangsläufig zu nicht-bezugsgemäßen Strukturen in den
Lerneräußerungen führen muß und damit die Gefahr einer Fossilierung der

Lernervarietäten entsteht (hierzu Meisel 1975 und Hatch 1983b). Im Zuge einer solchen Fossilierung könnte es dann konsequenterweise zu der Ausbildung eines Pidgins kommen. Ein solches Modell würde jedoch die Existenz eines einheitlichen Zielregisters voraussetzen, das selbst fossiliert wäre oder sich imitativ an dem Sprachstand des Adressaten orientieren würde und die tatsächlich beobachtbare Variation in der Eingabe kaum berücksichtigen könnte. Ein Pidginisierungsmodell, das von gegenseitiger Imitation der Gesprächspartner ausgeht, wurde zuerst von Bloomfield (1933) vorgeschlagen und in der früheren *foreigner talk* Diskussion wiederaufgenommen. In der Tat finden sich auch in heutigen Xenolekt- und Lernervarietäten eine Reihe gemeinsamer Merkmale; doch belegt dies noch nicht die Existenz imitativer Veränderungs- oder Erwerbsprozesse. Es muß grundsätzlich bezweifelt werden, ob Querschnittanalysen, wie sie bisher ausschließlich vorliegen, überhaupt eine Aussagekraft in bezug auf interagierende Prozesse der Entstehung von Pidgins besitzen. Darüber hinaus hat Meisel (1975) zu zeigen versucht, daß auch die Rahmenbedingungen für die Entstehung eines Pidgins in der Bundesrepublik nicht gegeben seien. Eher ist die Entstehung einer nur von den Lernern gesprochenen, ausgangssprachtypischen *Mischsprache* (Tekinay 1984) zu beobachten, die für das Türkische im *Almanlica* als der besonderen *Sprache der in Deutschland Lebenden* belegt ist (Hinnenkamp 1982, S.12) und die wahrscheinlich relativ unabhängig vom Veränderungsgrad der Eingabe ist.

2.6 Hypothesen über die Struktur von Xenolekten

Die Struktur von Xenolekten wird in vier verschiedenen Hypothesen zu erklären versucht:

— Durch Imitationsprozesse der Sprechweise des Adressaten.
— Im Erwerb durch literarische Übertragung.
— In einer universellen Simplifizierungskompetenz.
— Durch eine Reaktivierung eigener Erstspracherwerbsstufen.

Eine der möglichen Entstehungsquellen von Xenolekten ist bereits mit der Erörterung von Bloomfields Imitationsmodell ('Baby Talk Hypothese') dargestellt worden. Sprecher einer bestimmten Zielsprache imitieren danach nicht-kompetente Sprecher unter Beibehaltung bestimmter phonetischer und grammatikalischer Eigenschaften der Zielsprache. Den Kernpunkt der Hypothese bildet jedoch die Annahme gegenseitiger Imitationen, die schließlich zur Ausbildung eines Kompromisses führen (Bloomfield 1933, S.473ff). Als einheitliche Verkehrssprache (Pidgin) könnte dieser demzufolge nur entstehen, wenn verschiedene Homogenitätsannahmen in bezug auf die Ausgangspopulation und deren Varietät sowie die Varietät der veränderten Zielsprache eintreten würden. Bei verschiedenen Ausgangspopulationen und -sprachen, wie es in der Bundesrepublik gegeben ist, wäre die Ausprägung je spezifischer „Imitationsformen" zu erwarten. Die Eingabe müßte zudem weitestgehend von der individuellen Norm der Ausgangssprache (besonders im Lexikon) und der sprechertypischen Realisierung einer *Interlanguage* geprägt sein. Ein derartig strikter behaviouristischer Ansatz ist in der Folge nie spezifiziert oder empirisch überprüft worden, doch deuten Merkmalsvergleiche zwischen Eingabe und Lernervarietät, wie sie beispielsweise in Meisel (1977b) gegeben sind, auf deutliche Parallelen der Oberflächenerscheinungen[9].

Insbesondere Clyne (1975) und Ferguson (1977) gehen von einer vorwiegend standardisierten Vermittlung eines Ausländerregisters durch literarische Quellen aus. Sie setzen damit ein im wesentlichen einheitliches ausgangssprachenunabhängiges und fossiliertes Register an. Eine Gegenüberstellung von authentischen dialogischen und literarischen Daten läßt eine derartige Übermittlung jedoch als äußerst unwahrscheinlich erscheinen. Sie stellt nicht in Abrede, daß Xenolektsprecher mit Niks-Deutsch-Varianten vertraut sind, zeigt aber deutlich, daß eine unveränderte Übertragung auf die Kommunikation mit nicht-muttersprachlichen Sprechern des Deutschen nicht stattfindet.

In der Sprache von Xenolektsprechern und Lernern spielt der Begriff der *Simplifizierung* und der universellen *Simplifizierungskompetenz* eine entscheidende Rolle. Insbesondere umstritten ist dabei jedoch die Frage, inwieweit ein nicht-muttersprachlicher Sprecher dieses bestimmten Sprachsystems überhaupt in der Lage ist, es zu simplifizieren. Schließlich setzt der Begriff *Simplifizierung* ein komplexeres Ausgangssystem voraus. Bei Lernervarietäten und unter Umständen auch bei aphasischer Sprache und anderen Formen von „Reduktionssprachen" kann daher schlecht von *Simplifizierung* gesprochen werden. Im Unterschied dazu scheint der Begriff in deskriptiver Verwendung für Xenolekte zumindest bedingt geeignet, da Xenolektsprecher über ein komplexeres und für sie zugängliches System der gleichen Sprache verfügen. In Anbetracht der weiter oben beschriebenen Gegenläufigkeit der Merkmale der Veränderungsprozesse bleibt die Definition von *Simplifizierung* jedoch problematisch: Es ist zum Beispiel durchaus möglich, daß mit einer Simplifizierung im semantisch-lexikalischen Bereich eine

---

[9] Auch Bloomfield (1933) räumt im übrigen anderen Faktoren eine gewisse, nicht näher spezifizierte Bedeutung ein.

Komplizierung der Syntax einhergeht. Völlig offen muß deshalb vorerst die Frage bleiben, ob Begriffe wie *Simplifizierung* oder *Reduktion* über einen deskriptiven Wert hinaus für die Charakterisierung sprachverarbeitender Prozesse geeignet sind. Es empfiehlt sich daher, nur von einem deskriptiven und auf jeweils einen Bereich begrenzten Simplifizierungsbegriff auszugehen.

Eine mögliche Universalität einer Simplifizierungskompetenz im Sinne eines Prozeßcharakters und das Wissen des Lerners, daß Sprecher einer beliebigen Zielsprache deren System gegenüber ausländischen Adressaten verändern, ist eine entscheidende Frage der Spracherwerbsforschung. Wenn Lerner von der begründeten Annahme ausgehen können, daß Äußerungen der Zielsprachensprecher verändert sind und nicht der zielsprachlichen Norm entsprechen, so wird das ihre Hypothesenbildung über zielsprachliche Strukturen verunsichern und den Erwerbsprozeß gegebenenfalls verzögern. Dies kann zudem noch verstärkt werden, wenn sie eine veränderte Sprechweise als Indikator für eine generelle Abneigung gegen Ausländer, oder gegen sich im Speziellen, ansehen und damit eine Einschränkung des Interesses am Erwerb der Zielsprache bewirkt wird. Eine mögliche Universalität von Simplifizierungskompetenz und Veränderungsstrukturen müßte dagegen zu einer erheblichen Erleichterung des Spracherwerbs führen, da für den Lerner im Grunde ein bestimmtes Veränderungsniveau in der Eingabe bekannt wäre und damit auch weitere Veränderungsstufen vorhersagbar wären. Nahegelegt wird eine derartige Hypothese durch Vergleiche xenolektaler Merkmale verschiedener Sprachen, wie sie sich in verschiedenen Formen des französischen *petit français (petit nègre)*, des englischen *foreigner talk*, eines *nederlands tegen buitenlanders* oder eines türkischen *tarzanca (Tarzanisch)* manifestieren oder wie sie an der Entstehung von pidginisierten Varietäten wie dem *cocoliche* beteiligt sind. Man sollte diese Annahme nicht zu stark betonen, nicht nur weil aus den oben dargelegten Gründen die Authentizität verschiedener Datenquellen bestritten werden muß, sondern vor allem, weil die zu vermutende Einfachheit des Spracherwerbs mit den beobachtbaren Fakten in völligem Widerspruch stände. Für eine abgeschwächte Hypothese, die nur die Existenz einer Reihe gemeinsamer Strukturierungsprinzipien annehmen würde, könnte sich dagegen psycholinguistische Evidenz finden. So kann durchaus davon ausgegangen werden, daß die ausländischen Adressaten ähnliche Simplifizierungsstrategien kennen und beherrschen wie die jeweiligen mit ihnen kommunizierenden Xenolektsprecher und daß deren Verhalten damit in der Tat ein Entgegenkommen an die Lerner darstellen würde. Die Annahmen der Universalitätshypothesen bleiben aber für den Fortgang dieser Untersuchung außer Betracht. Zum einen sind die Kategorien der Universalität zu wenig umrissen, zum anderen liegen zu wenige detaillierte

Untersuchungen zu xenolektalen Strukturen anderer Sprachen vor, als daß
sie eine Generalisierung der Strukturierungsprinzipien erlaubten.

Corder (1977) postuliert die Existenz sprachtypischer einheitlicher Register, die als Erwerbsstufen des Erstspracherwerbs gespeichert würden und
bei Bedarf für unterschiedliche Zwecke abgerufen werden könnten. Alle diese
simple codes, darunter auch *foreigner talk*, seien in einer Sprachgemeinschaft
standardisiert und institutionalisiert und wiesen eine bestimmte Systematik
auf, die gegenüber Veränderungen relativ resistent sei. Um einer möglichen
Systematik xenolektalen Sprechens nachzugehen, müßte man demnach nur
den Spuren des Erstspracherwerbskontinuums folgen. Und man müßte dabei
an einigen anderen simplifizierten Registern „vorbeikommen", die sich in die
Systematik integrieren lassen müßten. Des weiteren müßten sich Merkmale
xenolektalen Sprechens auch in den Registern wiederfinden, die auf eine
spätere Erwerbsstufe der Erstsprache zurückgreifen. Nach allem, was bisher
aus der Xenolektforschung bekannt ist, müßte diese Hypothese jedoch auf
wenige Bereiche der Sprache beschränkt bleiben, da sie eine konzeptuelle
Entwicklung des Sprechers völlig außer Acht läßt. Keineswegs ist daher
belegt, daß der Themenbereich xenolektaler Kommunikation etwa ausschließlich dem Relevanzbereich kindlicher Bedürfnisse und dessen lexikalischer Realisierung entspräche.

2.7 Ziele

Nachdem die weitgehend noch völlig offenen Problembereiche der Xenolektforschung in den relevanten Bereichen systemartiger Strukturierung und
den weiterführenden soziolinguistischen und psycholinguistischen Fragen
umrissen sind, sollen im folgenden Schwerpunkte und Ziele der vorliegenden
Untersuchung dargestellt werden.

1. Beim derzeitigen Stand der Forschung scheint es vordringlich, anhand
   authentischer natürlicher Interaktionsdaten zumindest andeutungsweise
   die Eigensystematik xenolektaler Äußerungen auszuarbeiten. Die vorliegende Arbeit wird dies im Bereich der Syntax, in verschiedenen Referenzbereichen, für die Strukturierung des Lexikons und für skopusbezogene
   Phänomene versuchen. Um dieses Ziel wenigstens einigermaßen erreichen
   zu können, muß sich die Untersuchung auf einen funktionalen Ansatz
   stützen.
2. Im Anschluß an die Darstellung des Systems der Xenolekte wird versucht,
   die Bedeutung der Einflußfaktoren der beobachtbaren Anwendungsvaria-

tion zu ermitteln. Dazu wird eine zu entwickelnde Typologie von Äußerungsstufen zugrundegelegt.

3. Nach diesen sich auf bisher unbeschrittenes Terrain begebenden Vorar-
beiten sollten die Ursachen und Funktionen xenolektalen Sprechens adäquater ermessen werden können. Es wird versucht, sie auf der Basis der in
dieser Untersuchung gewonnenen Ergebnisse unter Berücksichtigung der
oben skizzierten relevanten Hypothesen zu diskutieren.

3. Die Daten und ihre Aufbereitung

3.1 Methodische Probleme

Die Methodik und Problematik empirischen Arbeitens mit authentischen Daten ist in einer Reihe von Arbeiten kritisch diskutiert und dargestellt worden. Einen allgemeinen Überblick geben unter anderem Labov (1978) und Scherer (1984)[10]. Speziell mit der Methodik der Zweitspracherwerbsforschung setzen sich Becker et al. (1978), Dittmar/Rieck (1977), Perdue et al. (1982) und besonders Tropf (1983, Band 1) auseinander. Es soll hier daher genügen, die methodische Diskussion auf die für die Xenolektforschung relevanten Problembereiche und Besonderheiten zu beschränken.

Zwei zentrale methodische Problembereiche sind in der Xenolektforschung durchgehend unzureichend beachtet oder gar völlig ignoriert worden. Zum einen werden die Normen der Bezugsgröße in einer Defizienzbeschreibung zu wenig reflektiert oder völlig übergangen, zum anderen werden ungeeignete Erhebungsverfahren angewendet, deren Daten keinerlei Xenolektmerkmale, aber eine Reihe induzierter Artefakte aufweisen. Bei einer Angabe des Grades der Abweichung ist stets zu berücksichtigen, daß erstens eine Norm gewählt wird, die mit der zu beschreibenden Sprachform in möglichst vielen Grundbedingungen übereinstimmt und daß zweitens darin ihre kontextuellen und situationsbedingten Besonderheiten berücksichtigt werden. Daher ist es in dem Untersuchungsgebiet *Xenolekte* nötig, statt einer schriftsprachlichen eine umgangssprachliche oder gegebenenfalls dialektale Bezugslinie (Norm) zum Vergleich heranzuziehen und darüber hinaus insbesondere die dort gültigen Regeln regulärer Ellipsen zu berücksichtigen[11]. Derartige Normen werden zur Bestimmung möglicher Abweichungen daher den Untersuchungen dieser Arbeit zugrundegelegt. Im folgenden ist der Einfachheit halber jeweils von 'bezugssprachlichen Normen' oder

---

[10] Romaine (1984) setzt sich kritisch mit soziologischen Arbeitsmethoden in der Linguistik und der Validität ihrer Ergebnisse auseinander; Schmitz (1983) tut dies insbesondere mit quantitativen Auswertungsverfahren.

[11] Der umfangreichste Versuch der Erfassung der Regeln regulärer Ellipsen im Deutschen ist Klein (1978). Einen Eindruck von der Komplexität der Problematik vermitteln auch Klein (1981 und 1984b).

schlicht von der *Bezugssprache* als dem Sammelbegriff der individuellen Ausgangsvarietäten (Umgangssprache, Dialekt) der Informanten die Rede. Das Anlegen etwaiger anderer Normen (zum Beispiel der der Schriftsprache) ist gegebenenfalls explizit vermerkt. Des weiteren darf aus einer bestimmten, natürlicherweise gegebenen Beschränkung der Themenauswahl und einer Verankerung der Kommunikation im Hier und Jetzt, mit einer entsprechend höheren Frequenz deiktischer Verweisformen, nicht auf daraus folgende konstitutive Restriktionen des untersuchten Sprachgebrauchs geschlossen werden.

Was nun die Authenzität der „klassischen" Xenolektdaten betrifft, so haben sich bestimmte Erhebungsverfahren als äußerst ungünstig erwiesen. In der Xenolektforschung hat sich dies sehr deutlich unter den folgenden Bedingungen gezeigt:

— Wenn Informanten und Adressaten verwandten ethnischen Gruppen angehören oder solche Gegenüberstellungen sozialer Gruppen gewählt werden, bei denen Xenolektmerkmale in natürlichen Kommunikationssituationen in der Regel nicht auftreten.
— Wenn die Informanten vorher über eine laufende Aufzeichnung unterrichtet werden (offenes Interview) oder eine bestimmte experimentelle Aufgabe vorgegeben wird, so daß die Kontrolle der Wohlgeformtheit der Äußerungen und die Strategien der Aufgabenlösung in den Vordergrund treten, die kommunikative Grundbedingung der Informationsübermittlung von den Versuchspersonen aber stark oder völlig außer Acht gelassen wird. Somit können die kommunikativ bedingten Veränderungen xenolektalen Sprechens nicht auftreten.
— Wenn bestimmte Kommunikationssituationen (zum Beispiel Wegbeschreibungen, Zugauskünfte und ähnliches) gewählt werden, die auch in bezugssprachlicher Realisierung stark elliptisch sind. Somit ist ein geeigneter Vergleich nicht möglich.
— Wenn bestimmte Kommunikationskanäle (zum Beispiel Telefon) gewählt werden, die zumindest bei bestimmten Aufgaben untypisch für die Kommunikation zwischen nicht-kompetenten und kompetenten Sprechern einer untersuchten Sprache sind. Zudem fehlt dann der visuelle Kontakt, der eine erste Einschätzung des Adressaten ermöglichen könnte. Die Irritation der Informanten führt daher zu einem eher defensiven Verhalten, das andere als xenolektale Veränderungen zeigt.
— Wenn Daten aus sekundären Quellen herangezogen werden, die ursprünglich gänzlich anderen Zwecken, wie der Charakterisierung der Fremdartigkeit oder des sozialen Status einer Figur oder Person, dienlich

waren. Sie haben mit dem interaktiven Wechselspiel natürlicher Kommunikation nur noch am Rande zu tun. Die Kontrolle der Merkmalcharakteristik der bestimmten Sprachform überwiegt hier deutlich deren kommunikative Funktionen. Die Folge sind eine Fülle xenolektuntypischer Hyperkorrekturen.

Die Mißachtung dieser negativen Einflüsse auf die gewonnenen Ergebnisse hat in der Literatur zu einer Fülle voreiliger Generalisierungen geführt, die sich für eine Bewertung xenolektaler Kommunikation als wenig hilfreich erwiesen haben. Bei diesem Stand der Forschung schien es absolut zwingend, für diese Untersuchung ausschließlich Daten aus authentischer Kommunikation heranzuziehen. Dies ist aus folgenden Gründen jedoch fast unmöglich:

1. Alle Erfahrungen der bisherigen Xenolektforschung haben ganz deutlich gezeigt, daß Informanten im Bewußtsein einer Aufzeichnung ihrer Sprechweise in schriftlicher Form oder mittels eines Mikrophons gegenüber ihrer gewöhnlichen situationsbedingten Sprechweise beträchtliche nicht xenolekttypische Veränderungen vornehmen. Auch in anderen Bereichen empirischer Forschung (Zweitspracherwerbsforschung, Aphasieforschung) hat sich die gleiche Erkenntnis durchgesetzt. Im Bereich der Aphasieforschung konnte so beispielsweise nachgewiesen werden, daß bestimmte „unregelmäßige" Agrammatismen gehäuft dann auftreten, wenn die Patienten im Wissen über die Aufzeichnung ihrer Sprache besonders gut „abschneiden" wollen. Diese Hyperkorrektheiten verschwinden aber im natürlichen, unbeobachtet scheinenden Dialog weitestgehend (siehe Heeschen 1985).

2. Bei Einweihung der Adressaten in das Vorhaben der Untersuchung muß zumindest deren Verhalten in bezug auf die Aussagefähigkeit der Untersuchung vorsichtig behandelt werden. Zudem entstehen noch genügend Probleme bei der Gewinnung geeigneter Adressaten, wenn diese bestimmten Erfordernissen der Untersuchung inbezug auf ihre Sprachkenntnisse, Seriosität und Einsatzmöglichkeit gerecht werden sollen[12].

3. Insofern kommt für das Ziel, unverfälschte Daten zugrunde zu legen, nur eine teilnehmende Beobachtung in Frage. Diese kann, wenn sie authentisch bleiben will, aber nur bis zu einem begrenzten Maße vom Untersuchenden selbst durchgeführt werden (Beobachter-Paradox). Sie muß daher von den Interaktionspartnern unbemerkt, mittels versteckter Aufzeichnung erfolgen. Dies setzt aber entsprechende Aufnahmemöglichkeiten in einer authentischen Situation mit unbeobachtbarer Installation der

---

[12] Eine ausführliche Darstellung theoretischer Aspekte bei der Analyse spontanen Sprachgebrauchs findet sich in Scherer (1984, besonders Kapitel 1 und 2).

Aufzeichnungsgeräte voraus, die langer Vorbereitung und besonders gün-
stiger Ausgangsbedingungen bedürfen. Die Chancen für solche idealen
Bedingungen sind enttäuschend gering. In ihrer Idealform der versteckten
Beobachtung aller Interaktionspartner waren sie auch hier nicht gegeben
und konnten auch nicht herbeigeführt werden.

Technisch bessere Beobachtungsmöglichkeiten sind bis zu einem gewissen
Grade bei der Aufzeichnung telefonischer Interaktionen gegeben. Dies hätte
zudem den Vorteil, den außersprachlichen Anteil der Adressateneinschät-
zung experimentell kontrollieren oder dessen Einfluß ausschließen zu können. Aber es fällt beiden Interaktionspartnern in telefonischen Interaktionen
gerade wegen der fehlenden visuellen Information erheblich schwerer, sich
auf ihr Gegenüber einzustellen, was dazu führt, daß die Adressaten eher
verschüchtert und unsicher reagieren und die Informanten sich umgekehrt
dem unbekannten Adressaten gegenüber abwartend verhalten und nicht oder
nur zögernd xenolektale Äußerungen produzieren. Eine Verwendung telefonischer Gespräche scheidet aber ohnehin für diese Untersuchung aus, da,
wie schon erwähnt, die Konventionen telefonischer Kommunikation von
denen der *face-to-face-Kommunikation* wesentlich abweichen und daher die
Ergebnisse verzerrt würden. Darüber hinaus ist der Themenkanon telefonischer Interaktion und die Anzahl relevanter Aufnahmesituationen in jedem
Falle sehr beschränkt, wenn nicht der Argwohn der Informanten geweckt
werden soll. Man würde sich kaum telefonisch in einem Kaufhaus über
Waschmaschinen, Fernsehgeräte, Schuhe oder ähnliches informieren oder
sich telefonische Auskünfte über die Funktionsweise des Lottos geben lassen. Zudem setzen Gesprächspartner gerade in „natürlichen" telefonischen
Interaktionssituationen gegenüber Ausländern Strategien ein, die eine solche
telefonische Interaktion möglichst vermeiden sollen. Auch hierdurch wird
die Datensammlung natürlich entscheidend behindert.
    Ein derartiges Verhalten zeigte sich deutlich bei in einer Testphase telefo-
nisch befragter Bediensteter von Arbeitsämtern, Ausländerbehörden und
Führerscheinstellen. Diese weichen zumeist auf die Formeln *komm' Sie mal
her!* oder *telefonisch geht das nicht* aus. Informanten aus Bereichen geringerer
öffentlicher Verantwortung neigen dann sogar dominant dazu, jegliche Interaktion abrupt abzubrechen. Das zeigte sich deutlich bei Bediensteten der
Bundesbahn, deren eigentliche Aufgabe nicht im Auskunftgeben bestand, bei
Informanten aus dem Gaststätten- und Baugewerbe und bei anderen Informanten aus privatwirtschaftlichen Bereichen, die kein geschäftliches Interesse am Zustandekommen einer Interaktion mit einem ausländischen Adressaten zeigten (siehe hierzu Roche 1982). Telefonische Small-Talk-

Kommunikation unter unbekannten Interaktionspartnern scheidet selbstverständlich vollends aus. Telefondaten erlauben außerdem nur beschränkte
Vergleiche adressatengerichteten Verhaltens. Diese scheitern spätestens
dann, wenn Sprecher, die die Zielsprache fast gar nicht beherrschen, versuchen, sich am Telefon verständlich zu machen. Zum einen verfügen sie nicht
über ausreichende sprachliche Mittel, und zum anderen würden die Gesprächspartner die Unnatürlichkeit eines solchen Unterfangens sofort erkennen. Darüber hinaus zeigt sich, daß die Erfolgsquote des Zustandekom-
mens und Beibehaltens telefonischer Interaktionen zwischen Adressaten und
unbekannten Informanten recht niedrig ist, da die Informanten auch in
diesem Fall die Interaktion im Wissen fehlender Sanktionierung einseitig
(zumeist durch Auflegen des Hörers) sehr leicht abbrechen können.

Um die soeben dargestellten Probleme bei der Sammlung geeigneter und
verläßlich-repräsentativer Daten zu vermeiden, bedarf es also einiger entsprechender Kunstgriffe. Diese werden anhand der Vorstellung des für diese
Arbeit hergestellten Korpus' im folgenden Abschnitt dargestellt.

3.2 Das Korpus

In der vorliegenden Untersuchung wurden die Daten mittels versteckter
Aufzeichnung durch die Adressaten gewonnen. Alle Gespräche wurden von
ihnen mittels eines Sennheizer MD 214 N Mikrophons auf Sony TCM 600
aufgezeichnet. Über die Authentizität der Beiträge der deutschen Informanten bestehen nach Berücksichtigung der weiter oben genannten Faktoren
keine Bedenken. Die Informanten wurden, soweit möglich, im Nachhinein
über Ziel und Zweck der Aufnahmen unterrichtet und im Sinne der Daten-
schutzbestimmungen um ihre Zustimmung gebeten. Allen Beteiligten an der
Datensammlung ist sowohl bei der Transkription als auch bei der Auswertung völlige Anonymität gewiß.

Das Datenkorpus umfaßt insgesamt circa 720 Minuten Tonbandaufnah-
men von 86 Interaktionen zwischen insgesamt 66 deutschen Informanten
und dreizehn ausländischen Adressaten aus vier verschiedenen Aufnahmesituationen und zusätzlich noch 53 Minuten Aufnahmezeit von Interaktionen
mit der Kontrollperson D100. Im einzelnen sind das:

1. Gesprächsdaten von insgesamt 28 verschiedenen deutschen Informanten
   in freiem, kollegialem Gespräch mit vertrauten ausländischen Adressaten.
   Im folgenden kurz *Fabrikdaten* genannt.
2. Vergleichsdaten von vier verschiedenen deutschen Informanten in systematischer Gegenüberstellung mit jeweils sechs ausländischen Adressaten

und einer deutschen Kontrollperson. Aufnahmeorte sind zwei Kaufhäuser, ein Schuhgeschäft und eine Lotterieannahmestelle (Tabakladen). Dieser Korpusteil wird im folgenden kurz *Auskunftsdaten* genannt. In einer Testphase wurden von vier der sechs Adressaten und der deutschen Kontrollperson zusätzlich telefonische Auskünfte bei vier verschiedenen Stellen (Arbeitsamt, Führerscheinstelle, Ausländerbehörde, Fahrschule) eingeholt, aber nicht aufgezeichnet.

3. Daten aus persönlicher Beobachtung oder einzelne, in der Pilotphase unsystematisch gesammelte Daten (30 Aufnahmen) aus verschiedenen Situationen. Im folgenden als *Streudaten* bezeichnet.

4. Zusätzlich drei Aufnahmen des gleichen Typs wie 1. Diese wurden freundlicherweise von Zula Karapanagiotou für Kontrollbeobachtungen zur Verfügung gestellt, sie flossen aber nur am Rande in die Auswertung ein.

Von den circa zwölf Stunden Aufnahmezeit wurden 550 Minuten transkribiert und davon 13382 Wörter laufenden Textes der deutschen Informanten der Auswertung zugrundegelegt[13]. Davon wurden 7139 Wörter laufenden Textes der deutschen Infomanten für die Auswertung des 1. Teils und 5179 Wörter für die Auswertung des 2. Teils herangezogen. Darüberhinaus flossen weitere Aufnahmen aus dem 3. Teil mit insgesamt 1064 Wörtern laufenden Textes der deutschen Informanten und zahlreiche stenographische Aufzeichnungen aus Zufallsbeobachtungen in die Auswertung ein. Die restlichen Aufnahmen erwiesen sich zumeist in technischer Hinsicht als ungeeignet (unterbrochene Aufnahme, hohe Nebengeräusche). Der Hauptteil der Aufnahmen entstand von Februar bis August 1983, an verschiedenen Orten im Großraum des Rhein-Main-Neckar-Gebietes. Einzelne Aufnahmen oder Beobachtungen deutscher Informanten stammen aus dem Zeitraum davor oder danach und sind an verschiedenen Orten der Bundesrepublik Deutschland oder auch zwischen deutschen Informanten und ausländischen Adressaten im Ausland registriert worden. Aus Gründen der den Informanten und Adressaten zugesicherten Anonymität und zur Wahrung ihrer Persönlichkeitsrechte wurden sämtliche Personennamen und Ortsangaben entweder verändert, chiffriert oder gänzlich getilgt. Das gilt ferner auch für alle sonstigen sich aus den Gesprächen ergebenden Hinweise, die irgendjemandes Identifizierung (Beteiligte oder Angesprochene) möglicherweise erschließen ließen.

---

[13] Alle Angaben beziehen sich auf die Datenblöcke 1,2 und 3.

3.2.1 Transkription

Das Transkriptionssystem basiert auf einer Entwicklung von Klein (HFP 1975) für Zwecke der Darstellung von Lerneräußerungen. Es ist kein streng phonetisches System und weicht daher in einigen Punkten von der API-Lautschrift ab. Es genügt aber den verfolgten Zielen völlig. Die Veränderungen gegenüber der API-Lautschrift sind Zugeständnisse an eine schreibmaschinen- und computergerechte Verarbeitung, die bei derart umfangreichen Datenmengen unumgänglich ist. Die Basis bildet das deutsche orthographische Inventar. Folgende Abweichungen sind dabei zu vermerken:

C	=	ich-Laut
x	=	ach-Laut
ß	=	sch-Laut
c	=	Schwa-Laut (*e* wie in *Laute*)
v	=	*w* wie in *wunderbar*
z	=	stimmhaftes *s*
q	=	*ng* wie in *Aufschwung*
oa	=	hessische Aussprache mit offenem *o* in *boa* für *Bein* oder ähnliches
aa, ää, ee, ii		
oo, öö, uu	=	überlange Dehnung von Vokalen
?	=	Frage-Intonation
–	=	kurze Pause zwischen Silben
+	=	Pause bis zu 1 sec.
++	=	Pause bis zu 2 sec.
+++	=	Pause von mehr als 2 sec.
		(Die Dauer extrem langer Pausen wird in Klammern angegeben.)
NAME	=	Großschreibung entspricht chiffrierten Personennamen
ORTSNAME		oder Ortsangaben
/	=	Überschneidungen in Redebeiträgen

Die Äußerungen der deutschen Informanten werden ebenfalls in Lautschrift wiedergegeben, um so dialektale, umgangssprachliche und hochsprachliche Realisierungen besser unterscheiden und Imitationen von Äußerungen der Adressaten festhalten zu können. An einigen Symbolen wie *q, C, ß* und *x* wird aus Gründen der Disambiguierung gleicher orthographischer Repräsentationen in der deutschen Schriftsprache und zur Vermeidung von Verwechslungen bei Kompositabildungen festgehalten. Belege im Text dieser Arbeit werden in gleicher Weise wiedergegeben, erschlossene, das heißt nicht authentisch belegte Äußerungen oder Paraphrasen sind in standardortho-

graphischer Schreibweise vermerkt. Sprecher- und Adressatenidentifikation
werden jeweils in Kleinbuchstaben, gegebenenfalls mit Index, am linken
Rand einer Äußerung angegeben. Bei Zitaten im Text der Arbeit sind die
zitierten Äußerungen durch folgenden Code identifiziert: Code der Aufnahme (Kennung des Adressaten plus Nummer der Aufnahme), laufende
Nummer der Äußerung. Die Äußerung T1804-75 entstammt also der 4.
Aufnahme von Informant T18 und ist darin die fünfundsiebzigste Äußerung.
Sofern nicht explizit durch die Sprecherkennung angegeben, beziehen sich
die Zitate jeweils auf die beteiligten deutschen Informanten. Davor ist zum
besseren Verständnis der Äußerung jeweils in Klammern deren kontextuelle
Einbettung angegeben. Die verwendeten Sprecherkennungen sind:

D,d   = Deutscher Informant (D100 = Deutsche Kontrollperson)
It,it   = Italienischer Adressat
Pe,pe   = Peruanischer Adressat
Pt,pt   = Portugiesischer Adressat
T,t   = Türkischer Adressat

Im folgenden werden Informanten, Adressaten und Gesprächssituationen
der Auskunfts- und Fabrikdaten genauer charakterisiert und auch die anderen Datenquellen etwas detaillierter beschrieben.

3.2.2 Erster Korpusteil (*Fabrikdaten*)

Für diesen Teil der Aufnahmen wurden bei gleichbleibender Situation,
gleichbleibendem Adressaten und ähnlicher Aufgabe (freie Konversation) die
Informanten variiert, um so zu einem ungefähren Bild sprecherspezifischer
Differenzen im Gebrauch von Xenolekten zu kommen. Insgesamt wurden
für diese Fabrikdaten 26 Gespräche mit 28 verschiedenen Informanten auf-
gezeichnet. Dies geschah in einem größeren Unternehmen der Automobil-
Zulieferindustrie mit für diesen Industriezweig typischem hohen Anteil von
ausländischen Mitarbeitern, und zwar unmittelbar am Arbeitsplatz, in der
Betriebskantine, im Hof oder auf dem Parkplatz. Der Adressat T18, ein circa
35-jähriger türkischer Gastarbeiter, der schon seit mehreren Jahren in der
Fabrik arbeitet, ist gewerkschaftlich organisiert und daher besonders an den
Arbeitsbedingungen seiner Kollegen interessiert. Kurz vor Einführung neuer
Arbeitszeiten und eines neuen Schichtsystems ergibt sich so genügend Ge-
sprächsstoff für eine ungezwungene und gut begründete Kommunikation.
T18 ist mit allen deutschen Informanten mehr oder weniger gut bekannt und
unterhält sich gelegentlich mit ihnen. Er kennt sich mit den Gegebenheiten
der Fabrik und den Eigenheiten der meisten Kollegen sehr gut aus. Inbezug

auf sein sprachliches Niveau kann T18 in einem mittleren Bereich angesiedelt werden[14].

Bei den deutschen Informanten handelt es sich jeweils, sofern nicht anders angegeben, um Dialektsprecher der betreffenden Region. Es sei hier außerdem darauf hingewiesen, daß sich Adressat und Informant bei allen Aufnahmen jeweils mehr oder weniger gut bekannt waren und zumindest ein gutes kollegiales oder freundschaftliches Verhältnis hatten oder befreundet waren. Dies bestätigt sich nicht zuletzt in Inhalt und Form der Gespräche.

Einige weitere Aufnahmen, die nicht in der gleichen Situation aufgezeichnet wurden, eignen sich dennoch zum Vergleich mit den Fabrikdaten, weil T18 (zusammen mit T19) an ihnen beteiligt war (gilt nur für T1804 und T1907), weil sich die Gesprächspartner jeweils sehr gut bekannt waren und weil es sich um sehr ausführliche Gespräche handelt.

3.2.3 Zweiter Korpusteil (*Auskunftsdaten*)

Dieser Teil der Aufnahmen, die *Auskunftsdaten*, wurde so angelegt, daß vier deutsche Informanten systematisch mit jeweils den gleichen sechs ausländischen Adressaten und einer deutschen Kontrollperson konfrontiert wurden. Dies verdeutlicht folgende Darstellung:

---

[14] Die Beurteilung der Adressaten geschieht nach subjektiven Kriterien entsprechend der Aufgabe der Informanten in der tatsächlichen Kommunikationssituation. Die Notwendigkeit einer exakteren Einstufung der Adressaten ergibt sich nur bei den adressatengerichteten Vergleichen. Sie wird in Kapitel 6 vorgenommen. Auf eine vornehmlich auf syntaktischen Kriterien basierende Einteilung des Sprachstandes der Adressaten, die nicht an der Ganzheit der Kommunikationssituation ausgerichtet ist, wurde hier verzichtet, da längst nicht als gesichert angenommen werden kann, daß gerade die Syntax der dominierende Faktor bei der Einschätzung der Sprache des Adressaten ist. Die sozialpsychologischen Untersuchungen von Giles/StClair (1979), Olynyk et al. (1983) und anderen weisen zudem eher darauf hin, daß Sprachbewertungen vor allem von phonologischen Kriterien (Aussprache, Sprechgeschwindigkeit, Flüssigkeit, Pausenlänge, vokale Intensität) bestimmt sind. Eine Klassifikation der Lernersprache in Hinsicht auf deren Erwerbsstand nach rein syntaktischen Merkmalen geben unter anderem Schumann/Stauble (1983) mit ihrer Grobeinteilung in *Basi-*, *Meso-* und *Acrolang*-Sprechergruppen und den weiteren Spezifizierungen.

Tabelle 1: Aufnahmeschema der Auskunftsdaten

Adressaten

Informanten	It01	It02	T11	T12	T13	Pe01	D100
D101	x	x	x	x		x	x
D102	x	x	x	x	x	x	x
D103	x	x	x	x	x	x	x
D104		x	x		x		x

Für das Nicht-Zustandekommen von bestimmten Interaktionskombinationen sind technische und situationsbedingte Faktoren verantwortlich. Das betrifft einmal die sensible Aufnahmeapparatur, die trotz Vorbereitungen und Einweisungen doch einmal aussetzen kann, und zum anderen das Eintreten der Situation, daß der erwartete Informant auch bei mehrmaligen Anläufen nicht anzutreffen ist, beziehungsweise dann doch ein anderer Verkäufer den Kunden (hier den Adressaten) „übernimmt". In solchen Situationen konnte im ersten Fall keine Wiederholung stattfinden. Im zweiten Fall mußte der Versuch abgebrochen werden, die entsprechende Kombination der Interaktionspartner doch noch zustande zu bringen. Alle Interaktionspartner waren einander gänzlich unbekannt. Um eine Beeinflussung durch das Hinzuziehen von „Dolmetschern" oder durch zurückhaltendes Veränderungsverhalten wegen des höheren Öffentlichkeitsgrades auszuschließen, war darauf zu achten, daß Informant und Adressat jeweils alleine miteinander kommunizierten und keine anderen aktiven oder passiven Kommunikationspartner beteiligt wurden. Dies konnte in allen Dyaden im wesentlichen gewährleistet werden. Unterbrechungen durch Zwischenfragen anderer Kunden und eingelagerte Sequenzen zwischen den Verkäufern und ihren Kollegen lassen sich jedoch nicht immer vermeiden, beeinflussen die Aufnahmen aber nicht, da sie wegen ihrer deutlichen Begrenztheit ohne Schwierigkeiten zu kontrollieren sind. Die Adressaten wurden jeweils in gleicher Weise instruiert, das heißt, sie wurden gebeten, dem Informanten nach Möglichkeit eine Reihe bestimmter Fragen zu stellen und mit ihm zu erörtern. Dabei wurde besonders darauf geachtet, daß die Motivation des Gespräches und der Fragen des Adressaten auch für den Informanten durchsichtig und plausibel und auf dessen berufsmäßige Aufgabe abgestimmt waren. Die Aufnahmen entstanden im Zentrum einer größeren Stadt des Rhein-Main-Neckar-Gebietes in einem Stadtteil mit einem relativ hohen Bevölkerungsanteil von Ausländern. Bei der Auswahl der Informanten wurden nur solche Verkäufer berücksichtigt, von denen häufigerer Umgang mit ausländischer Kundschaft beobachtet oder erwartet werden konnte. Um argwöhnisches Verhalten der Informanten wegen einer möglichen Häufung bestimmter Kombinationen von Fragen zu vermeiden, wurden nicht mehr als zwei Interaktionen pro Informant und Woche mit mehrtägigem Abstand aufgezeichnet. In der Regel betrug der Abstand von Aufnahmen eines Informanten aber mehr als eine Woche. Im einzelnen bestanden folgende Gesprächskonstellationen:

Situation 1: *Information über eine Waschmaschine*
Der Informant ist D101, ein 40-jähriger Verkäufer in der Hausgeräteabteilung eines großen Kaufhauses. Er spricht leichten Dialekt. Die Adressaten sollen den Informanten mit dem Wunsch, eine Waschmaschine für ihre mehrköpfige Familie kaufen zu wollen, konfrontieren. Sie soll möglichst billig sein, Anlaß für eine Erklärung ihrer Funktionsweise und Sparsamkeit geben und bei einem Umzug in das Herkunftsland des Kunden auch dort funktionieren können. Außerdem soll geklärt werden, welche Probleme unter Umständen bei einem Transport und bei möglichen erforderlichen Reparaturen entstehen können. Darüberhinaus ist zu erkunden, welche Garantiebestimmungen bestehen und ob ein Kredit für den Kauf gewährt werden kann. Verkäufer und Kunden sehen sich verschiedene Maschinen in der Abteilung gemeinsam an[15].

Situation 2: *Information über ein Videoset*
Der Informant ist D102, ein 40-jähriger Verkäufer in der Fernsehabteilung eines großen Kaufhauses. Er spricht leichten Dialekt. Die Adressaten sollen den Informanten damit konfrontieren, daß sie eine möglichst billige Videoanlage kaufen wollen. Sie sollen sich nach den verschiedenen Systemen erkundigen und sich diese, beziehungsweise die bestehenden Unterschiede zwischen ihnen, eingehend erklären lassen. Von Interesse sind darüberhinaus die Garantiebestimmungen, ein möglicher Transport, Betrieb und Reparaturmöglichkeiten im Heimatland und etwaige Probleme sowie die Möglichkeiten eines Kaufes mittels eines Kredites. Verkäufer und Kunden sehen sich gemeinsam verschiedene Geräte an verschiedenen Stellen der Abteilung an.

---

[15] Das Gespräch mit T11 wird in Abschnitt 4.3 ausführlich behandelt.

Situation 3: *Erklärung des Pferdelottos*
Der Informant ist D103, der Inhaber eines Tabak- und Zeitschriftenladens
mit einer Lottoannahmestelle. Er ist 50 Jahre alt und spricht eine hochdeut-
sche Varietät der Umgangssprache. Zu klären ist die Funktionsweise des
Pferdelottos, dessen System kurz zuvor verändert wurde. Im Mittelpunkt
sollen folgende Fragen stehen:
Was muß man machen, und wie funktioniert das System?
Was kostet ein Spiel, und was kann man gewinnen?
Wie oft wird Pferdelotto gespielt?
Wo und wann erfährt man die Ergebnisse, und wann müssen die Tippscheine
abgegeben werden?
D103 verhält sich gegenüber allen Adressaten äußerst verständnisvoll und
sehr hilfsbereit. Bei allen Adressaten stellt er dabei die Funktionsweise des
Pferdelottos gesprächsbegleitend an Mustern dar.

Situation 4: *Information über Gesundheitsschuhe*
Die Informantin ist D104, eine 55-jährige Verkäuferin in einem Geschäft für
Gesundheitsschuhe. Sie spricht Hochdeutsch mit nur ganz seltenen, offensichtlich viel Überwindung kostenden xenolektalen Veränderungen und
verhält sich äußerst hilfsbereit und freundlich gegenüber allen Adressaten.
Die Gesprächsstellung wird häufig verändert, da die Verkäuferin im Laden
nach passenden Schuhen sucht. Zu fragen ist nach den Vorteilen von Ge-
sundheitsschuhen und nach dem dem individuellen Geschmack entsprechenden Sortiment. Darüber hinaus interessieren besonders Material, Le-
bensdauer und Kosten der Gesundheitsschuhe.

Für die weitere Gestaltung der Interaktionen in bezug auf Ausführlichkeit,
Reihenfolge der Fragen und weiteres wurden den Adressaten keine weiteren
Instruktionen gegeben. Sie sollten sie soweit wie möglich zwanglos und ohne
jegliche Sanktionen führen können, bis das kommunikative Ziel der Interaktion nach ihrem Ermessen ausreichend oder zufriedenstellend erfüllt war.

3.2.3.1 Sozialdaten der Adressaten

It01 ist ein italienischer Gastarbeiter, der zum Zeitpunkt der Aufnahme 52
Jahre alt ist. Er wurde auf Sardinien geboren, kam 1960 in die Bundesrepublik
und hat seither, bis auf Urlaubsaufenthalte in seiner Heimat, ununterbro-
chen im Aufnahmegebiet gelebt. Dabei war er an verschiedenen Arbeitsstel-
len tätig, bis er 1977 durch einen Arbeitsunfall arbeitslos wurde. Er hat kaum
Kontakt zu Deutschen, nur einen „guten Freund", der ihm bei Bedarf hilft,
sich verständlich zu machen. Von seinem äußeren Erscheinungsbild ent-

spricht er den prototypischen Vorstellungen von einem Gastarbeiter. Seine Deutschkenntnisse sind auf einer sehr frühen Stufe fossiliert. Er leidet zudem an einer Hörbehinderung.

It02 ist ebenfalls ein italienischer Gastarbeiter, der aus Salerno stammt und zum Zeitpunkt der Aufnahme 55 Jahre alt ist. Bevor er 1961 in das Aufnahmegebiet kam, arbeitete er zunächst einige Jahre in Luxemburg. Sein Beruf ist Verputzer, er ist aber seit einiger Zeit arbeitslos. Zu Deutschen hat er wenig Kontakt. Im Gegensatz zu It01 spricht er recht schnell und flüssig, ist aber insgesamt nicht wesentlich besser verstehbar als dieser. Sein eigenes Verstehen der deutschen Informanten ist dagegen etwas besser als das von It01. Insgesamt sind auch seine Deutschkenntnisse auf einer frühen Erwerbsstufe fossiliert. Er ist stets recht gut gekleidet.

T13 ist eine türkische Gastarbeiterin in einer Farbenfabrik. Zum Zeitpunkt der Aufnahme ist sie 43 Jahre alt. Sie lebt mit ihrem Mann und ihren beiden Kindern seit 1970 im Aufnahmegebiet. Zu Deutschen hat sie sehr wenig Kontakt, der zudem noch auf den Arbeitsbereich beschränkt ist. Bei Verständnisschwierigkeiten oder wenn breitere Deutschkenntnisse erforderlich sind, übernehmen normalerweise ihre Kinder eine Vermittlerfunktion. Die Aufnahmen mit den Informanten meistert sie jedoch völlig allein. Mit den relativ wenigen sprachlichen Mitteln, die sie aber geschickt einzusetzen versteht, müssen ihre Sprachkenntnisse insgesamt als sehr gering eingestuft werden. In der Kleidung weicht sie von den prototypischen Vorstellungen von einer Frau eines türkischen Gastarbeiters ab.

T12 ist ein 35-jähriger Kurde, der seit 1976 in der Bundesrepublik lebt und als Krankenpfleger, seinem erlernten Beruf, in einer großen Klinik arbeitet. Zu Deutschen hat er am Arbeitsplatz (Kollegen, Patienten), aber auch in der Freizeit sehr viel Kontakt. Seine Deutschkenntnisse sind, sofern sie das Lexikon und die Syntax betreffen, sehr gut, allerdings spricht er relativ langsam und gelegentlich phonetisch bedingt schwer verständlich. Er beherrscht auch komplexere Konstruktionen des Deutschen, wie Konjunktiv und Passiv, und hat eine ausgeprägte Tendenz, die einzelnen Themen mit den Informanten ausführlich zu diskutieren. Aus eigener Erfahrung weiß er sehr gut, daß Deutsche gegenüber Ausländern gerne in Xenolekten sprechen. In der Klinik muß er insbesondere die neuen Patienten häufiger darauf aufmerksam machen, daß „sie ruhig normal reden können". Er ist der Ansicht, daß dies befolgt werde, wenn er explizit darauf aufmerksam mache. Ansonsten blieben die Patienten bei ihrer xenolektalen Redeweise. Seine Kollegen sprächen aber bewußt „richtig" mit ihm. Er berichtet darüber hinaus von weiteren Fällen, wo mit ihm „Tarzanisch" gesprochen worden sei. Gelegentlich sei dies so schlecht, daß er es überhaupt nicht verstehen könne.

T11 ist ein 25-jähriger Student aus Istambul, der zum Zeitpunkt der
Aufnahme erst sieben Monate in der Bundesrepublik lebt. In den Semesterfe-
rien arbeitet er aushilfsweise in einer Niederlassung einer Automobil- und
LKW-Fabrik. Zu Deutschen hat er besonders am Arbeitsplatz, aber weniger
beim Studium Kontakt. Bedingt durch den intensiven Deutschunterricht,
den er an der Universität besucht, ist seine Aussprache im Vergleich zu
seinen übrigen Sprachfertigkeiten überdurchschnittlich gut. Wortschatz-
und Syntaxprobleme werden dadurch eher verdeckt.

Pe01 ist ein dunkelhäutiger, 26-jähriger Peruaner, der zum Zeitpunkt der
Aufnahme erst wenige Monate in der Bundesrepublik ist und wie T11
Deutschkurse an der Universität besucht. Um seinen Lebensunterhalt ver-
dienen zu können, arbeitet er in der Nachtschicht einer großen Tageszeitung
als Zuträger. Bevor er nach Deutschland kam, hatte er aber bereits Deutschunterricht in Peru besucht. Außer am Arbeitsplatz hat er kaum Kontakt zu
Deutschen. Er spricht relativ langsam, aber seine Aussprache ist als „sehr
gut", wenn nicht sogar als „gewählt" zu bezeichnen. Außerdem beherrscht er
recht komplexe Konstruktionen des Deutschen. Probleme hat er gelegentlich mit bestimmten lexikalischen Elementen.

D100 ist eine einheimische, männliche Kontrollperson, die im Aufnahmegebiet arbeitet, leichten Dialekt spricht und zum Zeitpunkt der Aufnahme
29 Jahre alt ist. Sie hat prinzipiell die gleichen Aufgaben wie die Adressaten
zu erfüllen. Einige Fragen, die das Heimatland der Gastarbeiter betreffen,
mußten jedoch geringfügig modifiziert werden.

3.2.4 Dritter Korpusteil (*Streudaten*)

Die Daten aus der unsystematischen teilnehmenden Beobachtung und die
aus der Pilotphase stammenden Daten sind in unterschiedlichen Situationen
mit gänzlich verschiedenen Adressaten und Informanten notiert oder registriert worden. Alle Informanten stammen, sofern nicht anders angegeben,
aus dem Aufnahmegebiet und sind den Adressaten gänzlich unbekannt, das
heißt, sie haben sich vor der genannten Aufnahme mit diesen noch nicht
unterhalten. Neben den zahlreichen Einzelbeobachtungen sind die folgenden, in dieser Arbeit ausführlicher zitierten Interaktionen in die Auswertung
eingegangen.

T1901, Aufnahmedauer 1'00 min. T19 mit D142, einem circa 60-jährigen
Einheimischen, und T18 bei einer Wegbeschreibung auf der Straße.

T1905, Aufnahmedauer 6'50 min. T19 mit T18 und D143, einem circa
30-jährigen Angestellten an einem Bahnhof, bei einer Erkundigung über
Versandmöglichkeiten in die Türkei.

T1906, Aufnahmedauer 2'31 min. T19 mit T18 und D144, einem Angestellten einer Spielhalle, über die Verweigerung des Einlasses für die beiden
Türken.

T1301, Aufnahmedauer 18'03 min. T13 mit D126, einem 30-jährigen
Kollegen von D101, unter den gleichen Bedingungen der Erkundigungen
über die Waschmaschine (Situation 1 der Auskunftsdaten).

T1303, Aufnahmedauer 2'28 min. T13 mit D112, einer 50-jährigen Verkäuferin in einem Geschäft für Nähmaschinen. Dabei interessierte sich T13
für den Kauf einer Nähmaschine, ähnlich der Aufgabe in T1301.

T1203, Aufnahmedauer 7'02 min. T12 mit D109, einem circa 50-jährigen
Angestellten in einer Lotto- und Totoannahmestelle. Die Aufgabe entsprach
der in Situation 3 der Auskunftsdaten.

T1210, Aufnahmedauer 4'40 min. T12 mit D122, einer 28-jährigen Verkäuferin in einem Geschäft für Gesundheitsschuhe. Die Aufgabe und die
Aufnahmesituation entsprachen denen in Situation 4 der Auskunftsdaten.

It0211, Aufnahmedauer 2'48 min. It02 mit D116, einem 55-jährigen Sche-
renschleifer, der hinter der Theke seines kleinen Geschäftsraumes steht. Das
Thema der Interaktion behandelt die Reparatur einer Hautschere.

Pe0101, Aufnahmedauer 23'35 min. Pe01 mit D134, einem 68-jährigen
Rentner in einem Café. Beide sitzen sich an einem Tisch gegenüber und
unterhalten sich von anderen ungestört und ohne Zeitdruck über das Wetter, die Heimatstadt von D134, die frühere Arbeit von D134, die jetzige
Arbeit von Pe01 und die Kriegserlebnisse von D134 insbesondere in Frank-
reich.

Pe0104, Aufnahmedauer 8'31 min. Pe01 mit D135, einem 45-jährigen
Arbeitskollegen von Pe01, mit dem sich Pe01 vorher jedoch noch nicht
unterhalten hatte. Die Aufnahme wurde in der Kantine einer großen Tageszeitung während einer Arbeitspause in der Nachtschicht angefertigt. Pe01
und D135 sitzen an einem Tisch und verzehren ihr Pausenbrot. Das Thema
bildet die Arbeit von beiden und der Wohnort von D135.

Pe0105, Aufnahmedauer 9'34 min. Pe01 mit D136, einem Rentner. Die
Gesprächssituation entspricht der in Pe0101. Das Thema betrifft hauptsächlich die Arbeit und die Herkunft von Pe01.

Pe0108, Aufnahmedauer 1'24 min. Pe01 mit D150, einem 40-jährigen,
forschen Angestellten im Kreditbüro eines großen Kaufhauses, der Pe01
erklärt, daß dieser als Student keinen Kredit bekommen könne.

Pe0112, Aufnahmedauer 3'40 min. Pe01 mit D135 in der gleichen Situation
wie Pe0104.

3.2.5 Zusätzliche Aufnahmen

Zusätzlich zu den zuvor genannten Aufnahmen standen einige Aufnahmen von Zula Karapanagiotou zur Verfügung. Diese Aufnahmen sind Ende 1982 in einer Lederwarenfabrik entstanden. Die Informanten sind drei Kollegen von T16, der selbst nur kurzfristig in der Fabrik arbeitete. Es handelt sich bei diesen hervorragenden Aufnahmen im einzelnen um:

a. T1601, ein 20-minütiges Gespräch zwischen T16 und zwei deutschen Kollegen (A und H) über die Arbeitssituation, Transportprobleme zur Arbeit mit öffentlichen Verkehrsmitteln, Wohnungssuche, Krankheiten und eine Reihe alltäglicher Themen.

b. T1602, ein weiteres 5,5-minütiges Gespräch mit dem Kollegen A über den gleichen Themenbereich

c. T1603, ein 6,5-minütiges Gespräch mit dem Kollegen X über die Funktionsweise des Lottos.

Der 23-jährige türkische Adressat Ibrahim (T16) lebte zum Zeitpunkt der Aufnahme seit drei Jahren in der Bundesrepublik und arbeitete bereits einige Monate mit seinen Kollegen zusammen. Detailliert geht Karapanagiotou (1983) darauf ein. Die Gespräche wurden für die vorliegende Arbeit neu transkribiert, gingen in die Auswertung aber nur indirekt ein. Sie dienten vornehmlich zur Absicherung der aus den Datenblöcken 1, 2 und 3 gewonnenen Erkenntnisse.

4. Merkmale xenolektaler Veränderungen

4.1 Darstellung der Veränderungen in Xenolekten

Die Darstellung der xenolektalen Veränderungen erfolgt systematisch anhand von Merkmalen im syntaktischen, morphologischen, phonologischen, lexikalischen und semantischen Bereich. Untersucht werden die strukturalsyntaktischen Veränderungen, lexikalisch-semantische Simplifizierungen, morphonologische Generalisierungen und einige intonatorische Besonderheiten von xenolektalen Äußerungen.

Als Merkmale kodiert werden dabei:
— die Konstituentenstruktur von stark veränderten, telegrammartigen Äußerungen
— die syntaktisch markierte Stellung (SV)
— die Nicht-Realisierung eines Artikels (AA)
— die Nicht-Realisierung einer Präposition (PA)
— die Nicht-Realisierung eines Pronomens (PrA)
— die Nicht-Realisierung eines Nomens (NA)
— die Nicht-Realisierung eines flektierten Verbs (VA)
— lexikalisch-semantische Simplifizierungen (LS)
— die Verwendung xenolekttypischer Stereotype (XL)
— die Realisierung der Niks-Negation (NN)
— morphonologische Generalisierungen (MG)
— die von bezugssprachlichen Normen abweichende Realisierung des Infinitivs (IN)
— die Verlangsamung der Sprechgeschwindigkeit (SG) und die Gewichtung der Pausenstrukturierung (-, +, ++, +++)
— die Imitation oder Analogiebildung zu Äußerungen des Adressaten (IM)
— Selbstkorrekturen und Neuansätze (SK).

Aus der Datenlage früherer Arbeiten ergibt sich kein konsistentes Bild unterschiedlicher Veränderungsstufen in Xenolekten. Auch in den hier zugrundeliegenden Daten ist die Sprechweise deutscher Muttersprachler gegenüber Ausländern durch hohe inter- und intrapersonale Variation gekennzeichnet, was bedeutet, daß bestimmte strukturelle Merkmale und Eigenschaften nicht konsequent auftauchen und auch innerhalb einer Interaktion dauernd zwischen verschiedenen Stufen gewechselt wird. Doch können bei genauerer Betrachtung vier an der Ausbildung von Xenolekten beteiligte Äußerungstypen mit zunehmendem Abweichungsgrad von der Bezugssprache unterschieden werden:

a-Äußerungen. Das sind Äußerungen ohne jegliche Veränderungen, das heißt, der individuellen Norm entsprechende dialektale oder umgangssprachliche, also bezugssprachliche Äußerungen.

b-Äußerungen. Das sind Äußerungen mit phonetischen Varianten des Dialektes oder phonetischen Annäherungen an das, was der Informant als Normen der hochdeutschen Standardsprache internalisiert hat. Dadurch entstehen standardgerechte qualitative Annäherungen an die hochdeutsche Norm und verschiedene Hyperkorrekturen inbezug auf umgangssprachliche Normen, wie die Realisierung der in Dialekt und Umgangssprache verkürzten -en Endungen oder die analytische Sprechweise (Silbentrennungen). Darüberhinaus finden sich überdeutliche Trennungsmarkierungen durch Pausen auch an den Wort- und Äußerungsgrenzen. Aber es sind auch Präferenzen für zusätzliche Redundanz und für lexikalisch motivierte, simplifizierte oder überspezifizierte Varianten zu beobachten (*hat än aimär tsurükgebraxt* versus *hat ärn gebroxt*). Dabei handelt es sich, gemessen an bezugssprachlichen Normen, um völlig korrekte, wenn auch für den bestimmten Sprecher ungewöhnliche Äußerungen.

c-Äußerungen. Das sind Äußerungen mit leichten Veränderungen beziehungsweise „Reduktionen" gegenüber den Normen der Bezugssprache, und dabei vor allem Nicht-Realisierungen einzelner Elemente in einer Äußerung, verschiedene morphonologische Generalisierungen und lexikalisch-semantische Simplifizierungen. Die Syntax der Äußerungen ist dabei, bis auf die nicht-realisierten Elemente und bis auf einige markierte Ausklammerungstypen, weitestgehend unverändert. Bei subordinativen Satzgefügen treten häufiger uneingeleitete Konstruktionen auf, bei koordinativen Satzverbindungen bestehen Präferenzen für asyndetische Konstruktionen. Eine generelle „Verkürzung" der Syntax ist aber, im Gegensatz zu einer weit verbreiteten Annahme, kein konstitutives Merkmal dieses Äußerungstypus.

d-Äußerungen. Dies ist die Stufe, in der in der Regel die gesamte Flexion und die meisten Funktionswörter ausfallen oder besser gesagt, nur noch lexikalische Elemente realisiert werden, die inhaltstragend sind oder nur bestimmte nicht substituierbare Funktionen (wie Negation, Graduierung) ausdrücken. Hierzu gehören jedoch auch die Elemente, die von ihrer kategorialen Definition als Funktionswörter bezeichnet werden, aber in den Äußerungen gleichzeitig pars-pro-toto-Repräsentanten inhaltstragender Elemente sind. (Zum Beispiel *mit* für *mitnehmen* und ähnliches.) Es dominieren asyndetische Verbindungen. Gefüge werden selten realisiert und sind dann in der Regel uneingeleitet. Im übrigen können ebenfalls alle Einzelmerkmale der Veränderungsstufen b und c hier in Verbindung mit anderen Merkmalen in einer neuen Systematik oder überlagernd erscheinen. Die Untersuchung der zugrundeliegenden Systematik dieses Äußerungstypus ist ein Hauptanliegen dieser Arbeit. Derartige Äußerungen sind in der Forschungsliteratur bisher nur sporadisch belegt und nicht auf ihre Systematik hin untersucht worden.

4.1.1 Merkmale der Veränderungsstufen b und c

Im Gegensatz dazu sind die Einzelmerkmale der Stufen b und c mittels der zuvor gegebenen Merkmalsliste in zahlreichen Arbeiten bereits beschrieben worden (wenn auch nicht in eine zusammenhängende Systematik eingebettet). Im folgenden wird daher jeweils nur ein Beleg aus dem zugrundeliegenden Korpus zitiert und anschließend auf zwei hervorstechende syntaktische Besonderheiten der „leichten" Veränderungsstufen hingewiesen[16].

— Die Nicht-Realisierung des Artikels (AA):
  (Der Informant erklärt religiöse Unterschiede zwischen Türken und Deutschen.)
  (T1802-31)   *viir ham (einen) andcrc glaubc*

— Die Nicht-Realisierung der Präposition (PA):
  (T1810-76)   *abär vil iC (nach) holant faarn ++*

— Die Nicht-Realisierung des Pronomens (PrA):
  (Der Informant will dem Adressaten einen anderen Kollegen zeigen.)
  (T1802-23)   *jaa vän miir tsuzamcn arbaitcn mal +*
                 kan iß dir (den) ma tsaigcn +++

— Die Nicht-Realisierung des Nomens (NA):
  (Pe0110-16)   *vän zii niCt foorväßc maxcn*
                 vän (die Wäsche) niC zoo ßtark färßmutst is ja?

— Die Nicht-Realisierung eines flektierten Verbs (VA):
  (T1802-31)   *däs (is(t)) oiär glaubc*

— Lexikalisch-semantische Simplifizierungen (LS):
  (T1802-25)   *abär iC hät nox ++ gcziCt kaput gcmaxt* („zerkratzt")

— Morphonologische Generalisierungen (MG):
  (Der Informant spricht von einem türkischen Kollegen (*däs*), der in der Nachtschicht arbeitet.)

---

[16] Die nicht-realisierten Einheiten sind gegebenenfalls in Klammern angegeben.

(T1802-25)   *däs is naxtßißt arbait*

— Die syntaktisch markierte Stellung (SV):
(„*Ja, wenn wir mal zusammen arbeiten ...*")
(T1802-23)   *jaa vän miir tsuzamcn arbaitcn mal + (...)*[17].

4.1.1.1 Verkürzung der verbalen Klammer

Einheiten, die außerhalb der mittels eines mehrteiligen Verbs gebildeten verbalen Klammer stehen, werden hier als markierte Abweichungen der normalen Stellung, als *Ausklammerungen* bezeichnet. Für standardsprachliche Normen ist eine derartige Ausklammerung zwar nicht unakzeptabel, aber doch ungewöhnlich. Eine ausführliche Darstellung verschiedener Herausstellungstypen im Standarddeutsch findet sich in Altmann (1981). Die Übernahme des dort im Detail entwickelten Paradigmas für Äußerungen in Xenolekten ist jedoch wegen des im Vergleich zur Standardsprache stark elliptischen Charakters der Äußerungen nicht möglich, wenn auch funktionale Gemeinsamkeiten bestehen. Zwei Verkürzungsprinzipien scheinen für die Ausklammerung in Xenolekten verantwortlich zu sein:

1. das Prinzip der semantischen Konnektivität
   (Bildung von zusammengehörigen Blöcken)
2. das Herausstellungsprinzip.

Das erstgenannte Prinzip wurde bereits von Behaghel (1932) für die deutsche Syntax als das *Gesetz von der Zusammenstellung des Zusammengehörigen* formuliert. Als das *Prinzip der semantischen Konnektivität* wurde es von Klein (1984a, S.94) wieder aufgenommen. Es besagt, daß Elemente, die ihrer Bedeutung nach zusammengehören, möglichst nahe zusammenzustellen sind, ein Prinzip, das bei der Klammerbildung im Standarddeutsch gerade nicht wirksam ist. Es wirkt sich aber hier auf das Zusammenziehen der verbalen Elemente bei gleichzeitiger Ausklammerung der Elemente des Mittelfeldes aus. Das heißt, die verbalen Elemente werden als Verbalkomplex möglichst zu einer Blockeinheit zusammengefaßt, wobei die finiten immer vor den infiniten Verbteilen stehen. Eine Äußerungsstruktur mit dem finiten Verb in Endstellung, wie in einigen Satzmustern der Bezugssprache, wird also vermieden.

(Nach einem Unfall, den die Informantin verursacht hatte, hat der andere Beteiligte, der Mann einer türkischen Kollegin, einen Leihwagen genommen. Dieser Fahrer hatte der Polizei zunächst angegeben, sein Auto sei ganz neu

---

[17] Das *miir* stellt die dialektal gängige Entsprechung von *wir* dar.

gewesen. Später stellte sich heraus, daß er es (als Gebrauchtwagen) bereits ein halbes Jahr zuvor *„gekauft gehabt hat".*)

(Pt0301-114)   *där hats kaaft kat formc halbc jor*

(Der Informant hat eine Lehre als Autoschlosser gemacht.)

(T1802-12)   *iß hap gclärnt autooßlosär*

(Der Informant wollte 1947 anfangen zu arbeiten.)

(T1821-01)   *iß volt anfaqc 47 nc?*

Nicht ganz so konsequent, aber in dieser Richtung deutlich erkennbar, ist das Zusammenziehen der verbalen Elemente in folgendem Beleg aus dem bereits zitierten Gespräch Pt0301[18].

(Pt0301-27)   *(är) hat zoofül + kilomeetär gfaan +*
              das iC mustc 300 mark bctsaaln fürs autoo +
              für tsvai taarc

Die auf diese Weise hervorgehobenen Elemente dienen folgenden Äußerungen als thematische Basis, die nicht stets neu realisiert zu werden braucht und auf der eine komplexere Sequenz aufgebaut werden kann. Darüberhinaus ermöglicht diese Strukturierung ohne Überlastung des verbalen Rahmens die ungehinderte Weiterführung der Äußerung durch nachtragsähnliche Erweiterungen oder Paraphrasen. Sie kann ebenfalls als Einleitung zu einer Verankerungssequenz dienen.

4.1.1.2 Verb-Subjekt-Konstruktionen

Die für das Standarddeutsch typische Verb-Subjekt-Stellung bei Wort- und Satzfragen, bei adverbialer Besetzung des Vorfeldes und in bestimmten Adverbialsätzen wird in Xenolekten in der Veränderungsstufe d überhaupt nicht realisiert, in Stufe c nach Möglichkeit umgangen. Das meist zur thematischen Basis gehörende Subjekt, insbesondere die Identifizierung der Gesprächsrollen, wird nach dem auch für Stufe d charakteristischen Strukturierungsprinzip unmittelbar vor den finiten Teil des Verbs gesetzt.

(Bei Einführung eines neuen Schichtensystems würde der Informant *das Handtuch werfen* und sofort aufhören zu arbeiten.)

(T1810-48)   *vän däs geet + zäks zäks ßiCtc +*
             iß värfc hantux +++ zoofort iß hööorc auf

---

[18] Allgemein mag bei den in dieser Arbeit angegebenen Zitaten gelegentlich der Eindruck der Inkonsequenz der Informanten entstehen, da sie die beschriebenen Veränderungen selbst in einem zusammengehörigen Text nicht immer vornehmen. Diese Beobachtung des Lesers ist völlig richtig. Die Bewertung, ob es sich dabei um Inkonsequenzen handelt, sollte aber nicht zu schnell getroffen werden. Die Variationsfaktoren werden in einem späteren Kapitel ausführlich behandelt. Sie werden deshalb nicht vorher herausgefiltert.

(Zehn Minuten oder eine Viertelstunde, nachdem ihn ein türkischer Kollege mit dem Messer bedroht hatte, hat der Informant den Betriebsrat geholt.)

(T1801-53)   *filaiCt tseen minuutcn firtcl ßtundc ßpäätär +*
                iC hap bctriibsraat gchoolt

(Der Versicherungsagent will wissen, ob der türkische Kunde alleinstehend lebt, (oder ob Frau oder Familie mitversichert werden sollen).)

(T1907-75)   *duu bist aloinc?*

Das Interesse dieser Arbeit gilt vorwiegend dem zugrundeliegenden Strukturierungssystem von Äußerungen der Stufe d. In Kapitel 5 wird darauf ausführlich eingegangen. Xenolekttypische, stereotype und fossilierte lexikalische Einheiten werden jedoch keiner der vier Äußerungstypen a priori zugeschrieben, sondern in Kapitel 7 getrennt behandelt.

4.2 Strukturierung von d-Äußerungen

Die Beschreibung von Äußerungen in Xenolekten ist implizit oder explizit immer von Defizienzannahmen ausgegangen. Abweichungen derartiger Äußerungen wurden verglichen mit vermeintlich entsprechenden Äußerungen der Standardsprache, meist einer schriftsprachlichen Norm. Des weiteren wurde nicht konsequent genug in der Xenolektforschung zwischen sprachwissenschaftlichen Beschreibungsmethoden und den sprachlichen Äußerungen zugrundeliegenden Produktionsprozessen unterschieden. Eine mögliche eigene Systematizität von Xenolektäußerungen, die mit Defizienzannahmen nur am Rande zu tun hätte, ist in der Xenolektforschung daher bisher nicht untersucht worden. Eine solche eigene Grammatikalität, die wesentlich schwieriger zu fassen ist als eine einfache Beschreibung von Auslassungen, scheint in der Struktur folgender Äußerungen einer Äußerungssequenz von D101 vorzuliegen:

(Der italienische Kunde will eine Waschmaschine möglichst auf Raten kaufen und sie später möglicherweise mit nach Italien nehmen. Der Verkäufer erklärt die seiner Ansicht nach beste Möglichkeit folgendermaßen:)

(It0101-51/53)   *a bäsär is du geecn banka +*
                    neemcn gäldc
                    unt hiir bätsaalän aläs +
                    färßteen?
                    unt iC ßikän iitaaljaa + nä?

Immerhin finden sich im gesamten Korpus circa 650 ähnliche Äußerungen, die zu entsprechenden Äußerungen der Bezugssprache im entsprechenden Kontext in beträchtlicher Weise „abweichen", und zusätzlich eine große Anzahl ähnlich strukturierter Äußerungen, die aber im entsprechenden Kontext wegen ihrer Nähe zu regulär elliptischen Äußerungen nicht eindeutig als abweichend klassifiziert werden können. Es ist übersichtlicher, eine Dreiteilung dieser Menge von Äußerungen nach der Anzahl der realisierten Konstituenten vorzunehmen. Das ergibt die Gruppen der

— satzwertigen Äußerungen mit einer Konstituenten (*d1-Äußerungen*)
— satzwertigen Äußerungen mit zwei Konstituenten (*d2-Äußerungen*)
— satzwertigen, komplexeren Äußerungen mit mindestens drei Konstituenten (*d3-Äußerungen*).

Im folgenden soll die funktionale Struktur dieser drei Äußerungstypen kurz umrissen werden, ohne jedoch den nachfolgenden Kapiteln vorzugreifen.

4.2.1 d-Äußerungen mit einer Konstituenten

Das sind solche Äußerungen, deren gesamter propositionaler Gehalt durch eine einzige Konstituente repräsentiert wird. Sie werden im folgenden als *d1-Äußerungen* bezeichnet. In der Regel handelt es sich um komprimierte Herausstellungen, Wiederaufnahmen, Kommentare und Bestätigungen von Äußerungen des Adressaten, komprimierte Erklärungen, Paraphrasen und Verankerungen mittels eines Begriffes aus dem Bereich des Themas oder um Äußerungen, die ausschließlich den fokussierten Teil einer Proposition realisieren (Fokusäußerungen)[19].

(Nach einem Unfall wurde D166 eine Blutprobe entnommen, aus der sich für ihn aber keine negativen Folgen ergaben.)

(T1814-43) *bluutproobc* +
          guut +
          niks

Von den übrigen Äußerungen sind diese d-Äußerungen innerhalb einer längeren Äußerungssequenz intonatorisch deutlich getrennt: einmal durch deutliche Pausen (keine notwendige Bedingung) und zum zweiten durch eine entsprechende steigende oder fallende Tonmustermarkierung. Die Äußerungen sind in zwei Funktionstypen realisiert:

1. Die realisierte Konstituente bildet die Thematisierung, die dann weiter-

---

[19] Sofern Junktoren, die mehrere Äußerungen verbinden, überhaupt realisiert sind, werden sie als außerhalb der d-Äußerungen stehend bewertet.

entwickelt wird. Ein besonders ausgedehnter Fall liegt vor, wenn in mehreren Schritten versucht wird, das Thema zu verankern.

(Der Informant fühlt sich nicht mehr ganz gesund.)
(T1801-24)   *alta man + kaput + nimär laq leebcn*

2. Die Konstituente folgt einer Kontextualisierung/Thematisierung und repräsentiert dabei einen darin enthaltenen fokussiert thematisierten Aspekt, eine Begründung, eine sich daraus ergebende Schlußfolgerung, eine Paraphrase oder einen Kommentar und ähnliches. Wie kein anderer Äußerungstypus sind d1-Äußerungen auf einen vorhandenen, eingeführten Kontext angewiesen.

(Der Informant berichtet von einem Kollegen, der längere Zeit bei der Arbeit gefehlt hat. Eineinhalb Wochen davon war er im Krankenhaus. Begründung: er ist schon alt.)
(T1811-17)   *ainähalp voxc var är im krankchaus in KRUMBACH +++ ainunzäßtsiß jaarc nc?*[20]

(Der Verkäufer kennt sich mit den Kreditgepflogenheiten des Kaufhauses nicht so gut aus. Folge: der Kunde soll sich an das Kreditbüro des Kaufhauses wenden.)
(It0101-15)   *oo iC vais niCt vais niCt nain +++ kreeditbüroo*

(Eine Auskunft über Waschmaschinen, die anschließend paraphrasiert wird.)
(T1201-82)   *unt dii hat 950 umdreeuqcn + ßloidärtsaal*

(Der Informant arbeitet normalerweise am Fließband. Er macht aber den LKW-Führerschein, um als Werksfahrer etwas von der Welt sehen zu können. Anschließend kommentiert er das.)
(T1810-76)   *abär vil iC holant faarn + bäzär*

(Der Kunde will sich informieren, wie die vom Verkäufer gerade vorgestellten Waschmaschinen in der Türkei funktionieren. Der Verkäufer bestätigt den Kunden, soweit er ihn verstanden hat.)
(T1105-14)   *t vii zint dii in där türkai?*
             d jaa + türkai

4.2.2 d-Äußerungen mit zwei Konstituenten

Ein Teil dieser d2-Äußerungen entspricht den beiden zuvor genannten Funktionstypen bei Erweiterung um eine Konstituente. Das heißt, es han-

---

[20] Es wird in diesem Fall von *61 Jahre* als einer Konstituenten ausgegangen. Nachfragepartikel wie hier *cn?* werden immer als außerhalb der Äußerung stehend bewertet.

delt sich auch hier um Themaeinführungen, -weiterführungen, -herausstellungen, Paraphrasen und Verankerungen. Dabei kann es aber notwendig sein, zwei Konzepte einzuführen oder bestimmte Spezifizierungen durch Erweiterung einer Basiskonstituenten in Form einer Modalisierung oder Graduierung oder in Form einer Ergänzung einer Nominal- beziehungsweise Verbalphrase vorzunehmen. Bei der letztgenannten Art der Erweiterung ist jedoch ein komplexerer Grad an Eigenstrukturiertheit erreicht. Dieser wird im Anschluß an die Behandlung des Äußerungstypus mit drei Konstituenten eingehend diskutiert. Die intonatorische Abgrenzung vom umgebenden Text (*Kotext*) erfolgt analog zu den zuvor genannten Bedingungen.

(„Du bist in Ordnung")
(T1807-25)   *duu priimaa*

(Das Auto ist weggerutscht.)
(T1814-40)   *audoo väk*

(Der Betriebsrat ist gekommen.)
(T1802-51)   *bctriibsraat komcn*

(Ein Bekannter ist krank. Die Ursache:)
(T1804-25)   *härts kaput*

(Der Informant geht bald in Rente.)
(T1805-14)   *balt färdiC*

4.2.3 d-Äußerungen mit mindestens drei Konstituenten

Die dieser Art von Äußerungen zugrundeliegenden Propositionen erfordern die Realisierung von drei oder auch weiteren Konstituenten. Nur selten jedoch werden tatsächlich mehr als drei Konstituenten in einer Äußerung realisiert. Sie repräsentieren dabei komplexere Propositionen, die meist einen thematischen Rahmen angeben und einen davon abgetrennten, komprimierten Fokus aufweisen. Dadurch entsteht hier, wie auch schon bei den komplexen d2-Äußerungen, für den Informanten die Notwendigkeit, zu einer leicht verständlichen Strukturierung der Anordnungssystematik zu gelangen.

Einige typische Vertreter dieses Typus sind:

(*Limonade ist nicht gut*, wenn man Magenschmerzen hat.)
(T1801-05)   *limoo niks guut*

(„Ewald ist nicht in Ordnung".)
(T1801-40)   *EWALD nit guut man*

(„Gastarbeiter sind besser als Deutsche".)

(T1801-46)   *gast-ar-bai-tär + bäsär + als doitßman*

(In einer anderen Abteilung ist bereits Feierabend.)

(T1818-01)   *dribc aptailuq aläs ßon faiärabcnt*

(Ein Kollege hat den Akkord (unsolidarisch) überboten.)

(T1810-58)   *diinstaak naxt ++ ain kooleegc +*
             fuftseen ßtik mär gcmaxt vii akort

(Der Informant will eine Arbeitsverbesserung vorschlagen.)

(T1808-04)   *iß jätst geecn büroo + färbäzäruq*

Die Abgrenzung gegenüber vorangehenden beziehungsweise anschließenden Äußerungen des Kotextes geschieht intonatorisch nach dem gleichen, bereits beschriebenen Prinzip.

4.2.4 Strukturelle Gemeinsamkeiten

Alle diese Äußerungen des ersten, zweiten oder dritten Typus haben einige wichtige Gemeinsamkeiten. Die realisierten Elemente sind weitestgehend der Klasse der Inhaltswörter zuzuordnen, das heißt, es werden nur Wörter realisiert, die in verdichteter Form den propositionalen Gehalt der Äußerungen repräsentieren. So ist es leicht verständlich, daß vor allem Nomina, Verben, Adjektive und Adverbien realisiert werden. Häufige Verwendung finden darüberhinaus in bestimmten Funktionen Modalwörter, Quantoren und bestimmte Modal- und Gradpartikel. Artikel, Präpositionen und Konjunktionen werden nur dann realisiert, wenn sie wesentlich zur Identifizierung beitragen oder eine entscheidende Disambiguierung oder Spezifizierung beziehungsweise Erklärung bewirken oder als pars-pro-toto-Substitute für Elemente der erstgenannten Kategorien fungieren. Generell gilt aber, daß sich die Informanten auf das unbedingt Nötige beschränken.

Formen der Verben *haben, werden* und *sein* werden, im Gegensatz zu schriftsprachlichen Niks-Deutsch-Varianten (vergleiche zum Beispiel Mühlhäusler 1984), in diesem Äußerungstypus nicht realisiert, auch nicht in einer infiniten Variante. Die Realisierung von Funktionsverben wird ebenfalls meist vermieden. Sie können aber andererseits in Paraphrasen als von der Bezugssprache abweichende semantische Simplifizierungen einen neuen Stellenwert erhalten. Im folgenden Beleg liegt eine solche Substitution für den Begriff *Ratenkauf* vor.

(It0102-25)   *maxcn kreedit auf moonat moonat*

Weitere Ausnahmen wären denkbar, wenn die genannten Verben in besonderer Weise herausgehoben oder betont werden sollten, also als Thematisierung oder Fokussierung realisiert wären. Dies ist jedoch nicht belegt.

Eine weitere Gemeinsamkeit aller drei Typen von d-Äußerungen betrifft ihre themabedingten Ellipsen, wenn auch in unterschiedlichem Ausmaß. Generell gilt, daß die thematischen — in sprachlichen Äußerungen oder in irgendeiner, auch antizipierten Weise kontextuell vorgegebenen, als bekannt vorausgesetzten oder zu erschließenden — Elemente nicht realisiert, das heißt als Ellipsen behandelt werden. Lediglich die für die folgenden Äußerungen wichtigen thematischen Elemente werden als *thematische Basis* thematisiert, wenn sie als solche vom Informanten oder dem Adressaten nicht ohnehin schon früher herausgestellt wurden.

Weitere Gemeinsamkeiten der drei Äußerungstypen bestehen darüberhinaus bei einer Reihe konstitutiver struktureller Merkmale. Es handelt sich dabei um Merkmale, die nur in Äußerungen einer der drei d-Typen erscheinen, das heißt, sie sind in den Äußerungsstufen a, b und c nicht anzutreffen. Dies betrifft vor allem die Merkmale Niks-Negation (NN) und Realisierung standardabweichender Infinitive (IN), die nach den in Kapitel 5 beschriebenen Regeln nur in d-Äußerungen realisiert sind. Abweichungen inbezug auf die Systematik von d-Äußerungen, das heißt in diesem Falle Realisierung bezugssprachlicher Negation beziehungsweise Realisierung flektierter Verbformen, finden sich vornehmlich im Zusammenhang imitativer Äußerungen. Sie sind in d-Äußerungen absolute Ausnahmefälle, sollen aber im Zuge einer möglichst vollständigen Beschreibung ebenfalls vermerkt werden. In beiden folgenden Belegen handelt es sich um das gleiche Gespräch. Im ersten Fall ist *kainä*, im zweiten *komt* als für d-Äußerungen ungewöhnliche Form zu betrachten.

(It0205-49) d *das ist väßctroknär*
             i *vaßätrokna + unt väßt?*
             d *troknär + kainä vaßc*

(It0205-31) i *vän däs traa braux tsalä bätsalä?*
             d *tsaalän*
             i *fol*
             d *tsaalä van komt ++*

4.2.5 Äußerungsstruktur in d-Äußerungen bei realisiertem Verb

Die Anordnung von lexikalischen Elementen in d-Äußerungen erfolgt ohne morphologische oder lexikalische Konnexionsanweisungen oder Funktionselemente. Die Frage stellt sich hier nach dem zugrundeliegenden System, das offensichtlich ohne diese sprachlichen Mittel auskommt, aber dennoch eine bestimmte Ordnung und damit Dekodierbarkeit der Äußerungen gewährleistet.

Es handelt sich um Äußerungen wie:

Der Betriebsrat ist gekommen.
(Er) verkauft Wurst.
Nach einem anderen Mann guken/nachguken.

(T1802-51)   *bctriibsraat komcn*
(T1801-34)   *vurßt färkaufcn*
(T1811-11)   *anärc man kukc*

Alle Äußerungen weisen eine Nominalphrase und eine Verbalphrase auf. Gewöhnlich ist die folgende Reihenfolge gegeben: das Verb nimmt die letzte Stelle der Äußerung ein, das Subjekt steht vor Objekten. Allgemein gilt auch in diesen Äußerungen das *Prinzip der semantischen Konnektivität.* Nach einem weiteren Prinzip der Äußerungsstrukturierung, das bereits in Äußerungen des c-Typus wirksam wird, werden „Überladungen" vermieden. Vor dem Verb werden danach nur ganz selten mehr als zwei Konstituenten postiert. Die weiteren Konstituenten werden in diesem Falle meist links oder rechts durch deutliche Pausen ausgeklammert. Die Ausklammerung nach links (in eine neue Äußerung) dient der Herstellung der thematischen Basis, die Ausklammerung nach rechts entspricht einer Fokussierung. Eine Ausklammerung kann dann nicht geschehen, wenn Objekt und Verb sehr eng zusammengehören.

4.2.6 Funktionale Einschränkungen und Erweiterungen

Drei Bemerkungen zu den oben formulierten Regeln müssen der Vollständigkeit halber noch angegeben werden:
1. Die Äußerungsstruktur ist nicht so wie in einem formelhaften Register festgeschrieben. a-, b-, c- und d-Äußerungen wechseln miteinander ab.
2. Die Äußerungen können elliptisch sein, so daß an der Oberfläche nicht nur nicht die Funktionselemente, sondern auch nicht alle Inhaltspositionen realisiert sein müssen. In (T1801-34) und (T1811-11) ist daher zu berücksichtigen, daß das Subjekt infolge des vorangehenden Äußerungskontextes jeweils elliptisch ist.
3. Bestimmte Abweichungen von der Regel - zum Beispiel Objekt-Subjekt-Stellung oder Verb-Subjekt-Stellung - sind nicht völlig undenkbar, aber sehr unwahrscheinlich bei Verb-Subjekt-Stellung oder bei Objektvoranstellung stark rhematisch markiert. Möglich sind diese Stellungstypen nur bei Kontraststellung des Themas beziehungsweise bei Hervorhebung der thematischen Basis in Echoeffekten.
Strukturbildend für die hier beschriebene Art von Äußerungen ist also eine Anordnung von zwei funktionalen Blöcken, die als *Vorgabeblock* und als

Fokusblock identifiziert werden können. In der Anfangsposition befindet
sich die meist nominal beziehungsweise adverbial realisierte Thematisierung,
in der Endposition, mit Mitteilungsschwerpunkt, das infinite Verb. Funktionselemente, wie Hilfsverben, Artikel und Flexionsmorphologie, sind
weder für die Vorgabe noch für den Fokus relevant und werden daher
normalerweise nicht realisiert. Für komplexere Äußerungen muß dieses
Schema aber etwas erweitert werden. Hier ergibt sich, daß das infinite Verb
als Übergangsstelle zwischen Vorgabe- und Fokusblock fungiert: Die weiteren fokussierten und damit zentralen Mitteilungselemente folgen dem infiniten Verb. Adjektive in dieser fokussierten Position erscheinen dabei im
Gegensatz zur attributiven Variante immer in unflektierter und nicht-gene-
ralisierter Form. Eine solche Fokusposition ist realisiert in (T1804-04), wo
büroo das zentrale, fokussierte Element der Äußerung darstellt.

(„Ich gehe jetzt ins Büro".)
(T1808-04)   *iß + jätst + geecn + büroo*

Zur Veranschaulichung der unterschiedlichen funktionalen Struktur können
die beiden jeweils aufeinanderfolgenden Äußerungen einer Äußerungssequenz in (T1603-18) und (T1816-48) beitragen. Während *lodoo* beziehungsweise *diskoteek* bei der Erstnennung noch im Fokus sind, nehmen sie bei der
Zweitnennung bereits die thematischere Stellung vor dem Verb (*Lotto spie-
len/Diskothek gehen*) ein.

(T1603-18)   d   *du nox nii maxc lodoo?*
              t   *iß nä niß ßpii + iß niß ßpiilc*
                  (...)
(T1603-26)   d   *du nox nii lodoo maxc?*
(T1816-48)   *abär dan mus geen + diskoteek*
                  vil muzik + mus + mus diskoteek geen

Syntaktische Parallelen in c-Äußerungen sind bereits unter 4.1.1.1 bespro-
chen worden. Die eine oder andere Äußerungsstrukturierung mag dabei den
bezugssprachlichen Normen sehr nahe kommen. Entscheidend ist aber, daß
es in den entsprechenden Äußerungsstrukturen der Bezugssprache darüberhinaus eine ganze Reihe alternativer Stellungsmöglichkeiten gibt, die in den
starken Xenolekten aber offensichtlich nicht realisiert werden.

4.2.7 Strukturierung von Fragekonstruktionen

In Wortfrage-, Satzfrage- und Imperativkonstruktionen findet ebenfalls eine
Angleichung an die oben beschriebene funktionale Äußerungsstruktur statt,
das heißt, zugleich eine Vereinheitlichung. In Wortfragen gibt es in Xeno-

lektvarietäten durchaus drei Alternativen, wie die Variation der Äußerung T2001-75 zeigen kann: (W = Fragewort)

a. W + Subjekt + Verb
vas duu ßpräCcn?
b. Subjekt + W + Verb
duu vas ßpräCcn?
c. Subjekt + Verb + W
duu ßpräCcn vas?
d. W + Verb + Subjekt
* *vas ßpräCcn duu?*

Der unmarkierte und weitaus häufigste Stellungstyp ist a. Typ b markiert deutlich die thematische Basis der Äußerung (*duu*) und c ist nur bei fokussiertem *vas* und thematischem *duu ßpräCcn* denkbar, ähnlich der Fokussierung von *Heidelberg* in der Satzfrage in Pe0112-31.

(Pe0112-31)   *duu vooncn HEIDELBERG ja?*

Gänzlich unwahrscheinlich wäre die bezugssprachliche Verb-Subjekt-Stellung bei infinitem Verb, sowohl bei Wortfragen als auch bei Satzfragen. Satzfragen sind gegenüber der unmarkierten Äußerungsstruktur nicht syntaktisch, sondern ausschließlich intonatorisch und mithilfe von Fragepartikeln markiert.

4.2.8 Strukturierung von Imperativen

In Imperativsätzen wird häufig das Subjekt, das in der deutschen Bezugssprache elliptisch ist, realisiert. Das wurde bereits in mehreren Arbeiten berichtet.

(Der Kunde soll sich bei der Bank um einen Kredit bemühen.)
(It0101-51)   *duu geecn banka*

(Der Vorarbeiter verlangt vom Adressaten, etwas auszuprobieren.)
(T1808-10)   *duu proobc maxcn*

Das ist die Normalform für xenolektale d-Äußerungen. Andere Konstruktionstypen, außer allenfalls der elliptischen Form, sind in d-Äußerungen gänzlich unwahrscheinlich. Die Verb-Subjekt-Stellung ist generell ausschließlich dann möglich, wenn das Subjekt gleichzeitig Fokus der Äußerung ist. Ansonsten steht es entweder vor dem Verb oder ist elliptisch. Die Funktion dieser Markierungen besteht darin, die Identifizierung und Zuweisung der Adressatenrolle und der daraus resultierenden Handlungskonsequenzen klar abzusichern. In nicht-veränderten Äußerungen, die in xenolektaler Kommunikation realisiert sind, läßt sich die Gewichtung dieser

Funktion auch bei der Realisierung des Subjektpronomens in anderen Anweisungen ablesen. Es handelt sich dabei grammatisch um korrekte bezugssprachliche Bildungen, aber um Äußerungstypen, die in der Kommunikation
unter gleichsprachigen Gesprächspartnern normalerweise vermieden oder
zumindest als unfreundlich angesehen werden.

(Der Versicherungsagent benötigt die Unterlagen des Kunden von dessen
Autoversicherung.)

(T1907-134)   *duu briqst miir mool doinc papiirn mit*
               un don ßpräßcn viir + nä?

Auch hier wird die Adressatenidentifizierung als Vorgabe markiert.

4.3 Textbeispiel *Waschmaschinenkauf*

Der folgende Text ist die Transkription eines vollständigen Auskunftsge-
spräches (T1105) zwischen dem türkischen Adressaten T11 (Takim), der sich
für den Kauf einer Waschmaschine interessiert, und dem deutschen Verkäufer D101. An diesem zusammenhängenden Text sollen beispielhaft einige der
zuvor beschriebenen Veränderungsmerkmale und die Äußerungsstufentypo-
logie mit ihren Besonderheiten dargestellt werden. Er wird anschließend
kommentiert.

01-1 t *haloo*
02-1 d *bidä?*
03-1 t *iß vil ain ää vaßmaßiinä kaufä*
03-2   *däär iC vais niCt +++ ää välCc zint ++ (...)*
04-1 d *ainc vaßmaaßiinc zuxän zii?*
05-1 t *ähä +++*
06-1 d *ain markängäräät?*
07-1 t *++ vaßmaßiinc + iC vais /niCt*
07-2 d *hiir hab iC guutc vaßmaßiinc +*
07-3   *da +++ ziimäns*
08-1 t *ziimäns*
09-1 d *jaa? +++ 800 ßle + umdreeuqän tsum ßloidärn + nät? +*
09-2   *alzoo komt dii väßc ßon ßöön tro-kän raus gäl? +*
09-3   *alzoo niCt trokän abär +*
09-4   *niCt mär zoo das zä + nas is + nät?*
10-1 t *is das automatik odär?*
11-1 d *automatiß*
11-2   *guut ja? +*

11-3   *unt täst*

12-1   t   *abär ätvas + klain a ++ ham zii + nox + biligär?*

13-1   d   *ja biligär abär niks guut +++*

13-2   *dii kön zii niCt färglaiCän mit deem +*

13-3   *kvalitätsmeesig ++ nä? +++*

13-4   *das is unbäkantc markc +*

13-5   *un nur fi + fünfhundärt umdreeuqän gäl? ++*

13-6   *väßc nox nas van zii rauskomt ++ nä? ++*

13-7   *nä ++ geet niC riCtiC tsuu hiir +++ ä ßaisdräk +*

13-8   *das is markängäreet*

14-1   t   *vii zint dii in där türkai? +*

15-1   d   *jaa türkai*

16-1   t   *in där türkai räpariirän lasän kan oodär?*

17-1   d   *das is kundändiinst + türkai*

18-1   t   *aha*

19-1   d   *jaa da gipts aux ziimäns ++ gäl? +++*

19-2   *türkai ziimäns + aeegee boß*

20-1   t   *boß*

21-1   d   *gäl? +++*

22-1   t   *dii praizä ist + glaiC ä?*

23-1   d   *is glaiCä modäl + jajaa*

24-1   t   *vii funksioniirt das?*

25-1   d   *das is glaiCä modäl +++*

26-1   t   *abär + vii funktsioniirt?*

27-1   d   *vii funktsioniirt?*

27-2   *hiir ++ nä ++*

27-3   *ßaun zii*

27-4   *koxväßc mit foorväßc ++ gäl? +*

27-5   *fünfuntnointsiC aa +*

27-6   *alzoo koxän + /foorvaßän*

27-7   t   *a vas haist ä fünfuntnointsiC aa*

27-8   *iC vais niCt abär vas vais*

28-1   d   *bidc?*

29-1   t   *ja vas haist fünfunnointsiC aa /oodär*

29-2   *fünfuntnointsiC grat*

29-3   d   *fümunnointsiC graat*

30-1   t   *aha*

31-1   d   *vasär*

32-1   t   *aha*

33-1   d   *däs is graat +*

33-2   *hais ja?*
34-1   t   *aha*
35-1   d   *vasär hais + ja?*
35-2   *hiir ++*
35-3   *draisiC graat + hais*
36-1   t   *aha*
37-1   d   *firtsiC graat hais +*
37-2   *zäCtsiC +*
37-3   *fümunnointsiC is koxä ++ gäl?*
37-4   *alzoo fümunnointsiC ++*
37-5   *koxväßc + mit foorväßc aa + ja? +*
37-6   *hiir +*
37-7   *imär räCts rumdreen ja? ++ aa +*
37-8   *unt dan ßtart +*
37-9   *unt ßon laufän +*
37-10   *automatiß +++ ja? ++*
37-11   *ßpaa haist ++ ja? ++*
37-12   *vän nuur ain paar puloovär oodär paar hämdc*
37-13   *alzoo für klainä väßc + nä? (...?)*
38-1   t   *mm iC vil ä iC vil + nax türkai ++*
38-2   *mitbriqän abär +++ ää ++ flait habä ++*
38-3   *habä iC ainä prooblämc zolprooblämc*
38-4   *ä iC vais niCt*
39-1   d   *tsolprobleem? gipts übärhaupt nät + nee ++*
39-2   *zii müsän halt iirn tsol bätsaaln + gäl? +*
39-3   *für dii türkai*
39-4   *däs is klaa + /nät*
39-5   t   *ä iC mus ain + ainmaal ++ ainmaaligä bätsaaln oodär?*
40-1   d   *ja tsol + jaja*
40-2   *müsän imär tsol bätsaaln*
40-3   *vän zii vas mitneemän ins auslant + gäl? +*
40-4   *abär dan könän zii aux hiir + faktuura maxän +*
40-5   *kriigc zii dii meerveertßtoiär tsurük*
41-1   t   *ja ßtimt*
42-1   d   *jaa*
43-1   t   *vas haist das*
44-1   d   *ä tsvölf prootsänt oodär draitseen prootsänt märvärtßtoiär*
45-1   t   *viifiil prootsänt?*
46-1   d   *doitßc ßtoiär +*
46-2   *kriigän zii tsurük vän zii ins auslant mitnämän*

47-1 t *viifiil prootsänt an?*
48-1 d *tsvölf*
49-1 t *tsvölf prootsänt*
50-1 d *+++ gäl?*
51-1 t *das is ä*
52-1 d *ja van voln zii mitneemän van? ++*
52-2 *mit autoo?*
52-3 *oodär vii voln zii mitnämän?*
53-1 t *jaa mit deem autoo*
54-1 d *ham zii + ain lastvaagän oodär vas?*
55-1 t *++ nain ain ä karavaan*
56-1 d *karavan*
57-1 t *ain karavaan autoo*
58-1 d *mm +++ mm +++*
59-1 t *aintauzäntfünfuntaxtsiC mm*
60-1 d *aintauzäntfümuntaxtsiC*
61-1 t *ham zii ätvas biligär oodär ++ andärc +*
61-2 *andärc moodäl +++ fon boß oodär fon ää*
62-1 d *nee + markcngäreet untär tauzänt mark gipts niCt ++*
63-1 t *aha*
64-1 d *untär tauzänt mark gipts kain markcngäreet +*
64-2 *zeen zii +*
64-3 *hiir zoo + zoo ainc moodäl*
64-4 *abär kön zii in dii türkai niCts mit anfa-qcn*
64-5 *mit zolCc moodäl*
65-1 t *das aux ziimäns*
66-1 d *väßctroknär +++*
66-2 *trokcnmaßiin ++*
66-3 *abär niks vaßmaßiin +++ färßteen? ++*
66-4 *zii kriigän kainä vaßmaßiinc für zäkshundärt maak*
66-5 *das gipts nät + fon ziimäns unt boß +++ gäl?*
66-6 *das is s günstiCstc daa +++ nät? +*
66-7 *huuvär voln zii hoovär habn? ++*
66-8 *abär iC vais niC op huuvär aux in türkai äC*
67-1 t *räpariirn + lasän oodär? iC vais niCt ä ++*
67-2 *iC aux fragän*
68-1 d *huuvär is äqlißc firma kainä doitßc firma*
69-1 t *aha +++*
70-1 d *ßaun zii iC hab nox biligär vaßmaßiinc hiir ++*
71-1 t *dii zint automatik oodär? +++*

71-2   *abär ++ unbäkantä markä jaa /vas*
71-3   d   *ja unbäkant jajaja*
71-4   *is ja klaar nä? +++*
71-5   *zii müsän ainc guutc maßiinc mitneemän*
71-6   *türkai + ja +*
71-7   *voo iinä tseen fünftseen tsvantsiC jaarc hält + ja?*
71-8   *++ unt das is dii da +++*
71-9   *dii hat im däßt zär guut apgcßnitän*
71-10   *zäär guut +*
71-11   *färßteen zii?*
71-12   *täst? ++*
71-13   *doitßc ßpätsialistcn + ham di maßiinc gctästct ja?*
71-14   *unt habc fästgcstält das is dii bästc maßiin +++*
71-15   *abär niC dii toiärstc*
72-1   t   *iC vais niC ä flaiCt bästä oodär*
73-1   d   *ja abär iC zaak iinän ++ nä +++*
73-2   *zäär guut +++*
74-1   t   *okäj iC mus ai ä ä mainän +++*
74-2   *flait ++ ßpätär kaufä iC ja*
75-1   d   *ja komä zc forbai mit iirär frau + nä?*
75-2   *max mär das*
76-1   t   *++ okäj + dankc*
77-1   d   *ja? ++ viidärzeen*
78-1   t   *viidärzeen*

Dieses Verkaufsgespräch ist typisch für die Art xenolektaler Kommunikation, wie sie für die vorliegende Arbeit aufgezeichnet wurde. Es zeigt eine
große Variation in der Realisierung der verschiedenen Äußerungsstufen und
eine Reihe verschiedener Merkmale in der Veränderungsstufe c. Die ersten
Beiträge des Verkäufers sind jedoch regulär elliptisch (02-1, 06-1), also bezugssprachlich korrekt realisiert. In 07-2 tritt zum ersten Mal das in Stufe c
häufigste xenolektale Merkmal, die Nicht-Realisierung des Artikels auf.
Ähnlich wie in 13-4, 13-8, 17-1, 23-1 und anderen. Es ist das einzige Verände-
rungsmerkmal dieser Äußerung. In 07-3 ist diese Äußerung dann in komprimierter Form paraphrasiert. Hier liegt eine d2-Äußerung vor, in der der
Vorgabe *da* nach einer drei Sekunden langen Pause der Fokus *ziimäns* folgt.
In dieser Äußerung nicht realisiert sind sämtliche Funktionselemente wie
Artikel, Kopula und Subjektpronomen. Die Fülle der Nicht-Realisierungen
in einer Äußerung hat dazu geführt, die d-Äußerung als einen eigenen
Äußerungstypus zu betrachten. Die Deiktika *da* und *hiir*, die im Laufe des

Gespräches noch häufiger erscheinen, substituieren hier nicht nicht-deiktische Elemente, sondern würden so auch in einem „normalen" bezugssprachlichen Verkaufsgespräch erscheinen. In 09-1 bricht der Verkäufer den Ansatz zu einer d2-Äußerung (*800 Schleudertouren* oder ähnliches) ab, weil er diesen Begriff offensichtlich für zu schwierig hält. Er setzt daher mit einer lexikalischen Simplifizierung fort. Zur Absicherung schickt er die Versicherungsfrage *nät?* nach. Allerdings haben dieses *nät?* oder die vielen anderen *nät?*, *nä?, gäl?, ja?* und *färßteen?* in der Kommunikation weit weniger die Funktion, die Bereitschaft zur Abgabe der Sprecherrolle an den Adressaten zu signalisieren, sie zeigen vielmehr die Unsicherheit des Sprechers über die tatsächliche Verständlichkeit seiner eigenen Verständlichmachungsversuche. Der Sprecher erwartet nun aber nicht etwa ein Entgegenkommen oder eine Hilfe vom Adressaten, er setzt vielmehr gleichzeitig die Bestätigung und Zustimmung des Adressaten zu seinen eigenen Gunsten als gegeben voraus. Dies geschieht offensichtlich aus dem Grund, daß weitere Paraphrasen oder Erklärungen das Ziel der Kommunikation oder des bestimmten kommunikativen Aktes in noch weitere Ferne rücken würden. Häufig fungieren diese Fragepartikel auch als eine Art rückwirkend hoffnungsausdrückende oder erwartungsvolle Zusammenfassung in dem Sinne von „das hast Du doch hoffentlich verstanden?" oder „über *dieses* Thema haben wir jetzt gesprochen, ich setze das jetzt als bekannt/sanktioniert voraus". Sofern anschließend Pausen auftreten, deuten sie zwar an, daß der Informant dem Adressaten trotzdem noch die Möglichkeit einräumt, eine Rückmeldung zu geben, doch erwartet oder fordert er dann eine möglichst positive.

Die folgende Äußerung 09-2 ist eine weitere Entspannung gegenüber den vorangehenden Veränderungsversuchen. Sie ist völlig bezugssprachlich realisiert, zeigt jedoch eine Verlangsamung der Sprechgeschwindigkeit. Dieser Äußerungstypus wird als *b-Äußerung* bezeichnet. Die daran anschließende weitere Entspannung gehört zwar noch in die Klärungssequenz zum Thema *Schleudertouren*, bezieht sich aber bereits auf die zweite Paraphrase (09-2). Sie ist als a-Äußerung beziehungsweise bezugssprachlich realisiert. 11 ist eine Äußerungssequenz, die drei d-Äußerungen beinhaltet. Der Informant will hier ausdrücken, daß es sich um eine automatische Maschine handelt, die gut ist und von der Stiftung Warentest getestet worden ist. Dieses Kriterium wird allgemein als Qualitätsmerkmal angesehen. In 71-8 wird das Thema nochmals aufgenommen. Die d-Äußerung in 13-1 wird ausgelöst durch die vorangehende Äußerung des Kunden, der eine billigere Waschmaschine haben will. Der Verkäufer bildet hiervon eine Analogie, indem er das zentrale Element übernimmt und die gesamte Äußerung konsequent darauf einstimmt. Das wird unter anderem an der Realisierung der Niks-Negation deutlich. Ähnliche Auslöseerscheinungen finden sich auch in 14/15, in 26/27-1 und in 38-3/39-1.

Die folgende Äußerung ist eine Bewertung des Vergleiches zwischen zwei Maschinen und keine Erklärung der Maschine selbst. Es handelt sich um eine Äußerung, die bezugssprachlich akzeptabel, aber dennoch durch die Verkürzung der verbalen Klammer (13-2) und den Nachtrag (13-3) syntaktisch markiert ist. Der Verkäufer setzt dann seine Erklärungen fort. Die Äußerung in 13-7 ist ein eingelagerter Kommentar, der den Versuch des Verkäufers begleitet, die Tür einer Waschmaschine zu schließen. Er spricht hier zu sich selbst. Typisch für die Interaktion mit türkischen Adressaten ist, im Vergleich mit bezugssprachlichen Normen, die Nicht-Realisierung von Artikel und Präposition bei *Türkei*. Bei D101 sind diese Merkmale in 17-1, 71-6 und in einigen d-Äußerungen zu beobachten. In anderen Äußerungen (66-8) ist nur die Präposition realisiert.

Es erübrigt sich hier, auf den Ablauf des Verkaufsgespräches in weiteren Einzelheiten einzugehen. Es sollte daher genügen, auf einige xenolekttypische Veränderungsmerkmale in diesem Text gezielt hinzuweisen. Insbesondere sollte die Aufmerksamkeit auf die Realisierung der in 26 beginnenden Erklärung und die darin eingelagerten, häufig in d-Äußerungen realisierten Klärungssequenzen zum Thema *Waschtemperaturen* gelenkt werden (bis 37-13). Dann sind besonders die zahlreichen morphonologischen Generalisierungs- und Neutralisierungseffekte zu beachten, wie sie sich in der Realisierung von *maßiin* (66-2/-3 und 71-14), *biligär* (70-1), *ainc/zolCc modäl* (64-3/-5), *glaiCä modäl* (23-1, 25-1), *ßpaa* (sparen: 37-11) und der Realisierung von Infinitiven in d-Äußerungen zeigen (37-9). In Äußerungen wie 40-2, 46-2 und 52-1/-3 sind die bezugssprachlich erforderlichen Pronomina, in Äußerungen wie 37-13 die Kopula nicht realisiert. Zudem finden sich in der Interaktion eine ganze Reihe lexikalischer und semantischer Simplifizierungen (zum Beispiel 33-1/-2, 46-1, 71-13) und einige xenolekttypische Lexikoneinheiten (*faktuura maxän* (40-4), *färßteen?* (66-3)).

An diesem Verkaufsgespräch zwischen dem Informanten D101 und dem Adressaten T11 konnten einige Klassifikationscharakteristika xenolektaler Daten in einem zusammenhängenden Text exemplifiziert werden. In dem anschließenden Abschnitt werden nun die Besonderheiten der drei Datenteile des Korpus etwas genauer dargestellt, wobei auch erste quantitative Auswertungen vorgenommen werden, die einen Einblick in die Verteilung der Veränderungsmerkmale erlauben. In dem folgenden Kapitel 5 wird dann versucht, die Systematik des Ausdrucks der einzelnen konzeptuellen Bereiche detailliert darzustellen. Die Ausführungen über die funktionale Äußerungsstrukturierung werden wieder aufgenommen und erweitert werden.

Die beschriebenen Äußerungsmerkmale und Äußerungstypen werden dabei als Werkzeuge benutzt.

4.4 Verteilung der Merkmale in den Daten

4.4.1 Fabrikdaten

Auffallend ist, daß in den Fabrikdaten eine relativ hohe Anzahl von d-Äußerungen anzutreffen ist. Sie sind bei allen Sprechern bei weitem der dominierende Merkmalstypus. Geht man von einer mittleren Länge solcher Äußerungen von 2,5 Wörtern aus, so ergibt sich ein Anteil dieses Äußerungstypus an der Gesamtzahl der Äußerungen einer Interaktion von circa 12% - 40%. Abbildung 1 läßt aber noch offen, ob der jeweilige Adressat einen Einfluß auf die Verteilung der Merkmale ausübt, denn diese Präferenzen treten in ähnlichem Verhältnis gegenüber verschiedenen Adressaten (T18, T19, T20) auf. Bei allen Merkmalen zeigen sich aber auch bei gleichbleibendem Adressaten zum Teil erhebliche qualitative und quantitative Differenzen in der Verteilung der Merkmale, so daß hier von sprecherspezifischen Präferenzen ausgegangen werden kann. Dargestellt werden im folgenden die Gespräche der Fabrikdaten mit mehr als 250 Wörtern laufenden Textes des deutschen Informanten (T1801, T1802, T1803, T1807, T1810, T1814, T1816) und zum Vergleich die Werte der Kontrollgespräche T1804, T1907 und T2001 und des Gesprächs T1906 der Streudaten.

Die Differenzen sind aus den Abbildungen 1-10 deutlich ersichtlich: Zum ersten im Vergleich der Merkmalsanteile insgesamt, zum zweiten im Vergleich der gesprächsinternen Verteilung und zum dritten im interpersonalen Vergleich.

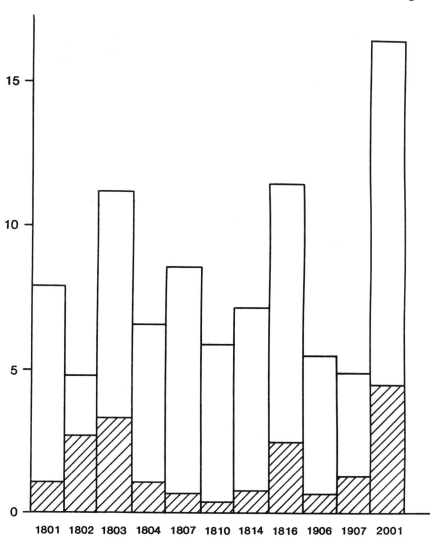

ABBILDUNG 1: Anteile von d-Äußerungen pro 100 Wörter ☐ und Anteile von standardabweichenden Infinitiven in d-Äußerungen ▨ pro 100 Wörter (IN)

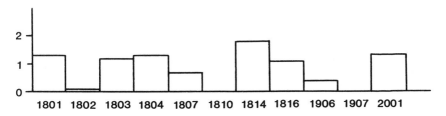

ABBILDUNG 2: Anteile der 'Niks-Negation' (NN) in d-Äußerungen pro
100 Wörter

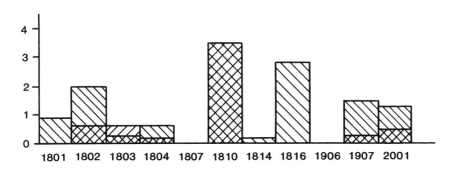

Abbildung 3: Anteile der Nicht-Realisierung von Artikel ⬦ pro 100 Wörter
(AA) und Präposition ▨ pro 100 Wörter (PA) in c-Äußerun-
gen

ABBILDUNG 4: Anteile der Nicht-Realisierung der Kopula in c-Äußerungen pro 100 Wörter (VA)

ABBILDUNG 5: Anteile der Nicht-Realisierung von Pronomen/Nomen
in c-Äußerungen pro 100 Wörter (PrA/NA)

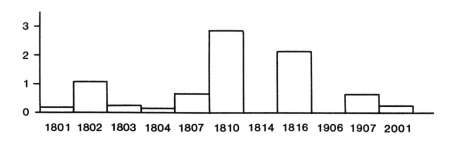

ABBILDUNG 6: Anteile syntaktischer Veränderungen in c-Äußerungen
pro 100 Wörter (SV)

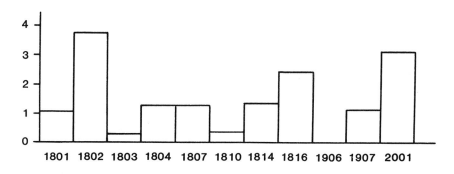

ABBILDUNG 7: Anteile 'Morphologischer Generalisierungen' in allen
Äußerungen pro 100 Wörter (MG)

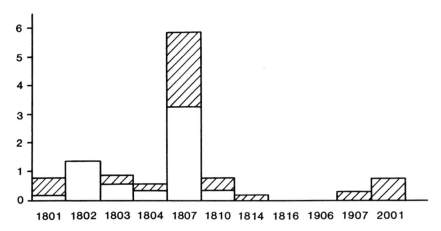

ABBILDUNG 8: Anteile 'Xenolekt-Lexikon' ☐ pro 100 Wörter (XL)
plus 'Imitationseffekte' ▨ pro 100 Wörter (IM)

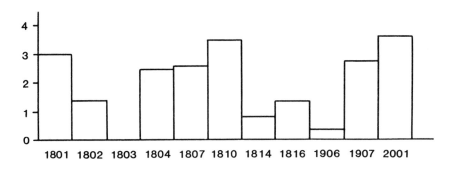

ABBILDUNG 9: Anteile 'lexikalisch-semantischer Simplifizierungen' in
allen Äußerungen pro 100 Wörter (LS)

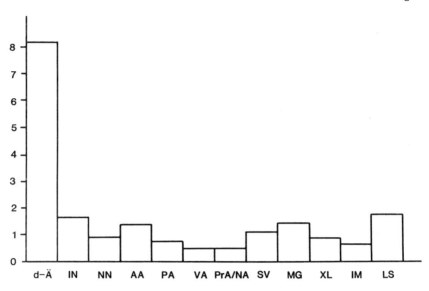

ABBILDUNG 10:   Präferenzfolge von xenolektalen Merkmalen in den Fa-
brikdaten (dargestellt am Mittelwert der Interaktionen
T 1801, T 1802, T 1803, T 1807, T 1810, T 1814 und
T 1816) pro 100 Wörter

Abbildung 10 zeigt zusammenfassend anhand der Mittelwerte der angegebenen Gespräche deutlich die Dominanz der d-Äußerungen. Die Merkmale
'VA', 'PA', 'PrA', 'XL', 'IM' und 'SV' spielen mit Anteilen zwischen 0,3 und
0,7 Merkmale pro 100 Wörtern eine verhältnismäßig geringe Rolle. Lediglich
die Merkmale 'IN', 'AA', 'MG' und 'LS' erzielen mit Werten zwischen 1,2
und 2,0 noch verhältnismäßig hohe Anteile. Zu berücksichtigen ist dabei die
ebenfalls unterschiedliche Verteilung der entsprechenden Realisierungen der
Elemente in einem bezugssprachlichen Gespräch. Sie liegt beispielsweise für
Artikelformen wesentlich höher als für pronominale Elemente, kann aber
dennoch nicht als einzige Ursache für eine vermehrte Nicht-Realisierung
eines bestimmten Elementes in xenolektalen Äußerungen verantwortlich
gemacht werden. Aus den Abbildungen 1-9 geht nun hervor, wie die Verteilung der Merkmale in den einzelnen Gesprächen im Einzelfall auch deutlich
von den oben angegebenen Mittelwerten abweichen kann. Bei allen Sprechern dominiert der Typus der d-Äußerungen, und mit geringen Einschrän-

kungen bestätigt sich auch die Wertung der übrigen Merkmale. Deutlich herausfallend beim Merkmal 'AA' sind die 0-Werte für D157 in T1807 und D144 in T1906 und der überragende Wert bei D161 in T1810 und bei 'VA' für D157 in T1807. Beim Merkmal 'SV' sind die Abweichungen besonders ausgeprägt bei D161 in T1810 und in T1816, bei D166 in T1814, und bei D144 in T1906. Auffallend sind die hohen Werte für D157 in T1807 für 'XL' und 'IM' und beim Merkmal 'MG' die hohen Werte für D140 in T1802 und für D154 in T2001 beziehungsweise die 0-Werte für D138 in T1803. Diese und die weiteren geringen Abweichungen lassen keine Systematik in dem Sinne erkennen, daß einem häufigeren oder selteneren Auftreten eines Merkmals die Werte der übrigen Merkmale in der gleichen Richtung entsprechend folgen müssen. Auch lassen sich Substitutionseffekte (bei abnehmenden Werten bestimmter Merkmale steigende Werte anderer) nur bedingt beobachten. Ein solcher Effekt zeigt sich naturgemäß bei den komplementär distribuierten Merkmalen von d- und c-Äußerungen in Abhängigkeit von einem offensichtlich individuell variierenden Niveau von d-Äußerungen. Liegt dieses besonders hoch, so ist ein Großteil der Äußerungen bereits verändert und der Anteil der verbleibenden Äußerungen zu gering, um überhaupt hohe Werte erreichen zu können. Weitere Abhängigkeiten ergeben sich bis zu einem bestimmten Grade bei kookkurrierenden Merkmalen wie der Realisierung von Niks-Negation und Infinitiv in d-Äußerungen, doch sind auch diese wegen einer fehlenden Bezugslinie nur schwer absolut zu erfassen (nicht jeder Infinitiv besitzt eine Negation).

Ein Einfluß des Adressaten kann zumindest in den Gesprächen mit T18 als maßgebend für die Variationen weitestgehend ausgeschlossen werden, da T18 bei sieben Gesprächen als alleiniger Adressat fungierte und sowohl die Aufnahmesituation als auch die interaktionellen Rahmenbedingungen die gleichen geblieben sind: Aufnahme am Arbeitsplatz oder dessen nächster Umgebung (Kantine, Umkleideraum, Hof), Ungezwungenheit der Interaktion/freie Themenaushandlung, keine weiteren Interaktionspartner oder nur kurzzeitig anwesend, ähnlicher Sozialstatus aller deutschen Informanten und von T18. Die Aufnahmen sind in zeitlich dichter Folge erstellt worden, so daß sich keine wesentlichen Veränderungen des Sprachverhaltens von T18 ergeben haben dürften. Darüberhinaus hatte T18 keinerlei Anweisungen, seine Sprechweise bei irgendeinem Gespräch zu verändern, so daß hier von einem gleichbleibenden Interaktionsverhalten ausgegangen werden kann, und somit keine Einflüsse zu erwarten sind, die für die Variation ausschlaggebend sein könnten. Auf die besonderen Ursachen der Variation in der Realisierung von Veränderungsmerkmalen wird noch systematisch in den Kapiteln 6 und 7 eingegangen.

4.4.2 Auskunftsdaten

D101

D101 zeigt deutliche Präferenzen für die Realisierung von d-Äußerungen. Bei den c-Äußerungen dominieren insgesamt die Nicht-Realisierung des Artikels, lexikalisch-semantische Simplifizierungen und morphonologische Generalisierungen. In Abbildung 11 zeigt die Gesamtauswertung für D101 im einzelnen einen analogen, fast gleichmäßigen leichten Anstieg der Werte der übrigen Merkmale mit einem, im Vergleich zu den Fabrikdaten, um einen Punkt niedrigeren Wert für d-Äußerungen. Damit verbunden sind niedrigere 'IN'- und 'NN'-Werte. Nur bei 'AA' liegt der Anstieg mit + 0,8 etwas höher.

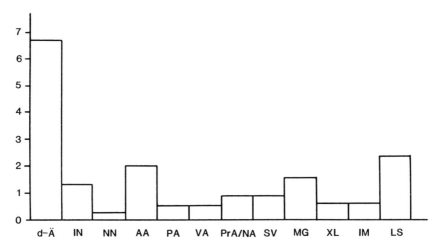

ABBILDUNG 11:   Präferenzfolge von xenolektalen Merkmalen bei D 101
                (dargestellt am Mittelwert aller Interaktionen) pro 100
                Wörter

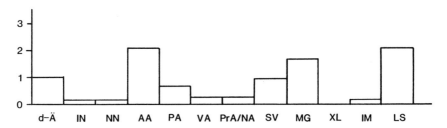

ABBILDUNG 12:   Präferenzfolge von xenolektalen Merkmalen bei D 102
                (dargestellt am Mittelwert aller Interaktionen) pro 100
                Wörter

D102

Analog zu den Gesamtauswertungen von D101 und den Fabrikdaten verhalten sich bei D102 (Abbildung 12) die Werte für 'MG', 'LS', 'VA', 'PA' und 'SV'. Die Werte für 'AA', 'PrA' und 'IM' befinden sich ebenfalls in einem entsprechenden Toleranzrahmen. Auffallend jedoch ist der erheblich niedrigere Wert für die d-Äußerungen und die Tatsache, daß in den gesamten Daten von D102 kein 'XL'-Merkmal auftritt. Zusätzlich zu den bereits genannten Veränderungen, die D102 vornimmt, ist bei ihm eine deutliche Unsicherheit in der Beurteilung der Wirksamkeit der von ihm intendierten Veränderungsstrategien zu beobachten. Dies äußert sich gegenüber allen Adressaten in einer hohen Frequenz von Selbstkorrekturen und Neuansätzen: in It0102 4 Neuansätze und Selbstkorrekturen; in It0206 7; in T1106 8; in Pe0107 9; in T1302 10 und in T1202 33. In der ausgedehnten Interaktion mit der deutschen Kontrollperson treten Selbstkorrekturen und Neuansätze nur sehr selten auf.

Im Vergleich der drei Gesamtwertungen (Abbildungen 10, 11 und 12) ergibt sich, abgesehen von der Häufigkeit der d-Äußerungen und mit Ausnahme des 'XL'-Merkmales, eine erstaunlich gleichmäßige proportionale Verteilung der Häufigkeitswerte der übrigen Merkmale. Die Realisierung von d-Äußerungen unterliegt dabei der größten Variation, erzielt aber gleichzeitig auch bei weitem die höchsten absoluten Werte. 'IN' und 'NN' als konstitutive Elemente von d-Äußerungen und als besonders themenabhängige Merkmale unterliegen ebenfalls starker Variation. Mittlere, aber herausragende Werte zeigen sich vor allem für 'LS', gefolgt von 'MG' und 'AA'. Relativ bedeutend ist daneben noch 'SV'. Die übrigen Merkmale 'PA', 'VA', 'PrA/NA', 'IM' und 'XL' erscheinen bei allen drei Gesamtauswertungen relativ selten.

Evidenz für individuelle Präferenzen ergibt sich aber aus der Gegenüberstellung der Einzelwertungen der Gespräche von D101 und D102, wobei beide Informanten bei denselben Adressaten und gleicher Aufgabe (Auskunft über Waschmaschinen beziehungsweise Videogeräte) unterschiedliche Präferenzen für die verschiedenen Simplifizierungsstrategien zeigen (Abbildungen 15 und 16 in Kapitel 6).

D103

Die dominante und durchgängige Veränderungsstrategie von D103 besteht in der Verlangsamung der Sprechgeschwindigkeit. Die adressatengerichteten Veränderungen sind ausführlich in Kapitel 6.4.2 dargestellt. Strukturelle

Veränderungen in beschränktem Umfang nimmt D103 nur in Klärungssequenzen vor, die durch das Nicht-Verstehen der Adressaten ausgelöst sind.

D104

Gegenüber den Adressaten nimmt D104 nur dann strukturelle Veränderungen vor, wenn ihre Gesprächspartner auch nach mehrmaligen (erfolglosen)
Paraphrasierungsversuchen auf einer Klärung bestehen. Ihre durch das
Nicht-Verstehen der Adressaten ausgelösten Bemühungen um lexikalisch-
semantische Simplifizierungen scheinen ihr aber ebenfalls größere Formulie-
rungsschwierigkeiten bei der Suche nach den vermeintlich einfacheren lexikalischen Elementen zu bereiten. Simplifizierungen bei D104 sind auf Klärungssequenzen beschränkt.

4.4.3 Streudaten

Die Werte aus T1906 sind bereits unter 4.4.1 im Vergleich zu den Fabrikdaten dargestellt worden. Auf weitere Gespräche aus diesem Teil des Korpus'
wird hier nicht detailliert eingegangen. Ausschnitte daraus werden, wo sie
besonders aufschlußreich sind oder neue Phänomene zeigen, im Text der
folgenden Kapitel wiedergegeben und behandelt.

5. Struktur und Systematik von Xenolekten

In diesem Abschnitt soll nun die Realisierung einiger struktureller Bereiche in Xenolekten genauer behandelt werden. Die Analyse steht dabei jedoch vor dem großen Problem strukturell variierender Realisierungen (a- bis d-Äußerungen) in Xenolekten. Bei der folgenden Untersuchung werden daher aus methodischen Gründen vorwiegend die xenolekttypischen Realisierungen behandelt und dabei die d-Äußerungen in den Mittelpunkt gestellt. Es sei aber nochmals darauf hingewiesen, daß Xenolekte nicht ausschließlich und auch nicht vorwiegend in diesen d-Äußerungen realisiert sein müssen, sondern daß vielmehr verschiedenen Bedingungen folgend die Realisierung unterschiedlicher Äußerungsstufen auch innerhalb zusammenhängender Äußerungssequenzen stark variiert. Es wird in den zahlreichen folgenden Belegen deutlich werden, daß Xenolektsprecher gerade unbeschränkt über den Zugang zu den vier verschiedenen Äußerungsstufen verfügen und diese dementsprechend realisieren. Einstweilen muß diese Variation jedoch unberücksichtigt bleiben, um die Besonderheiten xenolektaler Strukturen herausschälen zu können. In den Kapiteln 6 und 7 werden dann die Ergebnisse dieses Kapitels an die Variation in den authentischen Gesprächen zurückgeführt.

5.1 Äußerungsstruktur

5.1.1 Terminologische Klärung

Die Diskussion funktional-pragmatischer Aspekte der Sprache hat, angefangen bei Vilem Mathesius, eine Fülle teilweise überlappender begrifflicher Dichotomien hervorgebracht. Eine gute Übersicht der Entwicklung und eine ausführliche Darstellung der Problematik findet sich in Lutz (1981). Für die Analyse xenolektaler Äußerungsstrukturen eignen sich diese theoretischen Vorgaben aber nur in beschränktem Umfang, so daß versucht wird, an den gegebenen Daten eine eigene Terminologie zu entwickeln. Den Untersuchungsbereich dafür bildet der Typ von Äußerungen, der bereits in 4.1 und 4.2 als *d-Äußerung* charakterisiert wurde. Es stellt sich die Frage nach den zugrundeliegenden Linearisierungs- und Anordnungsprinzipien in diesen stark veränderten Äußerungen, in denen nur bestimmte Funktionselemente realisiert sind. Im Anschluß daran soll der Aufbau, die Anordnungssystematik, die Gliederungsstruktur und das Zusammenspiel komplexer, zusammenhängender Texteinheiten dargestellt werden.

5.1.2 Vorgabe und Fokus

Wie die Xenolektsprecher die Linearisierungsaufgabe bewältigen, läßt sich an zwei der zuvor zitierten Äußerungen deutlich zeigen:

(T1807-25)   *duu priimaa*
(T1808-04)   *iß jätst geecn büroo + färbäzäruq*

Die Struktur dieser Äußerungen besteht in der Realisierung einer thematischen Basis (*Vorgabe*) und einer Fokusposition. Die Vorgabe gibt dabei die Information an, in die die Fokusinformation einzuordnen ist. Die Vorgabeposition enthält die temporale, lokalisierende, thematisierende und die agensidentifizierende Information. Sie befindet sich in der Regel in der Anfangsposition einer Äußerung. Das bedeutet aber nicht, daß in der Vorgabeposition nur erwähnte oder (für diesen Kontext) bekannte Elemente verwendet werden und in der Fokusposition lediglich neue Information mitgeteilt wird[21]. Das Entscheidende ist, daß die Vorgabe aus dem Äußerungs- oder Situationskontext oder aus dem vermeintlich gemeinsamen Wissen heraus ein bestimmtes Konzept aktiviert, in dem den Fokuselementen, die durchaus bekannt und vorerwähnt sein können, ein besonders hoher Aufmerksamkeitswert zukommt, durch den das aktivierte Konzept spezifiziert oder modifiziert werden soll[22]. Schematisch kann das folgendermaßen dargestellt werden:

---

[21] In Äußerungen wie (T2001-61) läßt sich zeigen, daß in der Vorgabeposition nicht nur erwähnte oder für einen bestimmten Kontext bekannte Einheiten und in der Fokusposition nur neue Informationen realisiert werden:
(T2001-61)   *FABRIK däs*
(T2001-61) ist die Antwort auf die Frage des Adressaten nach der Arbeitsstelle der Mutter des Informanten. Bei der Fabrik handelt es sich um eine der bedeutendsten in der Region. Der Name der Fabrik ist zuvor nicht erwähnt, fungiert hier aber als Vorgabe, zu der das vorher mehrfach erwähnte Agens *däs (die Mutter)* in einer besonderen Relation zu sehen ist.

[22] Zur Aufmerksamkeitssteuerung in Äußerungen siehe auch Weinrich (1982, besonders S. 105ff. und S. 138ff.) sowie Bethke (1984, S. 119). Bekannter dürfte eine solche Äußerungsstrukturierung, wenn auch mit anderer Interpunktion, Lesern von BILD sein. Hier bestimmt sie insbesondere komprimierte Überschriften
Liza Minelli:
Liebeskummer, trinken — Drogenklinik
(BILD 4.3.85)

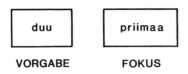

5.1.2.1 Kommunikative Dynamik

Einfache Äußerungen folgen somit einem zweigliedrigen Vorgabe-Fokus-Strukturierungsprinzip. Die komplexeren Äußerungen folgen zusätzlich einem *Prinzip zunehmender Spezifizierung.* Die Vorgabeposition entwickelt sich dabei (mit der Sprechzeit) aus einzelnen Konstituenten zu zunehmender Spezifizierung. Das entspricht im Grunde genommen dem, was Sgall et al. (1973) *kommunikative Dynamik* nennen: ein Element des Fokus wird mit fortlaufender Äußerung zum Teil der Vorgabe, die eine weitere Fokuskonstituente erhält, die schließlich wieder der Vorgabe zugeschlagen wird. Auf diese Weise bilden sich zwei komplexere Positionen aus, die als *Vorgabeblock* und als *Fokusblock* bezeichnet werden. Unterstützt wird dieses Organisationsprinzip erstens durch die Vermeidung von Klammerkonstruktionen und zweitens durch eine, an bezugssprachlichen Normen gemessen, ausgedehnte Pausenstrukturierung, die zum einen die Konstituenten untereinander, zum anderen Vorgabeblock und Fokusblock deutlich voneinander abhebt. Auffällig ist die Klarheit dieses analytischen Aufbaus von d-Äußerungen und die relativ scharfe Abgrenzung der einzelnen Konstituenten. In T1808-04 liegt eine komplexere d-Äußerung vor. Die Konstituenten sind hier durch kürzere Pausen (analytische Sprechweise), Vorgabeblock und Fokusblock durch eine 1-Sekundenpause voneinander getrennt.

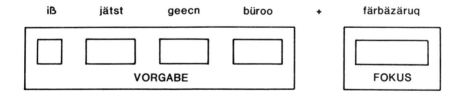

und gelegentlich Textabschnitte in (abwertenden) Karikaturen der vermeintlichen Redeweise von Ausländern, vor allem von Gastarbeitern. So berichtet BILD vom 5.4.84 von Herrn Elagüz, der in die Türkei zurückgekehrt ist. Bezüglich seiner Arbeit bei Mannesmann Duisburg legt sie ihm folgendes in den Mund:
17 Jahre Hochofen. War ganz harte Arbeit. Hitze. Magen krank. Operation.

5.1.2.2 Erweiterungen

Die dargestellte Äußerungsstruktur kann bei eingeschobenen Paraphrasen der Einheiten der Vorgabe oder des Fokus, bei Expansionen und Nachlieferungen, Kommentaren und Verständnissicherungen, auch wenn sie in anderen Äußerungsstufen realisiert sind, an den entsprechenden Grenzen unterbrochen werden, ohne den übrigen Aufbau zu verändern.

(Thema der Äußerung ist die Einführung neuer Schichten, die zur Folge hätte, daß auch nachts und sonntags gearbeitet werden müßte.)
(T1814-28)   *bis zontak morgän + jeedc voxc ++ iß nit*

(Es handelt sich um das gleiche Thema wie in (T1814-28).)
(T1810-48)   *vän däs geet + zäks zäks ßiCtc +*
                   iC värfc hantuux

(Der Informant berichtet von einem Deutschen, der an einer bestimmten Krankheit gestorben ist.)
(T1804-76)   *doitßc pärzoon nc? ++ kaput*

(Der Informant berichtet von seiner Frau, die im Büro arbeitet und viel Arbeit hat.)
(T1803-57)   *büroo vaastc? fiil arbait*

5.1.2.3 Kontrastierung

Zur Kontrastierung der Vorgaben in aufeinanderfolgenden Äußerungen wird die Äußerungsstruktur beibehalten, aber jeweils ein Element der Vorgabe mit einem Element der Vorgabe der folgenden Äußerung konfrontiert:

(Der Informant spricht über die Arbeitsbedingungen von *heute* und *früher (da)*, als er noch an einer anderen Maschine arbeitete.)
(T1821-01)   *hait geet jo aläs ufm bant drauf nät?*
                   abär da mus aläs mit dc hänt (...) maxc nä?

(Der Informant erklärt die Leistungen einer bestimmten Krankenkasse.)
(T1815-05)   *mit brilc niks*
                   tsaanärzats ja

Bei implizit oder explizit gleichbleibendem Thema wird eine Kontrastierung des Fokus möglich:

(Der Informant beschreibt seine Arbeit als Kontrolleur in einer Reifenfabrik.)
(T1807-10)   *proofiilc klain*
                   proofiilc groos

(Der Informant erzählt vom Gesundheitszustand seiner Frau.)

(T1803-47)   *ain tax guut*
               ain tax ßläCt

5.1.2.4 Die Äußerung des Adressaten als Vorgabe

Als Vorgaben fungieren auch Nachfragen, die eine bestimmte Information
aus der Äußerung des Adressaten als Vorgabe für die dann folgende Äußerung des Informanten sichern. Das sind Äußerungen wie:

(T1803-49)   t *vas maxcn dainc frau?*
               d *mainc frau?* +++ *audoo*

(Es handelt sich um die Antwort auf die Frage nach dem, was die Frau des
Informanten bei einem Trinkgelage der Männer vom Vorabend gemacht hat.
Sie hat das Auto gefahren.)

5.1.3 Anwendungsbereiche

Bei der Beschreibung der Äußerungsstruktur ist zu beachten, daß dieser
strikte Äußerungsaufbau nicht alle Äußerungen in Xenolekten strukturieren
muß, sondern nur für d-Äußerungen obligatorisch ist. Die große Variation in
den Daten zeigt auch Rückgriffe auf bezugssprachliche Äußerungen (a-Äußerungen), in denen eine solche strikte Strukturierung nicht notwendigerweise zugrunde liegen muß, beziehungsweise das Schema nicht vollständig
realisiert zu sein braucht. Das ist der Fall, wenn im wesentlichen das Thema
beziehungsweise der jeweilige vom Adressaten eingeführte Aspekt des Themas auch vom Informanten beibehalten wird und seine Äußerungen im hier
definierten Sinne reine Fokusäußerungen sind. Die Beibehaltung eines Themas oder die Vermeidung eines Themawechsels ist ein wesentliches und
stärker ausgeprägtes Merkmal in xenolektaler Kommunikation. So finden
sich in einigen Aufnahmen nur sehr wenige oder gar keine nach dem beschriebenen Prinzip strukturierte Äußerungen. Darüberhinaus ist diese klar nach
funktional-pragmatischen Prinzipien strukturierte Art des Äußerungsaufbaues nicht allein in xenolektaler Kommunikation zu finden. Ähnliche Äußerungen finden sich typischerweise genauso in anderen Varietäten, zum
Beispiel in frühen Lernervarietäten oder bei den sogenannten *Agrammati-*
kern in aphasischer Sprache oder auch in anderen Situationen mutterspra-
licher Kommunikation (vergleiche Dittmar 1982, Givon 1979, Klein 1984a,
Klein/Perdue 1985, Heeschen 1985)[23]; dann jedoch unter Umständen in

---

[23] Vorwiegend mit theoretischen Aspekten der funktionalen Äußerungsstrukturierung
beschäftigen sich Dik (1978), Dik (1983) und Stechow (1981).

anderer Frequenz und mit entsprechenden lexikalischen, morphologischen und/oder syntaktischen Modifizierungen.

5.1.4 Äußerungssequenz

Als Äußerungssequenz werden mehrere inhaltlich zusammengehörige und aufeinanderfolgende Äußerungen definiert, die in einem gemeinsamen thematischen, temporalen und lokalen Rahmen verankert sind. Sofern in ihnen Äußerungen des d-Typus enthalten sind, haben die in 4.2 dargestellten Strukturierungsprinzipien ihre volle Gültigkeit. Es interessieren hier die Fragen nach Struktur und Anordnung dieser *Rahmeninformation* und deren Reichweite in einem Text, der ohne die in der Bezugssprache möglichen Funktionselemente auszukommen hat. Darüberhinaus interessiert schließlich auch, wie die in diese Rahmung fallenden Ereignisse, die *Fokusinformation*, strukturiert und in der Äußerungssequenz angeordnet ist.

Eine Sequenz wird dadurch eingeleitet, daß die Relevanz ihrer Information und deren Einbettung in den konversationellen Rahmen hervorgehoben wird. Gleichzeitig kann eine grobe, orientierende thematische Verankerung in den gemeinsamen Wissenshintergrund erfolgen. Die Realisierung erfolgt vorwiegend in Äußerungen des a-Typus, das heißt also bezugssprachlich, und zwar in der ersten Position einer Äußerungssequenz. Diese Position wird im folgenden als *Orientierungsposition* bezeichnet. Darauf folgen in der Regel die das Gesamtereignis rahmenden temporalen und lokalen Situierungen. Sie sind häufig in einem deutlich getrennten temporalen und lokalen Block verbalisiert. Die temporale Situierung kann durch Adverbiale wie *früher, gestern, näkst jaar* und im übrigen durch die unter 5.3.2 genannten lexikalischen Mittel realisiert sein. Besonders in Klärungsparaphrasen beziehen sich die deutschen Sprecher auch gerne auf das kalendarische Bezugssystem. In bezugssprachlicher Form kann sie auch durch Temporalsätze wie *vän däs geet* und ähnliches realisiert sein.

In einem deutlich abgetrennten Block folgt im allgemeinen die Markierung des thematischen Gerüstes der Äußerungssequenz. Sie liefert weitere rahmende Hintergrundinformation und die nötige Agensidentifizierung. Diese Position wird als *thematischer Rahmen* bezeichnet. Situierungen und thematischer Rahmen bilden die *Rahmung* der Äußerungssequenz. Die Reichweite von Orientierung und Rahmung erstreckt sich über alle darauf folgenden Äußerungen der Fokusinformation bis zu ihrer expliziten, durch eine neue Orientierung beziehungsweise Rahmung gegebenen oder konversationell bedingten Aufhebung. In der Regel werden keine weiteren morphologischen oder lexikalischen Einheiten realisiert, die die anhaltende Gültigkeit der rahmenden Information markieren würden. Diese Vorgehensweise folgt einem *Prinzip aufhebender Markierung*, das hier als *Standardprinzip* (in Entsprechung des englischen *default principle*) bezeichnet wird.

Ein Sonderfall einer Rahmung besteht dann, wenn zusammen mit der temporalen Situierung der thematische Rahmen expliziert wird, wobei jeweils bereits der das Gesamtereignis beziehungsweise die Gesamthandlung rahmende Endpunkt genannt wird.

(T1802-18)   *iC habc foor läqrär tsait*
iC hap bctriibsraat gchoolt +++
där klainc türkißman dahintcn
däs +
känst cn? +
mit däm iß in naxtßißt arbait +
där naxtßißt ++
mäsär unt ßärc
am (...) kaam hiir angctsoogcn +
mit mäsär un mit ßärc +
hap iC glai bctriibsraat gehoolt
maistär gchoolt

Hier gibt die Rahmung (*iC habc foor läqrär tsait iC hap bctriibsraat gchoolt*) bereits den Endpunkt und das Resultat einer Ereignisfolge an, dessen Ereignisschritte aber erst anschließend ausgebreitet werden. Derartige Rahmungen wären im Sinne von Labov/Waletzky (1967) als *abstract* zu bezeichnen (siehe Abschnitt 5.7), sie werden hier jedoch als besondere Repräsentationen der eigentlichen Rahmung aufgefaßt. Die Fokusposition kann durch lange Pausen (bis zu drei Sekunden und länger) von Orientierung und Rahmung abgetrennt sein. Die Struktur von Äußerungssequenzen läßt sich folgendermaßen schematisch darstellen:

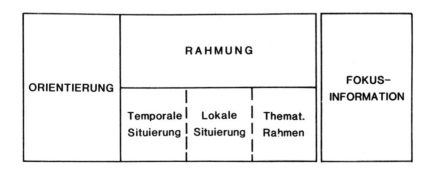

Dabei sollte eine interne Variation der Anordnung innerhalb der Rahmung — wenn sie auch kaum empirisch belegt ist — durchaus eingeräumt werden. Alle Positionen sind in der Regel durch deutliche Pausen voneinander getrennt. Die Bedeutung von Orientierungs- und Rahmungsposition als Grundlage für den Ablauf der Kommunikation unterstreichen zahlreiche Versuche ihrer Absicherung durch Einschübe wie *vaastc?*, *nc?* und *färßteen?*, *ja* und *guut*.

(Der Informant berichtet von seiner Frau, die im Büro arbeitet und viel Arbeit hat.)

(T1803-57)   *büroo vaastc? fiil arbait*

(Der Versicherungsvertreter erkundigt sich nach den Lebensverhältnissen des Adressaten, der eine Haftpflichtversicherung abschließen will.)

(T1907-81)   d   *tsimär ä voonuq?*

              t   *ja*

              d   *guut + ä + duu brauxst + (...)*

Beispiel (T1801-32) zeigt die positionelle Struktur einer Äußerungssequenz, in der *gästärn abänt* die temporale Situierung, *brauhaus obc* die lokale Situierung und *HOINÄR iß + SCHMITT tsamc* den thematischen Rahmen markieren. Der Text ist durch deutliche Pausen und Interjektionen gegliedert. Im Anschluß an die Nachfrage des Adressaten folgt die Auflistung der unter die Rahmung fallenden Ereignisschritte, das heißt der Fokusinformation.

(Der Informant berichtet vom Vorabend, den er mit zwei Kollegen bei einem ausgedehnten Trinkgelage in einem Wirtshaus verbracht hat, das außerhalb auf einem Berg gelegen ist. An anderer Stelle des Gesprächs wird deutlich, daß die Wirtschaft (hier als 'brauhaus' chiffriert) vom Kollegen Schmitt selbst neben seiner Arbeit in der Fabrik betrieben wird und der Informant ihm dabei gelegentlich aushilft.)

(T1801-32)   d   *oo*

                   gästärn abänt +

                   HOINÄR iß +

                   oo ++

                   SCHMITT tsamc +

                   brauhaus obc +++

              t   *vas maxc?*

              d   *a no zaufcn ++*

                   bai SCHMITTS +

                   vurßt färkaufcn

                   ßinkcn vurßt nc?

T1802-12 zeigt, daß mehrere Rahmungen und ihre Fokusinformation unter eine Orientierung fallen können. Die Orientierung *iß hap gclärnt autooßlosär* erstreckt sich dabei über die Rahmungen *vän FABRIK miir zaagcn raus* und *KRUMBACH ßon ßpräCcn*. Der Informant berichtet hier von den Folgen einer möglichen Kündigung durch seinen Arbeitgeber.

(T1802-12)   *iß hap gclärnt autooßlosär*
            vän FABRIK miir zaagcn raus
            miir eegaal
            KRUMBACH ßon ßpräCcn
            baim MÜLLER in KRUMBACH
            iC kan zofort anfaqcn

Zusammenfassend läßt sich sagen, daß den stark veränderten Äußerungen (d-Äußerungen) der Informanten ein vergleichsweise striktes und systematisches Vorgabe-Fokus-Schema zugrundeliegt, das auch in den größeren Gesprächseinheiten (Äußerungssequenzen) strukturbestimmend ist. Diese Art von Äußerungen ist in der bisherigen Forschung nur spärlich belegt und wird dann, an bezugssprachlichen Normen gemessen, als „reduziert" klassifiziert. Es entsteht dort der Eindruck, es handele sich um zufällige Auslassungen, und es bleibt völlig offen, wie systematisch diese „Reduktionen" vorgenommen werden. Im Gegensatz dazu wurde hier zu zeigen versucht, welche kreativen und systematischen Organisationsprinzipien diesen Äußerungen zugrundeliegen und wie sie die starken xenolektalen Varietäten strukturieren. In Kapitel 5.7 wird die Anordnungssystematik in einem größeren zusammenhängenden Text, einer Erzählung, illustriert werden.

5.2 Personale Referenz

Das Deutsche kennt verschiedene Ausdrucksmittel der Referenz auf Personen und Objekte. Sie wird hergestellt

— mittels lexikalischer Nominalphrasen mit den entsprechenden definiten beziehungsweise indefiniten Determinatoren (definiter, indefiniter Artikel, Null-Artikel, Possessiv-Artikel, Demonstrativ-Artikel, Numerialien, Quantifikatoren, Adjektiven)
— mittels Eigennamen und ähnlichem (teilweise mit definitem Artikel)
— mittels pronominaler Verweisformen[24].

Entscheidend ist dabei, ob es sich um eine spezifische, nicht-spezifische oder indefinit spezifizierende Referenz handelt und ob diese Referenz Spre-

---

[24] Vergleiche auch Givon (1983, S.347ff).

cher und Hörer bekannt ist. Die Realisierung der Referenzmittel ist davon
abhängig, in welcher Funktion sie gebraucht werden. Als diese Funktionen
werden hier Ersteinführung, Wiedereinführung und Wiederaufnahme voneinander unterschieden und getrennt behandelt.

Eine Übersicht über die verschiedenen Identifizierungsfunktionen des
Artikels geben insbesondere Vater (1979), mit Korrekturen Vater (1984),
und Oomen (1977). Zu den Funktionen des freien Artikels im Deutschen
liegt in Bethke (1984) zum ersten Mal eine umfangreiche Problematisierung
und Ausarbeitung vor. Mit der textkonstituierenden Funktion pronominaler Verweisformen im Deutschen beschäftigt sich vor allem Harweg (1979).
Auf die Funktionen pronominaler Verweisformen in den Lernervarietäten
gehen insbesondere Klein/Rieck (1982) und Carroll/Dietrich (1983) ein.

Konstitutives Merkmal der Veränderungsstufe d und markantes Merkmal
der Veränderungsstufe c ist die Nicht-Realisierung der Artikel als Funktionselemente und der pronominalen Verweisformen als thematische, situationell oder kontextuell erschließbare Referenzträger. Das heißt, daß die
entsprechende Identifizierungsfunktion durch andere Mittel übernommen
werden muß. Dies wird im folgenden in mehreren Schritten dargestellt.
Ersteinführung spezifischer und nicht-spezifischer Nominalphrasen sowie
indefinit spezifizierter Nominalphrasen werden bei der Darstellung getrennt
behandelt. Daran anschließend wird auf die Besonderheiten deiktischer Einführungen eingegangen. Davon abgetrennt erfolgt schließlich die Darstellung der Verwendung der Verweismittel bei Wiederaufnahme einer Referenz
in xenolektalen Äußerungen.

5.2.1 Ersteinführung

Bei Ersteinführung oder Neueinführung eines Referenten einer Nominalphrase verhalten sich in Xenolekten generische und spezifische Nominalphrasen einerseits und indefinite spezifizierende Nominalphrasen andererseits unterschiedlich. Generische und spezifische Referenz wird in aller Regel
durch Artikel nicht markiert, Erst- oder Neueinführung indefiniter spezifizierender Nominalphrasen dagegen (fast) immer, bei intendierter späterer
Wiederaufnahme immer. Generische oder spezifische Nominalphrasen bedürfen in der Regel keiner besonderen Identifizierung im gemeinsamen
Wissen von Sprecher und Adressat. Ihr Denotat ist für die intendierte
Identifizierung ausreichend oder wird zumindest vom Sprecher als ausreichend angesehen (siehe auch Givon 1983). Lediglich bei disambiguierendem
Gebrauch erfolgt eine explizite Markierung. Von induziertem Gebrauch
kann gesprochen werden, wenn der Sprecher vom Adressaten trotz dessen

möglichen Informationsmangels eine standardmäßige Identifizierung gemäß des oben beschriebenen Prinzips verlangt. Die Erwartung des Sprechers kann vom Adressaten tatsächlich nicht immer eingelöst werden, so daß zusätzliche Identifizierungsinformation nachgeliefert werden muß. Ein Beispiel für eine geglückte Identifizierung durch den Adressaten: Vor dieser Sequenz unterhalten sich beide Gesprächspartner über ein Ereignis des Vorabends, bei dem zwar nicht der Türke, aber ein italienischer Kollege anwesend war. Der Türke möchte zunächst wissen, ob der Informant d mit Ausländern generell „normal" spricht. Dieser bezieht in seinem Neuansatz die Frage von t aber auf den zuvor nicht namentlich genannten oder anders zu erschließenden Italiener (Rico).

(T1803-14) t *(...) fon vas vir ßpräCcn? ++*
du normalc ßpräCc mit ää ausländär jäts?
d *du aa nät ßpräCcn +*
RICO ßpräCcn übär aläs ßpräCcn +++
normaal ßpräCcn +++
t *abär där färßteen?*
d *aläs färßteen +++*

Die Identifizierung ist insofern als geglückt zu bezeichnen, als t anschließend mit *där* eine spezifische Referenz herstellt, obwohl diese in seiner Frage nicht intendiert war.

Die Null-Markierung betrifft vor allem individuelle Konzepte, die als Eigennamen oder Unikate realisiert sind, oder generelle Konzepte wie

(T1801-42) *gastarbaitär bäsär + vii doitßman*

Das zeigt sich besonders auffallend auch in der grundsätzlichen Nicht-Realisierung des Artikels (und teilweise auch der Präposition) bei *Türkei*, wenn der Adressat Türke ist. Vorausgesetzt ist jeweils eine minimale Einbettung im vermeintlichen gemeinsamen Wissen der Interaktionspartner, das heißt im relevanten Kontext. Dazu gehören darüber hinaus die Referenten, die in einer möglichen kontextuellen (nicht expliziten) Beziehung zu bereits genannten Konzepten stehen (vergleiche dazu auch Hartmann 1982, S.192). Nicht explizit durch Artikel markierte Referenten gelten somit nach dem Standardprinzip als bereits eingeführt oder kontextuell beziehungsweise situationell erschließbar. Auf Seiten der Adressaten ist dieses Prinzip offenbar soweit bekannt, daß ihnen derartige Äußerungen beim Verstehen keine erkennbaren Schwierigkeiten bereiten. Lediglich dann, wenn, wie in folgendem Beispiel, mögliche Ambiguitäten auftreten könnten, wird Zusatzinformation nachgefordert.

(Der Informant erzählt zuvor von einer unangenehmen Auseinandersetzung
mit einem Kollegen.)

(T1801-50)   d   *jäts niks mär ßpräCcn*
                    nur jäts böös +++
                t   *vär duu odär däär?*
                d   *viir alc tsvai* +++

Die Kennzeichnung indefinit spezifizierender Nominalphrasen geschieht
wie in der Bezugssprache mittels des Lexems *ain-*, häufig in der xenolekttypisch generalisierten Variante *ainc*. Die Realisierung geschieht ausschließlich
als Stamm-Morphem oder mit entsprechenden Endungsmorphemen und in
sprechertypischer dialektaler Variation.

(Die beiden Kollegen unterhalten sich über die Arbeitsbedingungen in der
Fabrik und die (mangelnde) Solidarität in der Belegschaft. Der Informant
führt dann ein Beispiel an.)

(T1810-58)   *diinstaak naxt* ++
                ain kooleegc + *15 ßtik mär gcmaxt vii akort*

Ohne Artikelmarkierung könnte die Referenz anaphorisch interpretiert
werden, indem *kooleegc* als erwähnt beziehungsweise einem bekannten Kontext entstammend eingeordnet würde. Tatsächlich ist es aber hier ersteinge-
führt.

(Der Informant führt ein Beispiel für kulturelle Unterschiede zwischen
Deutschen und Türken an.)

(T1802-27)   *gcnau vii oobcn mainc ßrank* +
                is ainc türkißman imär beetcn maxcn +

Ähnlich wie in T1810-58 handelt es sich hier um eine Neueinführung und
Kontrastierung zu möglichen vorerwähnten oder aus dem Kontext er-
schließbaren, identifizierbaren Referenten. Der Artikel indiziert somit erstens die Neuheit der eingeführten Nominalphrase, und markiert damit die
Abweichung vom Standardprinzip, und zweitens eine mögliche Thematisierung als zentrales Element des thematischen Rahmens bei einer späteren
Wiederaufnahme. Für den Adressaten bedeutet dies eine zweiteilige Appell-
funktion:

1. Es gilt nicht das Standardprinzip, das heißt, suche nicht im vorangehenden Text, im Kontext oder im möglichen gemeinsamen Wissen.
2. Halte folgenden Referenten für das Thema der folgenden Äußerungen
   oder eine spätere Wiederaufnahme bereit.

Die gleiche Funktion können auch Adjektive wie *ander-*, *nächst-* und ähnliche ohne Verbindung mit einem indefiniten Artikel übernehmen, wenn sie in einen entsprechenden Kontext eingebettet sind.

(Informant und Adressaten sprechen über die gefährliche Krankheit eines gemeinsamen Bekannten. Der Informant berichtet von einem ähnlichen Fall.)

(T1804-76) *iß kän andrc pärzoon in KRUMBACH*
doitßc pärzoon nc? ++
kaput ++
frau + man ++ nä?
aux nox niß zoo aiß alt
kaput

(Bei *aiß* handelt es sich um die dialektale Entsprechung von *arg/sehr*.) Bei realisiertem, in einem gegebenen Kontext disambiguierendem Adjektiv in der Nominalphrase kann der indefinite Artikel auch bei Neueinführungen nicht realisiert sein. Im folgenden Beispiel *türkißc.*

(Der Versicherungsvertreter belegt an einem Beispiel den Nutzen einer Haftpflichtversicherung, die er zuvor ausführlich erklärt hat.)

(T1907-84) *KRUMBACH türkißc familjc hinär FABRIK*
mool haus bräncn +
dii familjc hot niks gchauät

(Die ungewöhnliche Konstruktion *gchauät* entspricht hier *gehabt*. Zu beachten ist auch der Wechsel zum spezifizierenden Gebrauch in *dii familjc*, hier in einer a-Äußerung.)

Deiktischer Gebrauch von Nominalphrasen wird im allgemeinen lexikalisch markiert, um eine eindeutige Referenz zu gewährleisten. Hierfür stehen neben dem bezugssprachlichen Inventar die neutralisierten Formen *däs/s* zur Verfügung.

(Der Informant erzählt von einer versuchten Attacke eines türkischen Kollegen gegen ihn. Dieser Türke arbeitet in seiner unmittelbaren Nähe.)

(T1802-18) *iC hap foor läqrär tsait*
iC hap bctriibsraat gchoolt +++
där klainc türkißman dahintcn
däs + känst cn? +
mit däm iß in naxtßißt arbait +
där naxtßißt ++
mäsär unt ßärc am (...) ++
kaam hiir angctsoogcn +

(Der Informant will das Gespräch beenden, weil er weiterarbeiten muß.

Dieses 'Muß' geht aber offensichtlich nicht von dem in der Nähe befindlichen
Vorarbeiter aus.)

(T1802-41)   *da + mus arbait +++*
                 däs foorarbaitär is mainc froint zoogar +++

Bei Realisierung anderer lokal-deiktischer Elemente (*da/do, hier, oben, unten,
drüben* oder anderen) braucht der Artikel nicht realisiert zu sein, wenn die
Referenz dadurch bereits ausreichend deutlich wird.

(T1816-08)   t   *niks faiärabcnt*
              d   *ja raifcn baucn nox ja? +*
              t   *ja*
              d   *abär doo ++ fornc ++ voo bant loift*

5.2.1.1 Flexionsmorphologie

Bei Nicht-Realisierung des Artikels erscheint das Nomen in einer xenolekt-
typisch unflektierten oder anderen neutralen oder generalisierten Form. Das
Nomen ist nahezu immer genus- und kasusunmarkiert oder es weist die dem
Nominativ entsprechende Markierung auf. Eine entsprechende Numerus-
markierung ist nicht immer realisiert. Gelegentlich jedoch ist andererseits
wie in T1601-262 eine Hypermarkierung (*mänär*) zu beobachten.

(Die Sequenz ist ein Teil eines Gespräches zwischen zwei deutschen und
einem türkischen Kollegen. Der türkische Kollege will von dem Kollegen A
wissen, warum er kein Auto besitzt und jeden Tag mit dem Fahrrad zur
Arbeit kommt. Dieser antwortet schließlich:)

(T1601-262)   *iß koinc gält + iß armc armc mänär +*
               hap kainc gält
               (...)
               iß armc mänär färßteec?

Auch mögliche adjektivische Erweiterungen sind als xenolekttypische Formen realisiert (1). Diese Art xenolekttypischer Formen wird als *generalisiert*
bezeichnet[25]. Darüberhinaus treten noch neutralisierte Formen auf, die nur

---

[25] In der Xenolektmorphologie sind generell drei xenolekttypische Verwendungsweisen
zu unterscheiden. Erstens das *generalisierte Muster (däs, banka, mänär,* e-Endungen und
weitere). Zweitens zwei *neutralisierte (reduzierte)* Muster: Ein der Morphologie der
Bezugssprache entsprechendes *unflektiertes Muster* (Infinitivformen, Stamm-Morpheme) und ein spezifisch xenolektales (*neologistisches*) Muster (zum Beispiel die in ihrer
syntaktischen Funktion neutralisierten *arbait,* für *die Arbeit* beziehungsweise *arbeiten,*
oder *türkiß* für *Türkin, türkische Frau* oder anderes).

als Stamm-Morpheme ohne Endungsmorpheme realisiert sind (*türkiß frau,
aigän naamcn, biligär vaßmaßiinc*) (2). Seltener erscheinen die genus-, nume-
rus- und kasusmarkierten Adjektivvarianten des starken Flexionsparadigmas
(3). Bei Realisierung einer xenolekttypischen Artikelform aus dem *der-* oder
ein-Paradigma oder auch einem der spezifizierenden Indikatorparadigmen
weist das Adjektiv immer eine unflektierte oder generalisierte Form auf
(4)(5). Unmöglich sind Mischformen von generalisiertem Artikel und flek-
tiertem Adjektiv (6).

(1)   *andrc man*   („ein anderer/der andere Mann")
(2)   *türkiß frau*   („die/eine türkische Frau")
(3)   *groozcs fas*   („ein großes Faß")
(4)   *däs andrc man*   („der andere Mann")
(5)   *ainc groozc fas* („ein großes Faß")
(6)   * *ainc groozcs fas*

Das bedeutet, daß entweder konsequent unflektierte oder generalisierte
Flexionsformen zusammen in einer Nominalphrase auftreten oder aber die
bezugssprachliche starke Flexion eintritt. Die Unterscheidung der xenolekttypischen Flexionsformen und deren Gebrauch ist aus psycholinguistischer
Sicht besonders bedeutsam. Hervorzuheben ist zum einen die Formenviel-
falt im Unterschied zu ansonsten vergleichbaren Äußerungen anderer Spre-
chergruppen, etwa Agrammatikern. Zum anderen fällt die Konsequenz in
deren Gebrauch und die Vermeidung von Mischformen auf. In Kapitel 8
werden diese Befunde diskutiert.

5.2.2 Wiederaufnahme

Bei Wiederaufnahme einer Nominalphrase bestehen die folgenden Möglichkeiten:

a. Die gesamte Nominalphrase oder eine entsprechende koreferente Pro-
   Form ist elliptisch, das heißt, die einmal gegebene Markierung besitzt
   weitere Gültigkeit bis zu einer expliziten oder kontextuell bedingten
   Aufhebung (Null-Markierung/Standardprinzip).
b. Die Nominalphrase wird ohne die explizite bezugssprachliche Markierung der entsprechenden Artikelformen wiederaufgenommen. Das gilt
   auch für Artikel mit possessivem Indikator. Auch hier besitzt die einmal
   gegebene Markierung weitere Gültigkeit bis zu einer expliziten oder
   kontextuell bedingten Aufhebung. In diesem Sinne ist die Markierung
   redundant, wenn kein Wechsel des Themas eingeschoben ist. Bei wechselnden oder eingeschobenen Themen mit anderen Referenten zeigt die

artikelmarkierte Wiederaufnahme der Nominalphrase deren erneute Gültigkeit (Kohärenzsignal).

c. Bei kontrastierendem oder hervorhebendem Gebrauch findet neben möglichen bezugssprachlichen Formen *däs/s* Verwendung.

(Der Informant hat zuvor von zwei verschiedenen Angriffen türkischer Arbeitskollegen auf ihn erzählt. Als Zeugin für die zuerst erzählte Attacke hatte er eine türkische Kollegin genannt, auf die er mit folgender Äußerung erneut referiert (*däs andärc türkiß*). Spätere Wiederaufnahmen wie in T1802-53 erfolgen ohne Artikel: (*fräistc ma klain türkißfrau*).

(T1802-39) *däs andärc türkiß is klainc frau* ++
da mür ßpräCcn ++
DIETER las las las

(T1802-53) *fräistc ma klain türkißfrau*
di kan dir zaagcn ++
mäsär mit ßärc +++
vas vilst duu? +++
är mäsär viidär ainßtäkcn
ßärc viidär väkleegcn (...)

Das bedeutet, explizite Markierung mittels Artikel ist nur zur Disambiguierung konkurrierender Referenten bei einem Themawechsel nötig, ansonsten gilt eine einmal gegebene Markierung bis zu ihrer expliziten, situationell oder kontextuell gegebenen Aufhebung. Auf bezugssprachliche Realisierungen in metasprachlichen Sequenzen, wie sie in der Realisierung des freien Artikels in *di kan dir zaagcn* deutlich werden, wird zu einem späteren Zeitpunkt eingegangen.

d. Pronominaler Verweis. Grundsätzlich sind im Deutschen alle Personalpronomina in der Lage, sowohl deiktisch als auch anaphorisch zu referieren. In alltagssprachlicher dialogischer Kommunikation, wie sie auch für diese Untersuchung aufgezeichnet wurde, ist die Verwendung pronominaler Verweismittel auf bestimmte Funktionen beschränkt. Die Personalpronomina der ersten und zweiten Person werden als die Markierungen der Gesprächsrollen in der Regel in deiktischer Funktion verwendet, die Personalpronomina der dritten Person dagegen sowohl deiktisch (bei Anwesenheit weiterer Personen in der Gesprächssituation) als auch anaphorisch (zum Beispiel in Erzählungen). Der Grad der Thematizität der Referenten und weitere Kontextfaktoren bestimmen dabei, ob die entsprechenden Verweisformen realisiert oder (regulär elliptisch) ausgelassen werden. Für die Nicht-Realisierung von Personalpronomina in Xenolekten gelten ähnliche Kontextbedingungen wie für die nicht-pronominalen

Verweisformen. Es gilt das Standardprinzip, allerdings mit dem Zusatz, daß in den leichten Veränderungsstufen kongruente Verbflexionen oder andere kongruente Pro-Elemente zusätzlich realisiert sein können, so daß die bereits aus dem Kontext erschließbare Referenz noch zusätzlich (begleitend) morphologisch oder lexikalisch markiert sein kann. Für die Nicht-Realisierung der referentiellen Markierungen der Gesprächsrollen (1. und 2. Person) besteht darüberhinaus, neben dem Verweis auf den sprachlichen Kontext und das vermeintlich gemeinsame Wissen, eine Verweisrichtung auf die aktuelle Gesprächssituation. Klein (1978, S.117) spricht hier von *perzeptivem Gebrauch*.

Bei Hervorhebung der spezifischen Referenz in der 3.Person, anaphorisch (kontrastiv) oder deiktisch, wird neben den bezugssprachlichen, in Genus, Numerus und Kasus kongruenten Pro-Elementen bei einigen Sprechern (D140, D154, D161) häufiger die generalisierte Pro-Form *däs* oder deren Variante *s* realisiert.

(T1802-18) *där klainc türkißman dahintcn däs + känst cn?*

(Thema der folgenden Sequenz ist die Frage, ob die Eltern des Informanten in die Türkei mitgehen oder in der Bundesrepublik bleiben, wenn dieser mit seiner türkischen Frau auswandert.)

(T2001-81) t *abär ältärn niks geecn türkai bcßtimt +*
               leebcn bäsär hiir hä? +++
            d *iß?*
            t *nain dainc ältärn + dain ältärn*
            d *mainc ältärn?*
            t *jaa*
            d *däs va + aja + däs hiir blaibcn*

Die referentielle Markierung kann, sofern sie einmal gegeben wurde, auch bei gleichbleibendem Thema zur Sicherung durchaus wiederholt werden. Ist der Sprecher im Laufe eines Gesprächs aber zu einem Punkt gekommen, an dem er die anaphorische Verweisrichtung nicht mehr zu markieren für nötig hält, das heißt, an dem er die Einbettung im Kontext für ausreichend hält, erfolgt bei späterer anaphorischer Aufnahme keine Wiederaufnahme der Markierung. In diesen Fällen ist die Referenz durchgehend nicht explizit markiert. Sie gilt dann ebenfalls solange, bis sie explizit aufgehoben wird oder sich aus dem sprachlichen oder situationellen Kontext eine eindeutige Änderung ergibt. Lediglich bei Veränderung der pragmatischen Funktion der Äußerung in eine Klärungssequenz kann die Markierung zum Zwecke eines höheren Explizitheitsgrades wiederaufgenommen werden.

5.3 Ausdruck der Temporalität

Der Ausdruck temporaler Referenz geschieht im Deutschen mittels
— des verbalen Tempussystems (Tempusendungen, Bildung komplexer
   Tempora durch Hilfsverben und/oder Vokalveränderungen/Ablaute)
— Zeitadverbialen (reine Adverbien, Präpositionalphrasen und entspre-
   chende Konstruktionen, Temporalsätze)
— Diskursprinzipien.

In der Bezugsprache gehören Tempusmarkierungen zu den obligatori-
schen Markierungen einer Äußerung. Das Tempussystem ermöglicht eine
sprachliche Einordnung von Ereignissen in der Origo des Sprechers als vor-,
gleich- oder nachzeitig, während adverbiale Mittel häufig eine Spezifizierung
der Einordnung von Ereignissen ausdrücken. Sie ermöglichen zudem eine
Verschiebung der temporalen Referenz bei den Tempora, die Rauh (1983)
zufolge semantisch neutral sind. Über Diskursprinzipien wird vor allem die
Einordnung von verschiedenen Ereignissen zueinander geregelt, ohne dies
explizit zu markieren. So weiß man, daß bestimmte Ereignisse einer bestimmten chronologischen Abfolge entsprechen, andere aber gleichzeitig
erfolgen und so weiter. Auf andere Eigenschaften von Ereignissen, wie ihre
aspektuale Bewertung oder die Markierung einer bestimmten Aktionsart, die
durchaus auch mit dem Ausdruck der Temporalität zu tun haben, wird hier
jedoch nicht weiter eingegangen. Auch würde es hier zu weit führen, die
ebenso umfangreiche wie kontroverse Literatur zur Tempusforschung überhaupt skizzieren, geschweige denn diskutieren zu wollen. Zudem weisen
gerade die morphologisch unterspezifizierten Äußerungen in Xenolekten
nicht die zur Markierung des Verbtempus notwendigen Mittel auf. So wird
in dieser Arbeit nicht weiter auf theoretische Fragen der Tempusdiskussion
eingegangen werden. Zur Tempusproblematik des Deutschen geben insbesondere die Grundzüge (1981), Weinrich (1971), zur Abbildung erzählter
und besprochener Welt, und Rauh (1983) im Anschluß an Reichenbachs
Axiomatik zum Verhältnis von semantisch-intrinsischen und deiktischen
Komponenten ausführliche Positionsbeschreibungen. Mit dem Ausdruck
der Temporalität im ungesteuerten Zweitspracherwerb bei der Zielsprache
Deutsch beschäftigen sich vor allem Klein (1984a) und Stutterheim (1984).

5.3.1 Morphologische Markierung temporaler Referenz

Die morphologische Markierung temporaler Referenz in deutschen Xenolekten ist im Veränderungsniveau c mit dem der deutschen Bezugsnormen
identisch. Restriktionen gegenüber dem bezugssprachlichen Inventar sind

nicht erkennbar. In d-Äußerungen können dagegen nur zwei temporale Verbmarkierungen identifiziert werden: eine neutralisierte und eine vergangenheitsmarkierte Form. Als neutralisierte Form (*base form*) werden der Infinitiv oder äquivalente xenolettypische Varianten davon bezeichnet. Die vergangenheitsmarkierte Form ist als Partizip Perfekt realisiert.

Eine ganze Reihe von Äußerungskonstruktionen, die in der Bezugssprache eine Präsensmarkierung aufweisen würden, aber durchaus auch auf andere Ereigniszeiten als die Sprechzeit referieren können, weisen darüber hinaus überhaupt kein Verb auf. Sie werden hier wie Äußerungen mit neutralisierter Markierung behandelt. Das sind insbesondere kopulative Strukturen, Konditionalkonstruktionen, generische Aussagen, Kommentare und Bewertungen, Verständnissicherungen und modalisierte Äußerungen.

(Der Informant, dessen Aufgabe es ist, die Maschinen in der Fabrik zu warten, beschreibt seinem Kollegen seine Leistungsfähigkeit im Reparieren der Maschinen. Daß er sich dabei selbst nicht zu wichtig nimmt, zeigt er mit seiner zunächst nicht intendierten ironischen Fortführung der Äußerung nach der zweiten Pause.)

(T1811-11)   *bai miir ainc maßiinc kaput +*
               tsvai minuutc iß dran +
               färdiß ++
               gants kaput

Solche Äußerungen können ohne Markierungen realisiert sein, die die Referenz auf eine vorausgehende Markierung aufheben, das heißt, eine neue explizite Markierung einführen würden. In der Regel genügt ein deutlicher Wechsel des Themas, der häufig mit einer deutlichen Pausentrennung einhergeht, um Fehlinterpretationen zu vermeiden. Evaluationen und Verständnissicherungen (wie *färßteen?*) können dabei, wie auch in Erzählungen, auch innerhalb von Äußerungssequenzen ohne zusätzliche lexikalische Markierung erscheinen. Sie fungieren dabei als metasequentielle oder metasprachliche Einschübe, die außerhalb des eigentlichen Ereignisgerüstes stehen. Zwar erscheinen sie nicht ohne jede Systematik an irgendeiner Stelle in der Äußerung, doch haben sie für die Referenz auf die Ereignisschritte und deren Anordnung nur insofern Bedeutung, als sie als eine besondere Art Gliederungssignale fungieren. Sie markieren dann Ende und indirekt auch Anfang eines Ereignisses und damit besonders geeignete Eingriffsstellen für einen Wechsel der Gesprächsrollen. Alle genannten Äußerungstypen, außer den durch Partizipien markierten, können mittels entsprechender Markierungen in oder vor der entsprechenden Äußerung auf eine beliebige Ereigniszeit referieren. Fehlen diese aber, so ist von einer Referenz auf das auszugehen, was beobachtbar ist, das heißt, von einem *zum Redemoment gültigen (allgemeinen* oder *indifferenten)* Zeitbezug (Grundzüge 1981, S.509). Die Grundzüge schreiben diese Funktionen in der Standardsprache dem Präsens zu. In Xenolekten kann daher für die gänzlich unmarkierten Fälle implizites Präsens angesetzt werden. Somit ist in Xenolekten von einem allgemeineren Prinzip auszugehen, das die bereits genannten und weitere mögliche Äußerungstypen bestimmt: *Wenn keine morphologische oder lexikalische Markierung eine Referenz zu einer bestimmten Ereigniszeit herstellt und wenn diese auch nicht durch Situierung oder implizit durch den Kontext gegeben ist, dann entspricht diese Äußerung einer in der Standardsprache präsensmarkierten.* Hierbei handelt es sich um eine temporalitätsbezogene Ausführung des Standardprinzips, das in anderem Zusammenhang bereits vorgestellt wurde und auch später noch Erweiterungen und Übertragungen auf weitere, nicht-temporale Bereiche erfahren wird. In Verbindung mit lexikalischen Markierungen oder bei entsprechender Kontextverankerung kann die neutralisierte Form auf alle anderen Ereigniszeiten referieren.

Die spezifische vergangenheitsmarkierte Form wird vom Partizip Perfekt gebildet. Ihre morphologische Markierung entspricht den Normen der Bezugssprachen. Im Gegensatz dazu fehlen aber die flektierten Auxiliare der bezugssprachlichen Tempusformen. In längeren Erzählsequenzen ist häufig eine alternierende Realisierung von Partizip und Infinitiv zu beobachten, wobei die Referenz zu einer Ereigniszeit der Vergangenheit durch eine Markierung (Perfektkonstruktion, Partizip Perfekt, Adverbiale) — unter Umständen auch in anderen Äußerungsstufen — als Situierung vorgegeben wird, die für die folgenden Ereignisse weitere Gültigkeit besitzt. In diesem Rahmen fungieren beide Markierungen (die Partizipmarkierung und die Null-Markierung durch Infinitiv) in gleicher Weise. Sie bestätigen die weitere Gültigkeit des zuerst genannten Referenzpunktes.

(Der Informant berichtet zuvor von einer Messerattacke eines türkischen Kollegen gegen ihn. Im folgenden schildert er einen Teil seiner Reaktionen darauf.)

(T1802-19)   *da hap iC + betriibsraat komc lascn ++*
                maistär gckomcn +
                GUSTAV komcn +
                MARTIN gckomcn.

Dabei ist das Ereignis in bezugssprachlichem Perfekt in einer c-Äußerung situiert. Durch die drei folgenden Äußerungen wird dieses lediglich ausgefüllt, beziehungsweise es wird exemplifiziert, daß die drei genannten Personen Mitglieder des Betriebsrates sind. Die Partizipform ist nur dann obligatorisch, wenn eine adverbiale oder kontextuelle Situierung nicht erfolgt ist. Ansonsten ist sie eine freie Variante der mit entsprechenden Adverbialen kombinierten neutralisierten Tempusform.

In den Auskunftsdaten des zweiten Teils des Korpus, bei denen ein Vergleich adressatenspezifischer Anpassungen möglich ist, erreicht der Grad der Nicht-Realisierung der Verb-Tempus-Markierungen über 50% in einer Interaktion. Andere sprachliche Mittel übernehmen deren Funktion. Diese sollen nun im einzelnen dargestellt werden.

5.3.2 Lexikalische Markierung temporaler Referenz

5.3.2.1 Vorzeitigkeit

Bei der Markierung einer Ereigniszeit, die vorzeitig zum Sprechzeitpunkt ist, bestehen zwei alternative Möglichkeiten lexikalischer Markierung: die adverbiale oder die bereits beschriebene partizipiale Markierung. Die gängige Markierung des Referenzpunktes einer Äußerung geschieht mittels Adverbialen wie *gästärn abänt, foor laqär tsait, forhär, nox nii/nox niks, kriik, ßpätßiCt, ßon.* Besonders in Paraphrasen einer vom Adressaten zuvor nicht verstandenen Äußerung des Informanten bezieht sich der Informant außerdem häufig auf das kalendarische Bezugssystem:

(Anwesend sind nur der deutsche Informant und sein türkischer Kollege. Die Sequenz ist eingebettet in eine Diskussion der ständig steigenden Akkordanforderungen und der nötigen Solidarität, um diese zu verhindern. Der Informant gibt hier ein Beispiel mangelnder Solidarität.)

(T1810-58)   *diinstaak naxt ++*
             ain kooleegc +
             fuftseen ßtik mär gcmaxt vii akort +
             fuftseen ßtik ++
             maßiinc zäCtsä +++

(Der Informant erzählt von seinem Vater, der im Krieg ein Bein verloren hat.)

(T2001-51)   d   *kriik bain kaput*
                 feelt
             t   *axzoo dainä faatär?*
             d   *nointsenhunärtfümunfirtsiß + bain väk*

Einige der temporalen Angaben sind nur aus dem Kontext oder aus dem gemeinsamen Wissen der Interaktionspartner zu verstehen. Eine weitere lexikalische Markierung der Vorzeitigkeit, die als solche nicht selbstverständlich zu interpretieren ist, besteht in *ßon*, das in Verbindung mit einem Vollverb Vorzeitigkeit markiert:

(Die Äußerung ist eingebettet in eine Darstellung der Arbeitsmöglichkeiten nach einer möglichen Kündigung. Der Informant hat sich abgesichert. Er hat bereits mit einem anderen Arbeitgeber in dem Ort 'Krumbach' gesprochen und eine Vereinbarung getroffen.)

(T1802-12)   *KRUMBACH ßon ßpräCcn*

In der Bezugsprache ist es nicht selbstverständlich, bei fehlenden morphologischen oder lexikalischen Angaben durative Adverbiale auf eine Ereigniszeit in der Vergangenheit zu beziehen. Offen bleibt dabei dann auch, ob die Sprechzeit noch mit eingeschlossen ist oder nicht mehr, das heißt, wie weit die Ereigniszeit vor der Sprechzeit liegt.

(Der Informant hat acht Jahre lang an Magenschmerzen gelitten, bevor er zu einem Homöopathen gegangen ist.)

(T1801-14)   d   *8 jaarc + maagcn ßmärtscn*
               t   *aha*
               d   *BAD DRIBURG + tsvai mool drai mool*
                   im krankchaus geleegcn ++
                   da bin iß tsum ä hämoopaat nax HÄPÄNHOIM

(Die beiden Interaktionspartner sprechen über eine Kollegin, die seit drei Jahren in der Fabrik arbeitet.)

(T1802-49)   *s klainc türkißc frau kanstc ma fraagcn +++*
               hais maßiinc (...)
               3 jaar arbait +++
               s klainc türkißfrau ++

Aber alle diese Konstruktionen referieren in der Tat auf einen Zeitraum der Vergangenheit mit einem möglichen Einschluß der Gegenwart. Ähnliche Adverbiale, die auf einen Zeitraum nachzeitig zur Sprechzeit referieren, weisen eine zusätzliche Markierung auf (hier *nox* und *dan*):

(Der Informant spricht von seiner Mutter, die noch ein Jahr bis zur Rente arbeiten muß.)

(T2001-63)   *nox ainc jaar dan räntc*

5.3.2.2 Gleichzeitigkeit

Falls überhaupt eine lexikalische Markierung gegeben ist, die Gleichzeitigkeit zu einer Ereigniszeit kennzeichnen soll, in die die Sprechzeit einzubeziehen ist (das heißt also in der Standardsprache Präsensmarkierungen), dann handelt es sich um Varianten von *jetzt*. Dies geschieht dann in der Regel in einem Kontext, in dem *jetzt* zu einem anderen Ereignis kontrastiert werden soll:

(Ein türkischer Kollege, der den Informanten mit einem Messer attackiert hatte, arbeitet *jetzt* in der Nachtschicht.)

(T1802-19)   *da is ain türkißman* +++
              mit mäsär unt mit ßärc volt är auf miC loos +++
              s jätst naxtßißt arbaitcn ++

(Der Informant darf, da er größere gesundheitliche Schwierigkeiten hat, nicht mehr im Schichtdienst arbeiten.)

(T1821-01)   *hiir anfaqcn ainunfünftsiC (...)*
              un jätst + kainc ßiCtc mär arbaitc + nä?

Als weitere mögliche lexikalische Markierung findet sich in diesem Zusammenhang nur *hait* (*heute*).

5.3.2.3 Nachzeitigkeit

Bei der Darstellung der Nachzeitigkeitsrelation soll unberücksichtigt bleiben, daß auch die deutsche Bezugs- beziehungsweise Standardsprache Nachzeitigkeit häufig im Präsens markiert. Wie diese Präsensmarkierungen in Äußerungen des Xenolekts behandelt werden, ist bereits etwas genauer dargestellt worden. Hier geht es nur darum, kurz das lexikalische Inventar von Markierungen der Nachzeitigkeit vorzustellen.

a. Temporale Adverbiale, die Nachzeitigkeit zum Sprechzeitpunkt markieren, wie *ßpätär, balt, klai (gleich), naxhär vän, näkstc voxc, dan*:

(Die folgende Äußerung ist eine Frage nach der Rückkehr des Adressaten in die Türkei.)

(T2001-102)   *näkst jaar duu türkai tsurük?*

Hier entspricht also das Prinzip der lexikalischen Markierung dem der Markierung von Vor- oder Gleichzeitigkeit: Die lexikalischen Markierungen sind prinzipiell austauschbar. Und das gilt ebenfalls für die Referenz auf das kalendarische Bezugssystem:

(Der deutsche Informant teilt mit, daß er 1985 in Rente gehen wird.)

(T1805-18)   *85 + färdiß*

Etwas anders erfolgt aber die Markierung einer Zeitspanne in der Zukunft. Darauf wurde bereits hingewiesen. Zur Unterscheidung von vorzeitigen und gleichzeitigen Ereignissen sind hier zusätzliche lexikalische

Einheiten erforderlich: *dan, nox ainc jaar dan, drai jaar dan, (ärst) in tseen jaarn.*

(Der Informant verdeutlicht seinem Kollegen die Folgen der Einführung der neuen Schichtarbeit.)

(T1814-28) *abär iß glab nit dra das s komt (...)*
        da hast duu kainc + naxtßiCttsuulaagc
        niks mär 27 prootsänt niks mär +
        veenigär dan nc?

b. Implizit wird Nachzeitigkeit eines Ereignisses auch durch die Verbsemantik ausgedrückt. In einigen wenigen Fällen kann daher auf eine zusätzliche lexikalische Markierung verzichtet werden. In den zugrundeliegenden Daten betrifft das *gehen* und *bleiben*:

(Der Versicherungsvertreter erklärt die Leistungen einer Unfallversicherung für den Fall, daß dem Adressaten in der Türkei etwas zustoßen würde.)

(T1907-93) *türkai geecn unt diir vas paziirt +*
        gildät aux färzißäruq + gäl?

(Auf eine Frage des Adressaten, was die Eltern des Informanten machen werden, wenn er mit seiner türkischen Frau in die Türkei auswandert.)

(T2001-81) *däs hiir blaibcn*

5.3.2.4 Vermittelte temporale Referenz

Informationen über Zeit, Ort und Personen eines Ereignisses werden in der Bezugssprache normalerweise einzeln verbalisiert. Außer durch die oben genannten lexikalischen Mittel der Referenzherstellung erfolgt aber in Xenolekten ein Ausdruck temporaler Referenz häufiger in einer Koppelung temporaler, lokaler, personaler oder sonstiger thematischer Information in jeweils einem Referenzträger. Das geschieht somit auch durch nicht eigentlich temporale Referenzmittel, die eine Referenz zu einem bestimmten vorerwähnten oder zumindest beiden Gesprächspartnern bekannten Ereignis herstellen und damit implizit auch dessen temporale Referenz vermitteln. Das heißt, durch die Referenz auf ein bestimmtes im Äußerungs- oder Situationskontext gegebenes Ereignis, das dort in einem temporalen Rahmen verankert ist, wird diese implizite temporale Referenz übernommen. Die Referenzherstellung erfolgt mittels Nennung einzelner thematischer Gegebenheiten, lokaler Angaben oder Personen des Ereignisses im Sinne des pars-pro-toto-Prinzips. Auf zusätzliche Markierungen wie Verbtempus und temporale Adverbiale wird verzichtet.

5.3.2.4.1 Vermittelte Temporalität lokaler Referenzträger

Als lokale Referenzträger vermittelter Temporalität fungieren die Lokaldeiktika *hier* und *da*:

(Den Informanten interessiert, was die Töchter des Adressaten machen sollen, wenn dieser in die Türkei zurückkehrt; *hier* entspricht also *nächstes Jahr/dann*.)

(T2001-102)   *näkst jaar duu türkai tsuurük? (...)*
              unt hiir + mätßcn ßuulc?

Vermittelte temporale Referenz wird in gleicher Weise durch andere lokale Angaben hergestellt. In folgender Sequenz erzählt der Informant von seinem früheren Arbeitsplatz, an dem er 1951 angefangen hatte zu arbeiten. Zu beachten ist zum einen die vermittelnde Temporalität der Situierung *var abär andrc valtsc (andere Walze* entspricht *als ich angefangen habe)* und zum anderen deren Kontrastierung mit der temporalen Situierung *hait (heute)*. Diese wird anschließend mit der Situierung *da* kontrastiert, die die Referenz zu der zuvor gültigen Ereigniszeit *(1951)* wiederherstellt. Zur Verdeutlichung des komplexen Aufbaues ist am rechten Rand die jeweils gültige Ereigniszeit vermerkt.

(T1821-01)	*hiir anfaqcn ainunfünftsiC*	↓ 1951
	hap iC angfaq	
	ärst vaar iC im valtsvärk	↑
	vän iC an dc valtsc voar	↓ nach 1951
	da var iC alain dra dran nc? +	↑
	var abär andrc valtsc ++	↓ 1951
	tsvai man ++	
	mus du hantßuu anhaa-bcn nät?	
	unt groozc fälc +	
	mus duu daa ho-kcn +	↑
	hait geet jo aläs ufm bant drauf nät?	→ heute
	abär da mus aläs mit dc hänt	↓ 1951
	ora aä maxc nä?	↑

Aus den einschlägigen Arbeiten zum Zweitspracherwerb von türkischen Gastarbeitern und ihren Familien ist bekannt, daß diese besonders in den elementaren Lernervarietäten mit dem Begriffspaar *Türkei — Deutschland* auf bestimmte ihrer Lebenserfahrung entsprechende Ereignisse referieren: *als ich noch in der Türkei war . . . in Deutschland dann . . .* ist das zu paraphrasieren. Man wird eben wegen dieser unterschiedlichen Lebenserfahrung kaum erwarten können, daß nun auch die deutschen Informanten ihrerseits vollkommen entsprechende oder identische Konstruktionen bil-

den werden, es sei denn, sie hätten selbst in der Türkei gelebt oder eine
bestimmte Zeit verbracht. Allenfalls weisen sie dann noch eine zusätzliche
Markierung der Agensrolle auf: *du türkai* und ähnliches, wenn es sich um die
Vergangenheit des Adressaten handelt, aber auch dann nur in eindeutigem
Kontext oder in Verbindung mit weiteren lexikalischen Elementen. Ein
solches Beispiel ist in T1816-40 gegeben, wo die Situierung bereits durch eine
Äußerung des Adressaten gegeben ist und der Informant nur in einer Verifi-
zierung darauf referiert:

(Der türkische Kollege hat zuvor erklärt, daß er sehr gut ohne Luxus auskommen könnte, und er will dies anschließend belegen.)

(T1816-40)   t   *gänau vi iß habc* + *gcprobiirn* ++
                   fümtseen jarä foor +
               d   *ja?* + *in türkai?*

Die folgende Äußerung ist einem Kontext entnommen, in dem die Vorteile
und Nachteile einer Rückkehr des Adressaten und seiner Frau in die Türkei
diskutiert werden. Der Informant will ausdrücken, daß der Sohn (Takim)
seinen Eltern von Deutschland aus ja den Lebensunterhalt finanzieren
könnte, wenn diese in die Türkei zurückgekehrt sind.

(T2001-129)   *TAKIM ßikt imär gält nax türkai* +++

Die Koppelung lokaler und temporaler Information in einem Referenzträger
ist aber nicht auf Xenolekte beschränkt. Grammatiken der Standardsprache
behandeln dieses Thema unter anderem unter den quasi-lokalen Adverbialen.

5.3.2.4.2 Vermittelte Temporalität personaler Referenzträger

Vermittelte Referenz zu einem bestimmten Ereignis kann hergestellt werden
durch die Nennung einer Person. Im folgenden Beispiel referiert der Informant durch Nennung eines bereits eingeführten Agens auf ein Ereignis der
Vergangenheit und schafft damit den Rahmen, in den die folgenden Ereignisschritte, wieder ohne eine explizite Referenzmarkierung, eingeordnet werden. Erst später verwendet er in paraphrasierten Varianten Verb-Tempus-
Markierungen.

(Die türkische Kollegin wird hier als Zeugin eines versuchten Angriffs auf
den Informanten durch einen türkischen Kollegen zitiert. Dabei ist sie zuvor
mehrfach in einem Ereignis situiert worden, das ungefähr ein Jahr vor der
Aufnahme stattgefunden hat.)

(T1802-39)   *däs andärc türkiß is klainc frau* ++
               da miir ßpräCcn ++

DIITÄR las las las där dox niks zeen +

(...)

5.3.2.4.3 Vermittelte Temporalität thematischer Einheiten

Durch die Nennung einer thematischen Einheit nach dem pars-pro-toto-Prinzip wird eine vorerwähnte Handlung oder ein im (vermeintlich) gemeinsamen Wissen beider Interaktionspartner verankertes Ereignis wieder- oder neuaufgenommen; und damit natürlich auch deren temporaler Bezugsrahmen. In folgender Sequenz verwenden beide Sprecher, abgesehen von den außerhalb der eigentlichen Erzählung liegenden präsensmarkierten Kommentaren, keine lexikalische oder morphologische Markierung zur Bestimmung der Ereigniszeit. Beide Interaktionspartner verwenden das temporal nicht markierte *zäks grupä* beziehungsweise *fiir grupc* zum Referieren auf ein im gemeinsamen Wissen Beider verankertes hypothetisches zukünftiges Ereignis. Erst sehr spät verweist der deutsche Informant durch *abär iß glab nit dra das s komt* explizit auf die Nachzeitigkeit des Ereignisses.

(Es handelt sich erneut um eine Erörterung der Einführung einer neuen Einteilung der Schichtarbeit.)

(T1814-21)   t   *un vas dänks duu dä dä ää zäks grupä?*

           d   *fiir grupc fiir*

           t   *ja?*

           d   *nit zäks fiir +*

              ßaizc

           t   *vas vir arbait?*

           d   *vii?*

           t   *fir grupä?*

           d   *bis zontaks morgäns abait ++*

              bis zontak morgän + jeedc voxc ++

              iß nit +++ (...)

In T2001-51 schließlich referiert der Informant mittels der Situierung *kriik* auf ein Ereignis der Vergangenheit, von dem er annimmt, daß auch der Adressat die richtige Referenz herstellen kann.

(Der Informant erzählt von seinem Vater, der im Krieg ein Bein verloren hat.)

(T2001-51)   *kriik + bain kaput*

In den folgenden Sequenzen wird durch die Wiederaufnahme von *mäsär unt ßärc* beziehungsweise *mäsär mit ßärc* der Bezug zu einem vorher erzählten und situierten Ereignis (die Messerattacke) wiederhergestellt.

(Der Informant erzählt, wie er von einem türkischen Kollegen mit Messer
und Schere bedroht wurde.)

(T1802-25)   *däs is naxtßißt arbait* ++
             jätst naxtßißt arbait ++
             vais nät +++
             komcn mäsär unt ßärc +
             KEMAL vas vilstc?

(T1802-53)   *fräistc ma klain türkißfrau*
             di kan dir zaagcn ++
             mäsär mit ßärc +++
             vas vilst duu? +++
             är mäsär viidär ainßtäkcn
             ßärc viidär väkleegcn +

Im Vorangehenden wurden die verschiedenen Mittel zur Herstellung temporaler Referenz und deren Gebrauch im einzelnen dargestellt. Im folgenden
soll nun die Frage nach deren Reichweite und Begrenzung gestellt werden.
Das heißt, es soll zu klären versucht werden, welche Ereignisschritte von der
Situierung gerahmt werden und welche außerhalb liegen, welche Gesetzmä-
ßigkeiten bei der Anordnung mehrerer Ereignisschritte bestehen und welche
Markierungen dabei gegebenenfalls Verwendung finden.

5.3.3 Reichweite der Situierung

Grundsätzlich gilt das Prinzip, daß eine Situierung so lange gültig ist, bis sie
durch eine andere abgelöst oder aufgehoben wird. Diese Aufhebung wird
markiert durch lexikalische Einheiten, die auf eine andere Ereigniszeit referieren, durch Markierung eines anderen Verbtempus, das in einer eingelagerten Äußerung in einer anderen Veränderungsstufe oder bezugssprachlich
realisiert ist, bei einem situationsgegebenen Themawechsel oder bei Gliede-
rungssignalen, die den Abschluß eines bestimmten thematischen Blockes
anzeigen. Darüberhinaus werden die Ereignisschritte, die in den vorgegebenen Rahmen fallen, meistens durch deutliche Pausen von der Rahmung und
voneinander getrennt. Häufig folgt einer Situierung ohnehin nur ein im
Fokus liegendes Ereignis, das in ihren Rahmen einzuordnen ist, und dabei
gibt es dann keinerlei Konfusionen. In längeren Sequenzen hingegen könnten
Ambiguitäten entstehen, wenn die einer Situierung folgenden Ereignisschritte ohne jede Systematik eingeordnet würden. Doch dies geschieht
offensichtlich nicht. Die in diesen Äußerungssequenzen verbalisierten Ereignisse liegen in der vorliegenden Art von Interaktionen naturgemäß vorwiegend vorzeitig zum jeweiligen Sprechzeitpunkt, das heißt, es werden zu
einem bestimmten Sprechzeitpunkt vergangene Ereignisse aneinander ge-

reiht, über deren temporale Relationen der Informant eine ganz konkrete und differenzierte Vorstellung hat. Die weitaus meisten Situierung-Fokus-Strukturen, die nicht auf eine Vorzeitigkeit referieren, sind zweigliedrig. Sie bestehen lediglich aus der Situierung und nur einem im Fokus befindlichen Ereignisschritt. Eine der wenigen Ausnahmen mit mehreren Ereignisschritten betrifft die folgende Sequenz.

(Der Informant lädt seinen türkischen Kollegen zum Tee ein.)

(T1816-100)   d   *afgaani + tee maxcn*

            t   *vas maxc?*

           d   *tee*

            t   *jaa*

           d   *un ain ßtük neemcn +*

               rain +

               bisCcn tsukär +

               tsuzamcn +

               unt dan trinkcn +

               halbä ßtundc ßpeetär +

               un aläs is gut dan

5.3.4 Abfolge von Ereignisschritten

Um beim Adressaten nicht eine vollkommene Verwirrung auszulösen, müssen die unter eine Situierung fallenden Ereignisschritte in einer bestimmten Abfolge angeordnet sein, die aus der unkoordinierten Kette lexikalischer Einheiten eine sinnvolle Einordnung erlaubt. Das gilt besonders für die Äußerungssequenzen, die keine lexikalische oder morphologische Referenz auf eine Ereigniszeit aufweisen. Es gilt aber auch für die Sequenzen, in denen nur jede zweite oder dritte Äußerung sozusagen als Sicherung durch Verbtempus, adverbial oder partizipial markiert ist. In beiden Fällen werden alle unmarkierten Äußerungsteile dann der letztgenannten Situierung zugeschrieben. Im allgemeinen gilt aber die Regel, daß mehrere Ereignisschritte entweder als gleichzeitig zueinander zu gelten haben oder in chronologischer Abfolge — der tatsächlichen zeitlichen Abfolge entsprechend — angeordnet sind. Ein solches Prinzip der *ordo naturalis* ist bereits in der griechischen Rhetorik als grundlegend für den Aufbau der Rede postuliert worden. Im Spracherwerb hat es sich sowohl in der Erstsprache als auch in der Zweitsprache als konstitutiv erwiesen[26]. Änderungen dieses Prinzips bedürfen explizi-

---

[26] Siehe Clark (1979, S.110) zum Erstspracherwerb. Klein (1984a, S.138) findet bei Lernern im Zweitspracherwerb eine temporale Strukturierung von Ereignissen nach dem „Prinzip der natürlichen Abfolge".

ter lexikalischer oder morphologischer Markierung. Folgende Sequenz
T1814-34 zeigt die Funktionsweise des Prinzips der natürlichen Abfolge.
Dabei wird gleichzeitig deutlich, daß auch der Adressat das Prinzip selbst
beherrscht oder zumindest kennt. Denn er wird zum Mitspieler, der in
kooperativer Weise mithilft, die Erzählung zu entwickeln und damit das
Ereignis zu rekonstruieren. Über mehrere Wechsel der Gesprächsrollen
hinweg geschieht dies ohne zusätzliche Elemente, die eine Abfolge markieren
würden. Es kann hier noch außer Acht bleiben, daß in den Rahmungen in
T1814-34 und -40 auch bezugssprachliche flektierte Tempusformen erscheinen, nicht aber in der Abfolge der Ereignisschritte. Hierauf wird später noch
eingegangen werden.

(T1814-34)   d   *mainc audoo is kaput ++*
                    donärsdax unfal gcmaxt +
                    donärsdax hap iß cn unfal gcmaxt
                t   *voo?*
                d   *tsvißä ä BREITENBRUNN unt KRUMBACH +*
                    vilt fornc druf als +
                    aläs kaput +
                    väikßtat ++
                    (...)
(T1814-40)   d   *iß hap + gcbrämst*
                    vaar nas +
                    audoo väk +
                    graabc runär +
                    furnc aläs drin
(T1814-41)   t   *du politsai mäldcn /nä?*
                d   *ja politsai gcmält*
(T1814-42)   t   *politsai komä?*
                d   *ja ++*
                    bluutproobc +
                    guut +
                    niks +
(T1814-43)   d   *drai flaßc biir trinkc + ßpäätßißt*

Bei möglichen Ambiguitäten wird die rahmende Information der temporalen
Situierung auch ohne explizite Nachforderungsfragen des Adressaten nachgeliefert. In T1814-43 wird das Prinzip der natürlichen Abfolge durchbro-
chen. Eine explizite Markierung ist daher erforderlich, die aber zunächst
nicht gegeben wird. Die entsprechende Situierung *ßpätßißt* muß daher nachgeliefert werden.

5.4 Lokale Referenz

Der Ausdruck lokaler Referenz geschieht im Deutschen, wie in anderen Sprachen auch, auf unterschiedliche Weise durch Adverbien, Nominalphrasen, Präpositionalphrasen, Lokalsätze und die Verbsemantik. Alle sprachlichen Mittel können dabei eine statische oder eine dynamische Relation einer Figur zu einem oder mehreren Bezugspunkten angeben. Die Vielfalt der möglichen Relationen und Relationsspezifizierungen spiegelt sich vor allem in den zahlreichen möglichen präpositionalen Konstruktionen wider. In Xenolekten werden aber gerade diese spezifizierenden Elemente häufig nicht realisiert, das heißt, daß ihre Funktion durch andere Mittel übernommen werden muß. Eine Beschränkung des sprachlichen Inventars bei den anderen der genannten Realisierungsmöglichkeiten findet dagegen, wenn überhaupt, nur im Rahmen lexikalischer Substitutionen statt (dazu Abschnitt 5.6). Im folgenden soll daher nur untersucht werden, wie die lokalen Spezifizierungen präpositionaler Ergänzungen bei nicht-absoluter Verwendung des Verbs in Xenolekten ausgedrückt werden.

Die Liste der realisierten Präpositionen, die eine Orientierung im Raum angeben, betrifft *ab, an, auf, aus, bei, bis, durch, gegen, hinter, nach, neben, über, um, unter, von, vor, zu, zwischen.* Nicht realisiert werden eine Reihe von Präpositionen, die auch in der Bezugssprache seltener auftreten und die durch die vorgenannten Präpositionen oder durch Adverbien substituierbar sind (*entlang, inmitten, längs, außerhalb, innerhalb, oberhalb, unterhalb*). Einige dieser Präpositionen erfahren eine xenolekttypische, analytische Paraphrasierung:

gegenüber/jenseits entspricht *andere Seite, diesseits* entspricht *diese Seite, unweit* entspricht *nicht weit (niks vait).*

Mit Ausnahme von *gegenüber* betreffen die Substitutionen ausschließlich die Präpositionen, die standardsprachlich eine obligatorische Genitivmarkierung des regierten Nomens erfordern.

5.4.1 Präpositionslose Markierung

Eine präpositionale Markierung braucht dann nicht realisiert zu sein,
— wenn durch lexikalische Mittel eine prototypische oder erschließbare Orientierung möglich ist
— und/oder wenn eine eindeutige kontextuelle Situierung erfolgt.
Folgendes mehrstufiges Prinzip der Markierung lokaler Referenz besagt:
1. Realisiert wird ausschließlich die lexikalische Repräsentation des infrage stehenden, auch in bezugssprachlichen Äußerungen markierten Referenzpunktes im Raum.

2. Alle Angaben über die bezugssprachlich präpositional realisierte Relation zu diesem Referenzpunkt inbezug auf eine exakte Lokalisierung oder Richtungsbestimmung sind dem sprachlichen oder situationellen Kontext zu entnehmen:

— Wenn durch die Verbsemantik und die Angabe des Referenzpunktes eine prototypische Relation aktiviert wird, wie in *hause gehen (nach Hause gehen), Türkei fahren (in die Türkei fahren), geecn türkai (in die Türkei gehen), ßikc iitaalja (nach Italien schicken), Tisch sitzen (am Tisch sitzen).*

(Der Kunde soll ins Kreditbüro „runtergehen".)

(It0101-29) *jaa müsc kreeditbüroo runtärgeen*
                untä + kreeditbüroo jaajaa

— Bei Realisierung anderer lexikalischer Elemente (Adverbien, Adverbiale in Kombination mit dem angegebenen Referenzpunkt), wie in *voln zii hiir doitßlant? (hier in Deutschland), dribc aptailuq (drüben in der Abteilung), obcn mainc ßrank (oben vor meinem Schrank).*

(It0206-11) *voln zii das gcreet ins auslant mitneem*
                oodär voln zii hiir bctraibcn?
                voln zii hiir doitßlant?

(T1816-01) *dribc aptailuq aläs ßon faiärabcnt +*
                varum äj?

(T1802-27) *gcnau vii oobcn mainc ßrank +*
                is ainc türkißman imär beetcn maxcn +

— Bei Realisierung von Referenzpunkten, die als solche nicht explizit markiert und nur aus dem Kontext interpretierbar sind, wie in *kain gält kontoo* (entspricht *auf dem Konto*, nicht *auf das Konto* oder ähnlichem); *maßiinc 16* (entspricht *an der Maschine 16*, nicht *auf/zu/in/unter/über/ neben/bei der Maschine.*)

(T1812-07) t *geest duu bank?* ++
                d *kan iß niks kriic*
                t *varum?*
                d *vail iß kains drauf hap*
                t *vas haist das?* ++
                d *niks + kain gält kontoo* +++

(T1810-58) *diinstaak naxt* ++ *ain kooleegc +*
                fuftseen ßtik mär gcmaxt vii akort +
                fuftseen ßtik ++ *maßiinc zäCtsä* +++

— Bei Vorerwähnung kontextrelevanter Äußerungen, aus denen sich eine entsprechende Situierung ergibt, die weiter gilt, bis sie implizit oder

explizit aufgehoben wird (vergleiche die Ausführungen zur temporalen
Situierung in 5.3.3).
— Bei nicht-sprachlicher Einbettung in der Situation oder im Weltwissen.
Die unterschiedlichen Einbettungsmöglichkeiten, die sich aus dem nicht-
sprachlichen Kontext ergeben, lassen sich an folgendem Beispiel veran-
schaulichen:

du türkai?

Angenommen, die Gesprächspartner, ein deutscher und ein türkischer
Kollege, kennen sich seit längerer Zeit, und beiden ist bekannt, daß die
Bundesregierung die Schaffung von „Rückkehrhilfen" erwägt, so wird mit
höchster Wahrscheinlichkeit dieser Äußerung eine Interpretation wie

gehst du in die Türkei zurück?

entsprechen. Begegnen sie sich zum ersten Mal, so wird die gleiche Äußerung mit hoher Wahrscheinlichkeit als

kommst du aus der Türkei?

oder ähnliches interpretiert werden. Angenommen, ein Gespräch zwischen einem Import-Export-Händler und einem Italiener betrifft ein
Fernsehgerät, so können einer Äußerung *iitaalja?* bei entsprechender
Kontextinformation mindestens drei verschiedene Interpretationen entsprechen:

— *Soll der Fernseher nach Italien geschickt werden?*
— *Kommt er aus Italien?*
— *Ist er in Italien?*

5.4.2 Verankerung im Hier und Jetzt

In der Literatur wird zumeist auf die Bedeutung des Hier und Jetzt als
Merkmal einer vermuteten Beschränkung auf Themen der unmittelbaren
Sprechsituation in Xenolekten hingewiesen. Wie die vorliegenden Daten
zeigen können, handelt es sich dabei jedoch um eine völlige Fehleinschätzung
der tatsächlichen Vorgänge. In den Fabrikdaten kann von einer Beschränkung lokaler Referenz auf das Hier und Jetzt überhaupt keine Rede sein.
Hier überwiegt themenbedingt die nicht-deiktische Referenzherstellung
deutlich. In den Auskuntsdaten, die von ihrem themabedingten Charakter
her natürlichermaßen stärker im Hier und Jetzt situiert sind, ist dagegen
wohl eine höhere Frequenz von *hier, da* und *dort, oben* und *unten* zu beobachten[27]. Sie befinden sich dann vorwiegend zur Hervorhebung oder Kontra-

---

[27] Zum System lokaler Deixis in der Standardsprache gibt Ehrich (1982) eine sehr gute
Darstellung.

stierung von den Sprechern naheliegenden und dicht beieinander befindlichen Referenzpunkten in der Situierungsposition:

(Pe0110-26)   *hiir biligär*
(It0205-61)   *hiir + ziimäns*
(It0205-67)   *hiir guutär prais*

Eine Substitution lokaler Referenzmarkierungen durch deiktische Elemente findet nicht generell statt. Die Verwendung deiktischer Elemente ist ausschließlich thema- und situationsabhängig. Eine mögliche höhere Frequenz deiktischer Markierungen ist daher keine notwendige Bedingung xenolektaler Kommunikation, sondern deutet lediglich auf bestimmte, nicht xenolekttypische Gesprächssituationen und auf eine bestimmte, nicht notwendig xenolekttypische Themenauswahl hin.

5.5 Skopusstrukturierungen

In den nun folgenden Abschnitten erfolgt nochmals ein Rückgriff auf vorwiegend syntaktische Fragen auf dem Hintergrund des bereits vorgestellten Prinzips semantischer Konnektivität. Nacheinander wird die Strukturierung des Quantifizierungs-, Graduierungs-, Modalisierungs- und Negationsskopus, die in Untersuchungen der standardsprachlichen Grammatik große Probleme aufwirft, beschrieben, und es wird versucht, ein möglichst allgemeingültiges Prinzip zu formulieren. Dabei wird jedoch auch auf die semantischen Spezifika der einzelnen Bereiche eingegangen werden. Abschließend werden dann noch in einem Exkurs die Affirmationspartikel und die Skopusproblematik von *auch* und *nur* behandelt.

5.5.1 Quantifizierung

Eine ausführliche Untersuchung des Systems der Quantifikatoren im Deutschen liegt in Vater (1984) vor. Danach sind die Elemente innerhalb der Nominalphrase, die das Denotat eines Nomens quantifizieren, die *Nominalquantoren*, von den Quantoren innerhalb der Verbalphrase, den *Verbalquantoren*, zu unterscheiden. Die entsprechenden Quantoren, die eine Quantifizierung bewirken, lassen sich nach Spezifiziertheitsgrad und Mengenumfang in drei größere Gruppen unterteilen:[28]

---

[28] Vater (1984) beschränkt seine Untersuchung auf Nominalquantoren. Die semantische Dreiteilung scheint aber ebenfalls für eine Analyse der Verbalquantoren durchaus geeignet, so daß sie hier ohne weitere Problematisierung auf Verbalquantoren übertragen wird.

— die *spezifischen Quantoren (ein, zwei, drei* und so weiter)
— die *unspezifischen Quantoren (einig-, viel-, manch-, mehrere)*
— die *Totalisatoren* oder *Allquantoren (all-, jed-, jeglich-).*

Mögliche weitere semantische Spezifizierungen nach +/- *SKALAR* oder
+/-*DISTRIBUTIV* sind für den Zweck der vorliegenden Untersuchung
nicht von Belang und bleiben daher unberücksichtigt. Inbezug auf ihre
syntaktischen Eigenschaften verhalten sich Nominal- und Verbalquantoren
verschieden. Während Nominalquantoren in Kontaktstellung vor dem mo-
difizierten Nomen stehen, befinden sich die Verbalquantoren, sofern es sich
nicht um Herausstellungen handelt, innerhalb der verbalen Klammer, das
heißt, nach dem flektierten Teil und meist unmittelbar vor dem unflektierten
Teil eines Verbkomplexes. In Xenolekten sind Präferenzen für bestimmte
lexikalische Quantoren und für bestimmte syntaktische Strukturen zu beobachten. Naturgemäß bestehen die lexikalischen Präferenzen insbesondere bei
den unspezifischen Quantoren, die eine Substitution zulassen. Bei den spezifischen Quantoren findet eine Bevorzugung bestimmter lexikalischer Elemente, wegen deren individualisierenden Charakters, nicht statt. Unter den
zahlreichen möglichen Quantoren erscheint *viel (fiil)* am häufigsten. Dabei
erfolgt eine dreifache Generalisierung.

1. Eine semantische: *viel* substituiert *eine Menge, zahlreiche* und andere
   Quantoren.
2. Eine syntaktische: einheitliche Stellung für Nominal- und Verbalquantoren.
3. Eine morphonologische: *fiil* ist stets neutralisiert oder generalisiert.

Als Konsequenz der unter 3. genannten morphonologischen Neutralisierung
oder Generalisierung ergibt sich eine weitere Generalisierung der im Skopus
befindlichen Einheiten. Sie wird dementsprechend als *Skopusneutralisierung*
beziehungsweise *Skopusgeneralisierung* bezeichnet. Das im Skopus des
Quantors befindliche Element erhält eine gleiche morphonologische Neutralisierung oder Generalisierung wie der Quantor selbst, ist also ebenfalls
unflektiert im bezugssprachlichen Sinne. Bei nominalen Einheiten betrifft
das, sofern sie nicht ohnehin der Klasse der Kollektiva angehören, die Nicht-
Realisierung der Kasus- und Pluralmarkierung, bei Adjektiven die aus-
schließliche Realisierung des Stamm-Morphems und bei verbalen Einheiten
die Realisierung infiniter Verbformen (Stamm-Morphem oder Infinitiv).
Der Quantor steht dabei in Kontaktstellung unmittelbar vor dem quantifi-
zierten Element. Dies ist zugleich die Normalstellung der deutschen Bezugssprache für Nominalquantoren. Sie weicht aber von der Stellung der Verbalquantoren in der Bezugssprache ab. Darüberhinaus treten in der starken

Veränderungsstufe in Xenolekten keine anderen Elemente (wie die Artikel) zwischen den Quantor und die in dessen Skopus befindlichen Einheiten.

(Der Verkäufer weist auf die Reparaturanfälligkeit eines bestimmten Fabrikates hin.)

(T1202-34)   *unt aufm doitßc maakt is aux diizäs züsteem* +
               nox oft anfälig + *alzoo* +
               fiil räparatuur + *jaa?*

(Der Gesprächspartner des peruanischen Adressaten hat, da er für die US-amerikanische Armee gearbeitet hat, die Möglichkeit, in speziellen, normalerweise Amerikanern (*amärkaanär*) vorbehaltenen Geschäften einzukaufen.)

(Pe0101-81)   *amärkaanär iC fiil kaufcn*

Bei quasi-prädikativem Gebrauch erscheinen Verbalquantoren dagegen standardmäßig in der Fokusposition:

(Der Informant beklagt den hohen Akkord und den geringen Lohn.)

(T1810-44)   *gält tsu veenik un akort tsu fiil* ++

5.5.2 Graduierung

Adjektive und beschränkt auch Adverbien können im Deutschen eine Graduierung erfahren. Der Komparativ wird dabei mittels des Suffixes *-er* gebildet, der Superlativ mittels des Suffixes *-(e)st*. In prädikativer Verwendung von Adjektiven ist außerdem eine Graduierung durch die Verbindung *am* + *-en (am heißesten)* möglich. Adjektiv-Adverbien weisen im Superlativ die Formen *am* + *-sten* oder *aufs* + *-ste* auf, einige bilden den Superlativ mit *-stens* (*längstens, wenigstens*). Zusätzliche morphonologische Veränderungen, wie die Bildung von Umlauten oder Veränderungen der Endsilben, treten nur bei einigen Adjektiven in Erscheinung. Die Graduierung einer ganzen Reihe von Adjektiven und Adverbien wird mit Hilfe nicht-abgeleiteter Lexeme gebildet. Das betrifft unter anderem:

sehr/viel	*mehr*	*meiste (am meisten)*
gut	*besser*	*beste (am besten)*
gern	*lieber*	*am liebsten.*

Ersatzweise besteht darüber hinaus im Deutschen die Möglichkeit der Graduierung mittels Partikeln (*sehr, besonders* und ähnlichen) oder anderer lexematischer Mittel wie in *tod(-sicher), bild(-schön), tierisch (gut), super(-klug)*, wenn die Semantik eine solche Verbindung zuläßt (*?sehr persönlich, *besonders geschichtlich*). Eine Verstärkung der Graduierung kann durch *weit, aller-* oder andere Lexeme erfolgen, eine Kombination mehrerer lexematischer

Graduierungsmittel ist jedoch ausgeschlossen. In den starken Xenolektvarietäten geschieht die Bildung des Komparativs bei den Adjektiven und Adverbien, die die Graduierung in der Bezugssprache mit Suffixen bilden, mittels *mehr (meer dum, meer vait)*, die des Superlativs ebenfalls analytisch mittels *noch mehr (nox meer vait, nox meer dum)*. Lexematische Graduierungsformen der Bezugssprache werden auch in Xenolekten realisiert.

Weitestgehend analog zum syntaktischen Strukturierungsprinzip der Quantifizierung verhält sich die Anordnung der Gradpartikel in Xenolekten. Jedoch sind eine semantische Einschränkung und eine wesentliche syntaktische Erweiterung zu vermerken. In Xenolekten erfährt *viel* als Substitut von *sehr* eine semantische Erweiterung auf den Bereich der Graduierung.

> *fiil vait*
> *fiil ßveer*
> *fiil varm*
> *fiil krank*
> *fiil dum*

Es steht auch hier immer unmittelbar vor dem im Skopus befindlichen Element. Konsequent im Sinne dieser Strukturierungssystematik sind auch xenolekttypische Konstruktionen wie

> *fiil ßmärts*
> *fiil ßaizc,*

deren bezugssprachliche Entsprechungen mit *groß-, (sehr) stark-* oder ähnlichen Adjektiven gebildet oder in einer Konstruktion von Graduierungspartikel und Adjektiv paraphrasiert werden. Als solche Paraphrasen wären unter anderem *es tut sehr weh* oder *das ist sehr/ganz schlecht* denkbar.

Eine Graduierung mittels *zu (tsuu groos, tsuu frii)* folgt völlig der Semantik der Bezugssprache. Auch syntaktisch fallen Bezugssprachen- und Xenolektkonstruktion zusammen. Für *tsu*, genauso wie für *fiil*, ist nur unmittelbare Kontaktstellung vor dem im Skopus befindlichen Element möglich.

5.5.3 Modalisierung

Die Modalität einer Äußerung, deren unterschiedliche Geltung, wird im Deutschen auf unterschiedliche Weise morphologisch und/oder lexikalisch ausgedrückt.

1. Durch die Modusformen des Verbs bei den Konjunktiven und beim Imperativ. Der Indikativ als *Normalmodus* (Grundzüge 1981, S.522) weist die Grundformen der Verbflexion auf.
2. Durch das Futur I oder Futur II zum Ausdruck einer Vermutung. „Der Heiner wird (wohl) noch krank sein."

3. Durch *haben/sein* + *zu-Infinitiv* zum Ausdruck von Anordnung und Möglichkeit.

   „Die Mehrwertsteuer ist hier zu bezahlen. Der Arbeitssuchende hat hier persönlich zu erscheinen."
4. Durch die Modalverben *können, wollen, sollen, müssen, dürfen, mögen*.
5. Durch Vollverben in indirekter Rede wie *vermuten, hoffen, glauben, bestreiten, denken, annehmen* und andere.
6. Durch Modalwörter des Ausdrucks
   — der Bestätigung oder Verstärkung der Aussage (*bestimmt, natürlich, sicher, unzweifelhaft, wahrhaftig*)[29]
   — der Einschränkung oder Herabsetzung der Aussage (*eigentlich, allerdings*)
   — der Vermutung oder des Zweifels an der Aussage (*vielleicht, angeblich, anscheinend, offensichtlich*)
   — der Verstärkung der Verneinung der Aussage (*keinesfalls, mitnichten*)
   — positiver Emotionen (*lieber, hoffentlich, glücklicherweise*)
   — negativer Emotionen (*leider, bedauerlicherweise*).
7. Durch Modalpartikel zur Spezifizierung der Aussage.
8. Durch präpositionale Konstruktionen (*ohne Zweifel, dem Anschein nach* und weitere).

Verschiedene modale Elemente lassen sich darüberhinaus zu komplexen Konstruktionen kombinieren. Nach dem, was bisher als allgemeine Charakteristika xenolektaler Äußerungen dargestellt wurden, kann bereits eine beträchtliche Beschränkung der in der Bezugssprache bestehenden Realisierungsmöglichkeiten der Modalisierung angenommen werden. Diese Beschränkung, so ist zu vermuten, geht dabei über die natürlicherweise gegebenen semantischen Beschränkungen, die sich aus den kommunikativen Bedürfnissen der für diese Untersuchung aufgezeichneten Gespräche ergeben, und die auch in der Bezugssprache gegebenen Beschränkungen der Ausdrucksmöglichkeiten für einen bestimmten semantischen Typ der Modalisierung hinaus. Es ist anzunehmen, daß sämtliche auf der Verbflexion basierende Realisierungsmöglichkeiten und sämtliche mittels Funktionselementen gebildeten Modalisierungen (*haben/sein*- Konstruktionen, präpositionale Konstruktionen) in stark veränderten Xenolektvarietäten nicht erscheinen. Außerdem werden sich infolge lexikalisch-semantischer Simplifizierungsstrategien weitere Einschränkungen der Realisierungsmöglichkei-

---

[29] In Klammern sind jeweils nur einige der häufigeren und der weniger gebräuchlichen Modalwörter angegeben.

ten von Verben, Modalwörtern und Modalpartikeln ergeben. Der Ausdruck der Modalisierung müßte sich daher vom Blickpunkt der Bezugssprache auf einem extrem rudimentären Niveau bewegen. Daher sollte kaum erwartet werden, daß auch innerhalb eines derart unterspezifizierten Systems die Modalisierung nicht auf einige wenige semantische Varianten beschränkt bleibt. Strukturell zu unterscheiden sind

1. die xenolekttypische Modalisierung einzelner Konstituenten (*partielle Modalisierung*) und
2. die *Äußerungsmodalisierung*
   — in ihrer xenolekttypischen Ausprägung und
   — in zwei xenolektalen Varianten bezugssprachlicher Modalisierung.

Sie werden in der Veränderungsstufe d beide ausschließlich durch lexikalische Einheiten ausgedrückt, nicht durch eine entsprechende Flexion. Diese lexikalischen Einheiten sind in den xenolekttypischen Realisierungen Modalwörter und Modalpartikel, bei den xenolektalen Varianten bezugssprachlicher Modalisierung infinite Formen von Modalverben und die Konjunktion *wenn*. Die Modalverben sind dann als Stamm-Morphem oder als infinites Verb neutralisiert realisiert. Die partielle Modalisierung erfolgt nach dem bereits bekannten Schema der Kontaktstellung vor dem im Skopus befindlichen Element. Einheiten der Rahmung und insbesondere die Sprecheridentifizierung sind aus der Modalisierung ausgeklammert. Bei der Realisierung von Modalverben ist diese Ausklammerung als obligatorisch anzusetzen, auch wenn dort überhaupt nur sehr selten die Realisierung von Einheiten der Rahmung belegt ist.

(Der deutsche Kollege hat Verbesserungsvorschläge für bestimmte Arbeitsvorgänge, die es ihm ermöglichen würden, zukünftig die Arbeit alleine zu bewältigen (*ßafcn*).)

(T1808-04)   *duu bäzär räntc*
               unt iC ßafcn + aläs

(Die Informantin hatte viele Unannehmlichkeiten wegen eines Autounfalles.)

(Pt0301-96)   *iC liibär färgäscn*

(Nach Ansicht des Informanten könnte nach dem Regierungswechsel das Rentenalter vielleicht auf 60 Jahre herabgesetzt werden.)

(T2001-66)   *noic reegiiruq filaißt + 60 jaarc?*

Bei der xenolekttypischen Äußerungsmodalisierung, der wesentlich häufigeren Form, und der Modalisierung einer Äußerungssequenz ist die Position des modalisierenden lexikalischen Elementes unmittelbar links von der Position der Rahmung, so daß das in Kapitel 5.1.4 dargestellte Äußerungsschema um eine Position *Modalisierung* erweitert werden muß.

MODALISIERUNG	RAHMUNG	FOKUS

Die gesamte Aussage der Elemente rechts davon wird somit modalisiert. Die deutliche Trennung des modalisierenden Elementes von der Äußerungssequenz deutet daraufhin, daß hierfür eine eigenständige Prädikation angesetzt werden kann[30]. Bezugssprachlich läßt sich dies durch „*Was x betrifft:*", „*Folgendes ist x*" oder „*Ich meine x:*" paraphrasieren.

(Es handelt sich hier um einen Verbesserungsvorschlag des deutschen Informanten, der unter anderem große schwere Fässer aus der Fabrikhalle transportieren muß.)

(T1808-04)   *bäzär ainc groozc fas mit ßtaplär raus* +

Folgender Beleg, der bereits in einem anderen Zusammenhang zitiert wurde, zeigt die Modalisierung einer Äußerungssequenz:

(It0101-51)   d *bäsär is*
                 du geecn banka +
              t *ja*
              d *neemcn gäldc unt hiir bctsaalän aläs* +
                 färßteen?
                 unt iC ßikcn ß iitaaljaa + *nä?*

Syntaktisch entsprechend den Normen der Bezugssprache verhalten sich, in xenolektaler Ausprägung, die *wenn*-Konstruktionen. Die Modalverb-Modalisierungen entsprechen den xenolektalen Strukturierungsprinzipien von Äußerungen mit realisiertem Verb (siehe Kapitel 4.2.5).

Semantisch lassen sich drei Modalisierungsvarianten unterscheiden, die alle mit bezugssprachlichen Realisierungen zu vereinbaren sind, also semantisch nicht abweichen. Weitere Varianten sind nicht belegt, aber durchaus möglich.

1. Positive Bewertung des Sprechers (zum Beispiel Wunsch oder Vorschlag). Diese Modalität wird durch *bäsär* oder seine dialektale Variante *bäzär* und durch *liibär* markiert.

---

[30] Helbig/Buscha (1979, S.449) sprechen bei den modalisierenden Elementen von einem „latenten Satz", das heißt von einer Ableitung von einer Prädikation.

(Der Informant antwortet auf eine Frage nach dem Verbleiben seiner Eltern, wenn er mit seiner Frau in die Türkei auswandert.)

(T2001-87)   *bäsär hiir blaibcn +*
             iß alain türkai geecn

(Der Adressat, der unter anderem zwei noch in Ausbildung befindliche Töchter hat, hat dem Informanten mitgeteilt, daß er in die Türkei zurückkehren will.)

(T2001-106)   d   *ärliß? unt hiir + mätßcn ßuulc?*
              t   *färtik näkstc jaar*
              d   *niks ßtudiircn? + ßuulc geecn?*
              t   *no notc kriigcn ja*
              d   *bäsär ßuulcn nox vaitär*

(Der Informant hat gesundheitliche Beschwerden, die ihm bei der Arbeit zu schaffen machen.)

(T1808-06)   *imär arbait ßaizc (...)*
             ku mool däs is fiil ßveer
             imär heebcn +++ imär hoofaptailuq +
             faiärabcnt + ja +
             tsvantsiß fiil +++
             hiir vas maxcn a aläs rolc (...) +++
             bäzär niks mär arbait
             bäzär +++

2. Möglichkeit/hypothetische Ereignisse.

Varianten sind *filaiCt, filaißt, flaißt (vielleicht)*, die Modalisierung wird aber auch mittels *können* oder *wenn — (dann) —*Konstruktionen realisiert.

(In den Werkshallen ist Rauchen verboten. Der Informant erklärt seinem türkischen Kollgen, wo er rauchen (*raaxc*) kann, und was passieren könnte, wenn er vom Meister (*ROINÄR*) beim Rauchen entdeckt würde.)

(T1601-320)   d   *iß tät im ßaishaus näbc noi raaxc (...)*
                  zonßt komt flaißt där moistär +
                  tsvai uur ++ färßtee?
              t   *mm va vas vas vas?*
              d   *oobc rauxc +*
                  flaißt ++ flaißt ROINÄR gugä +
                  dan flaißt fiil ßimpfc nä?

(Der Informant ermuntert den Adressaten Ibrahim, er solle das Lottospielen einmal ausprobieren. Vielleicht würde er gewinnen.)

(T1603-81)   d   *+++ könc proobiirn*

> *filaißt?* +
> *oodär tsvai mark odär oinc miljoon*
> t *ain miljoon? ja?*
> d *ajoo* ++ *ainc mark briqc* +
> *filaißt ainc miljoon*
> *filaißt drai miljoonc* +

Wenn oder *wenn* ... *dann* markieren bei entsprechendem Kontext als hypothetisch dargestellte Ereignisse.

(Der Versicherungsvertreter gibt Fallbeispiele für den Geltungsbereich einer Hausratsversicherung.)

> (T1907-106) *noxcmool*
> *voonuq* + *foiär* + *vazär* + *klaas* +
> *vän* + *vas oinbräßcn* +
> *vaist duu?*
> *bai diir ä ßteelcn* + *gäl?* +
> *gält oodär iirgäntvas*
> *aläs* + *aläs hiir färzißärt* + *nä?* +

(Die Informantin hat einen Unfall verursacht. Bei einer Gerichtsverhandlung könnte sie den Führerschein verlieren (*väkvärn*).)

> (Pt0301-63)   d *iß kan main füürärßain loosvärdcn*
> *iß vais äs nät*
> pt *fürärßain no niks väk?*
> d *abär abär*
> *vän färhontluq kan iß än väkvärn*

(Der Verkäufer hat dem Kunden ein paar Waschmaschinen vorgeführt. Doch dieser möchte gerne eine billigere Waschmaschine kaufen.)

> (It0101-07)   i *abär iß habc dänkc* ++
> *andrc mär väniC kost niCt?* +++
> *mär vänigär kostc*
> d *van venigär kost* + *niks guut*

(Der deutsche Kollege hat arbeitsbedingt starke, lebensgefährliche Magenblutungen bekommen, so daß ihm der Arzt verboten hat, an seinem Arbeitsplatz zu bleiben. Er weist gegenüber seinem türkischen Kollegen auf die möglichen Folgen eines weiteren Arbeitens am alten Arbeitsplatz hin.)

> (T1821-03)   *jajaa un jätst* + *kainc ßiCtc mär arbaitc* +
> *nä?* +++ *kain akurt* + *kainc ßiCtc* ++
> *jaa zoo likts* +
> *iß draimool moorcbluutc nä?* +

> *imär kain bluut mär +++*
> *vän vidärkomt un dan?*

3. Notwendigkeit.

Die Modalität wird durch *müssen (mus)* realisiert.

(Der Informant erzählt, daß er nur eine begrenzte Zeit ohne Luxus leben und viel arbeiten könnte. Dann müsse er in eine Diskothek gehen.)

(T1816-48)   *iC glaubc halbcs + für miC halbcs jaa geet +*
              abär dan mus geen + diskoteek
              vil muzik + mus + mus diskoteek geen

(Die Rede ist von einem Kollegen, der bei der Arbeit viel Bier getrunken, dies aber nicht vertragen hat. Die folgende Äußerung ist der Kommentar des Informanten zu der Erzählung des Adressaten.)

(T1816-94)   *+++ mus tee trinkcn*

(Der Informant zeigt dem Adressaten, daß er weiterarbeiten muß.)

(T1802-41)   *da + mus arbait +++*
              däs foorarbaitär is mainc froint zoogar +++

(Der italienische Kunde erkundigt sich nochmals beim Verkäufer nach den Möglichkeiten eines Kredites.)

(It0101-29) d *jaa müsc kreeditbüroo runtärgeen*
                untä + kreeditbüroo jaajaa
             i *äß büro gäin +++*
             d *gäl?*
             i *mus bc bjur ßäf*
             d *jaa*
             i *a iß ain iitaljeenär auks ßpräCc*
                zaagc jajaa aux kaufc
             d *undä kreeditbüroo*
                kreeditbüroo + dritär ßtok +
                mus geen ja? + dritär ßtok
             i *iß ßik nax iitaalja +*
             d *jaa ärst mus kreeditbüroo geen*

5.5.4 Negation

Zu den Negationswörtern im Deutschen zählen *nicht, nichts, nie, niemals, nirgends, nirgendwo, nirgendwohin, nirgendwoher, keinesfalls, keineswegs, weder - noch, nein.* Sie erfüllen dabei je nach ihrer Position die syntaktische Funktion substantivischer Pronomina, Adverbien, Artikelwörter, Partikel, Konjunktionen oder Satzäquivalente, sofern ihre semantische Spezifizierung

das zuläßt (siehe Helbig/Buscha 1979, S.453). Die Problematik der Negation
liegt in der Bestimmung der Reichweite des Negationsträgers (siehe Jacobs
1984). Die deutsche Standardsprache unterscheidet zwischen Satznegation,
wenn sich die Negation auf die gesamte Satzaussage bezieht, und partieller
Negation oder Sondernegation, wenn nur einzelne Konstituenten in ihrem
Skopus liegen. Bei der Satznegation erfolgt eine Verneinung des finiten
Verbs durch *nicht*. Seine Position tendiert dabei zum Ende des Satzes entsprechend den grammatikalisierten, pragmatischen oder funktionalen Regularitäten der Klammerbildung im Deutschen. Es gilt die Regel: 'Je enger ein
Element inhaltlich-strukturell zum Verb gehört, desto weiter strebt es äu-
ßerlich in der Stellung (topologisch) vom Verb weg und nach dem Satzende
zu' (Helbig/Buscha 1979, S.460). Außer in eingeleiteten Nebensätzen steht
der Negationsträger bei der Satznegation immer nach dem finiten Verb.
Ohne expliziten Negationsträger kann eine Negation der gesamten Satzaussage außerdem in Konstruktionen mit den Konjunktionen *ohne daß, ohne zu,
anstatt daß, anstatt zu* oder *als daß* erfolgen. („Er arbeitet, anstatt zu schla-
fen" drückt zugleich „Er schläft nicht" aus.) Bei der partiellen Negation steht
der Negationsträger dagegen unmittelbar vor der negierten Einheit. Wenn
diese jedoch intonatorisch besonders hervorgehoben ist, kann die Position
des Negationsträgers mit der der Satznegation zusammenfallen. Des weiteren kennt das Deutsche Negationsträger, die durch Präfigierung eine partielle Negation hervorrufen. Als diese morphologischen Negationsmittel
gelten *un-, miß-, a(n)-, des-, dis-, in-*. Implizit ist eine negative Aussage in
einigen Verben wie *abraten, verhindern, vermeiden, verbieten, warnen, unter-
sagen* und anderen enthalten. Eine Äußerung „Er untersagt ihr, in die Stadt
zu fahren" kann daher als „Sie soll nicht in die Stadt fahren" interpretiert
werden. Ebenfalls lexikalisch unmarkiert bleibt die implizite Satznegation in
irrealen Konditional- und Wunschsätzen des Typus „Wenn das Wetter
schön gewesen wäre, wären wir spazierengegangen". Dieser impliziert die
Aussage „Das Wetter ist nicht schön gewesen".

Die Satznegation betrifft jeweils die gesamte Prädikation, das heißt das je
spezielle Verhältnis bestimmter Referenten zu einem bestimmten Sachverhalt. Spezifisch referierende Nominalphrasen gehören dabei zur positiven Voraussetzung der Äußerung und liegen somit nur in dem Maße im Skopus der
Negation, wie ihre Relation zu dem negierten Sachverhalt davon betroffen
ist. Nur nicht-spezifische Referenten als „nichts unabhängig von der gedank-
lichen Operation Gegebenes" (Grundzüge 1981, S.220) werden in den Bereich der Negation miteinbezogen.

Im folgenden soll untersucht werden, wie die komplexen Markierungsver-
hältnisse der Negation im Deutschen im Bereich xenolektaler Realisierungen

verändert, vereinfacht oder generalisiert werden. Dabei ist neben der Form des Negationsträgers besonders dessen Stellung und Skopusbildung in der Äußerung von Interesse. Schließlich soll untersucht werden, ob und wie die implizite Negation vermeintlich einfacher realisiert wird.

Das bereits vorgestellte syntaktische Prinzip der Modalisierung läßt sich im wesentlichen auf den Bereich der Negation übertragen. Der Negationsträger (Negator) steht auch hier unmittelbar vor den in seinem Skopus befindlichen Konstituenten, in der Regel einem Nomen, dem infiniten Verb oder einem Adverbiale. Die Skopuskonstituenten bilden eine semantisch-syntaktische Einheit. Nicht nur jeweils die dem Negator folgende Konstituente liegt in dessen Skopus, sondern eine Einheit mehrerer Konstiuenten kann nach dem gleichen Verfahren negiert sein.

In folgender Äußerung fragt der Adressat indirekt nach der Tätigkeit des Informanten im Betrieb. Im Skopus liegt hier *raifc bauc*.

(T1807-04)   t   *du niks raifc gcbaut nä?*
               d   *noa + iß niks raifc bauc +*
                    iß keermaistär +

(Der Informant hat eine Arbeitszeitverkürzung ohne Lohnausgleich abgelehnt, da diese für ihn einen Lohnverlust von 150.- DM bedeuten würde.)

(T1814-32)   *iß niks kopf kaput +*
               andärc fälai iß nit +++

(Früher (vor dem Krieg) war die Stadt schöner.)

(Pe0101-39)   d   *däs ä vaar friiär ßöönär + romantißär*
               pe   *jaa?*
               d   *jaa + aläs färbaut unt aläs ++*
                    niks mär viis friiär +
               pe   *varum?*
               d   *aa vail fiil färbaut vorc iß*

Wird die gesamte Äußerung negiert, so nimmt der Negator die Anfangsposition der Äußerung ein, lediglich die Modalisierung steht dann noch weiter links (vorne).

(Der Informant wundert sich, daß seine beiden türkischen Bekannten nicht arbeiten müssen.)

(T1804-13)   *niks iir arbaitcn hait?*

Die wenigen Belege, die hierfür vorliegen, deuten an, daß die Totalnegation in Äußerungen mit realisiertem Rahmungs- und Fokusblock nur dann vorgenommen wird, wenn die Aussage hypothetisch ist oder in Frage gestellt wird. Ist dies nicht der Fall, so bleibt die Rahmung außerhalb des Negations-

skopus. Lediglich der Fokusblock wird dann negiert. Sind die Skopusele-
mente dabei elliptisch, so nimmt der Negator allein die Fokusposition ein. In
völlig thematischen Äußerungen ist die gesamte Proposition ausschließlich
im Negator repräsentiert. Das gilt zum einen dann, wenn der Negator
antizipierend das Denotat anderer Einheiten substituiert (die unter Umständen anschließend noch nachgeliefert werden), und zum anderen dann,
wenn wie im folgenden Beispiel eine zuvor realisierte affirmative Äußerung
nachträglich negiert wird.

(Der Informant verweist hier auf einen vorbeikommenden Reiter.)
(T1804-23)   *duu aux raitcn? + niks? +++ niks mär? ++*

Die oben beschriebene syntaktische Struktur der Negation gilt ebenfalls für
die xenolekttypische semantische Variante der paraphrasierenden Negation.
Sie tritt an die Stelle einer nicht explizit negierten lexikalischen Einheit,
deren Denotat aber als inhärente Negation eines unmarkierten positiven
Denotates beschrieben werden kann. Das sind Oppositionspaare wie *gut -
schlecht* und *viel - wenig*, die xenolektal als *niks guut, niks fiil* realisiert sind.
Dabei fällt jeweils nur das positive Oppositionselement (*gut, viel*), nicht aber
die gesamte folgende Konstituente in den Skopus des Negators.

(Der Kunde möchte eine billigere Waschmaschine kaufen.)
(It0101-07)   it   *abär iß habc dänkc ++ andrc mär väniC kost*
                     niCt? +++ mär vänigär kostc
                d   *van venigär kost + niks guut*

(Ein gemeinsamer Bekannter der Gesprächspartner ist vor kurzem zum
zweiten Mal Vater eines Mädchens geworden. Beide kommentieren dies.)
(T2001-140)   t   *tsvaimal mätßcn + oo oo ++ filaiCt böözc*
                d   *ax mätCän bäzär + niks fiil ärgär*

Infolge des elliptischen Charakters der Äußerungen sind einige Konstruktionen mehrdeutig. Der außenstehende Betrachter kann nicht entscheiden,
ob es sich in standardsprachlichen Begriffen um eine *partielle Negation* oder
eine *Satznegation* handelt, ob der Negator also nur die unmarkierte Einheit
negiert oder die gesamte Proposition. In dem Beispiel

       niks vaiCßpüülär

ist daher nicht zu entscheiden, ob es sich um eine Negation im Sinne von
keinen Weichspüler (sondern Waschmittel, partielle Negation) oder *den
Weichspüler hier nicht reinfüllen (Satznegation)* handelt. Beide Interpretationen sind möglich.

    Lexikalisch realisiert ist die Negation in der Regel durch den einheitlichen
Negator *niks* für alle möglichen bezugssprachlichen Entsprechungen (*nicht,*

kein, niemand, nie, nichts, nein). Als Varianten treten gelegentlich die dialekt-
üblichen Negationsträger *nät* oder *nit* mit gleicher Extension und die spezifizierende Variante *niks mär* auf. Auch *niks* und *niks mär* sind morphonolo-
gisch identisch mit der umgangssprachlich und dialektal gängigen Form *niks*
für *nichts,* unterscheiden sich aber in den hier zugrundeliegenden Äußerungen durch ihre syntaktischen und semantischen Besonderheiten. Darüber
hinaus erfordern sie in ihrem Skopus, ähnlich den unbestimmten Quantoren,
immer neutralisierte oder generalisierte Elemente (siehe Beispiele oben). Bei
Realisierung verbaler Einheiten im Negationsskopus von *niks* sind ausschließlich infinite Formen (Infinitiv, Stamm-Morphem), bei Realisierung
von Adjektiven ausschließlich die Stammformen belegt. Die Niks-Negation
erscheint in den anderen Veränderungsstufen nicht und ist somit als ein
konstitutives Merkmal der Stufe d zu betrachten.

5.5.5 Exkurs: Reaffirmation/Bestätigung, „auch" und „nur"

Die Verwendung verschiedener Grad- und Modalpartikel wird hier nur
deshalb behandelt, weil auch sie das Problem der Skopusbildung betrifft.
Vergleichsweise soll hier untersucht werden, wie sich semantischer Skopus
und syntaktische Anordnung bei Partikeln verhalten, deren bezugssprachliche Realisierungen ebenfalls eine beträchtliche syntaktische Variation zulassen. Die Bestätigung einer hypothetischen Aussage des Informanten oder des
Adressaten kann auf unterschiedliche Art geschehen, je nachdem, welchen
Grad an Unsicherheit die Aussage ausdrückt (*bestimmt, natürlich, doch*). In
den vorliegenden Belegen ist dabei stets von einem Äußerungsskopus auszugehen.

(Informant und Adressat reden über verschiedene sympathische und unsym-
pathische Kollegen. Der Adressat will eine unangenehme Geschichte von
einem ansich sympathischen spanischen Kollegen erzählen, muß den Referenten aber erst einführen. Dies wird dadurch kompliziert, daß der Informant den Spanier für einen Marokkaner hält.)

(T1816-90)   t   *spaniß kamarat nc? dik ++ niks kost*
             d   *ja ++*
             t   *där arbait + fri + iß griin ++*
                 naxtsiC arbait + aux ++ kopf guut +
             d   *där marokaniß + marok*
             t   *hä?*
             d   *marokoo? + bßtimt marokoo*

(Es handelt sich um die Frage, wie alt der Adressat noch werden könnte.)
(T2001-05)   t   *55 jaar bin iß alt dan räntc gcvordcn*

> *unt dan viifiil jaar leebcn iß + hä?*
> *hundärt?*
> d *natürliß hundärt imär + türkißloit*

(Der Informant wartet auf dem Werksparkplatz. Tekin kommt hinzu.)

(T1814-04)   t *kainä bus?*
              d *a dox bus*
                 abär där bus komt mojäns ä bisCc ßpäät +

Als Bestätigungspartikel zur Unterstreichung des Wahrheitsgehaltes eines Sachverhaltes verwendet D101 *ja*.

(Der Verkäufer hat die Funktionsweise eines bestimmten Markengerätes erklärt. Der türkische Kunde möchte wissen, welche Schwierigkeiten bei einem Betrieb in der Türkei und welche Zollprobleme auftreten könnten. Der Verkäufer bestätigt, daß die Maschine auch in der Türkei funktioniert und daß Zoll zu zahlen ist.)

(T1105-15)   t *vii zint dii in där türkai? +*
              d *jaa türkai (...)*

(T1105-40)   d *tsolproobleem? gipts übärhaupt nät + nee ++*
                 zii müsän halt iirn tsol bätsaaln + gäl? +
                 für dii türkai däs is klaa + nät
              t *ä iC mus ain + ainmaal ++*
                 ainmaaligä bätsaaln oodär?
              d *ja tsol + jaja*

Auch und *nur*, so kompliziert ihre Semantik auch ist, verhalten sich semantisch nicht abweichend von der Bezugssprache. Insbesondere *auch* ist aber in der Lage, bei entsprechend eindeutigem Kontext die Funktion der gesamten Verbalphrase ohne deren explizite Nennung zu übernehmen.

(Der Informant wartet auf einen Kollegen, der ihn abholen soll. Der Adressat weiß dies. Der Deutsche will wissen, ob der Türke auch wartet.)

(T1814-12)   d *uf ven vartst duu?*
              t *hä?*
              d *du aux?*
              t *zälbär farn*

Gewöhnlich ist aber zumindest eine Konstituente im Skopus realisiert. Syntaktisch folgt *nur* dem bereits dargestellten Stellungstyp in unmittelbarer Kontaktstellung vor den im Skopus befindlichen Elementen.

(Der Verkäufer erklärt die Temperatureinstellung der Waschmaschine.)

(T1201-10)   d *hiir +++ das ist tämparatuurainßtäluq ja?*
              t *ajaa*

>   d *30 graat 40 graat + 60 graat + nc?*
>   *normaal gcnuug 60 graat nc?*
>   *abär koxväßc + nur 95 graat +*
>   *koxc?*

(Thema der folgenden Sequenz ist die Höhe der Miete für das Zimmer des Adressaten.)

(Pe0101-200) d   *vas koßtät tsimär?*
>   pe *ää +++ ff + xhundärtfümftsiC*
>   d   *moonat?*
>   pe *ja*
>   d   *hunärtfümftsiC? nuur tsimär?*
>   pe *ja*
>   d   *niks äsc?*
>   pe *na niCt äscn +++*

Folgende Äußerung zeigt die gesamte Aussage im Skopus der Gradpartikel. Diese findet sich dann als *Satzmorphem* (Grundzüge 1981, S.507) konsequenterweise unmittelbar davor.

(Der Verkäufer erklärt die Eingabe von Waschmittel und Weichspüler bei Programmen ohne Vorwäsche.)

(Pe0110-16)   *vän zii niCt foorväßc maxcn*
>   *vän niC zoo ßtark färßmutst is ja?*
>   *dan nuur hiir + unt hiir vaiCßpüülär + nc?*

(Der Informant beendet eine Erzählung über einen deutschen Arbeitskollegen, der ihn betrügen wollte.)

(T1801-50)   *jäts niks mär ßpräCcn*
>   *nur jäts böös +++*

Auch verhält sich inbezug auf seine syntaktischen Eigenschaften etwas anders als die übrigen Partikel. Zwar ist die beschriebene Strukturierung der Kontaktstellung von Partikel und Skopus auch bei *auch* möglich, doch kann ebenso die Rahmung aus dem Skopus der Partikel ausgeklammert sein. Dies ist insbesondere bei der Identifizierung der Adressatenrolle belegt. Sie ist dann in der Anfangsposition der Äußerung zu finden. In Äußerungen wie T1804-23, T1816-61 und T1816-65 liegen lediglich die Fokuselemente *reiten, schon mich besuchen* und *guter Kerl* im Skopus von *auch*.

(Der Informant verweist auf einen vorbeikommenden Reiter.)

(T1804-23)   *duu aux raitcn?*

(Informant und Adressat sprechen über einen „anständigen" Kollegen. Der

Adressat nennt schließlich den Namen eines weiteren Kollegen, wobei auszuhandeln ist, ob beide den gleichen meinen.)

(T1816-61)   d *HOINÄR aux ßon + miß bczuuxcn ++*

              t *SCHMITT?*

              d *fäärt där groosc fiiat?*

              t *ja*

(T1816-65)   d *aa däs aux guutc kärl*

              t *abär + abär + fil bablc*

Auf eine ähnliche syntaktische Variante bei der Modalisierung ist bereits
näher eingegangen worden.

5.5.6 Zusammenfassung

Für die hier besprochenen Skopusphänomene kann zusammenfassend fest-
gehalten werden, daß ihnen ein einheitliches syntaktisch-semantisches
Strukturierungsprinzip zugrunde liegt, das entsprechend der verschiedenen
Semantik ihrer lexikalischen Repräsentationen unterschiedlich ausgedehnte
Anwendung findet. Es besagt,

1. daß das entsprechende Konzept lexikalisch realisiert wird und
2. daß diese lexikalischen Einheiten die Position unmittelbar links von den
   im Skopus befindlichen Elementen einnehmen. Elemente der Rahmung,
   insbesondere die Identifizierungen der Agensrollen, sind dabei in der
   Regel aus dem Skopus ausgeklammert.

5.6 Lexikalisch-semantische Simplifizierungen

Für die hier aufgeworfenen Fragen sind lexikalisch-semantische Simplifizie-
rungen als eine der möglichen vergleichend zu behandelnden Veränderungsstrategien und inbezug auf syntaktische Konsequenzen von Belang. Die
Aufgabe des Informanten besteht darin, dem Adressaten einen bestimmten
Sachverhalt auf möglichst zugängliche Art darzustellen. Die Bewertung von
Zugänglichkeit ist dabei abhängig von individuellen Vorannahmen des Informanten und gegebenenfalls im Laufe einer Interaktion ausgehandelten
Erfahrungen. Mögliche reale oder antizipierte Verständnisschwierigkeiten
können dem Informanten als vornehmlich semantisches oder vornehmlich
lexikalisches Problem erscheinen. Je nachdem wird er seine Entscheidung für
eine bestimmte Veränderungsstrategie treffen und für deren Realisierung
eine bestimmte lexikalische und syntaktische Form wählen. Bei dem Problem
semantischer Vereinfachungen handelt es sich darum, präventiv oder reparativ ein vermeintlich zugänglicheres Konzept zu aktivieren. Das geschieht,

folgt man der betreffenden Literatur, auf unterschiedliche Weise: in der Substitution der Anrede *Sie* durch das weniger formale *Du*, in der häufigeren Verwendung deiktischer Elemente, in der Verwendung eines intensiver genutzten, beschränkten Lexikons mit einem hohen Anteil polysemer Elemente und in verschiedenen Formen von Substitutionen und analytischen Paraphrasen (vergleiche zum Beispiel Meisel 1975, S. 36).

Die Forschungsliteratur hat sich bisher vorwiegend mit einem quantitativen Aspekt des Lexikons beschäftigt, der in - gegenüber den jeweiligen Bezugssprachen - niedrigeren Type-Token-Verhältnissen seinen Ausdruck zu finden scheint. Darüber hinaus sind lediglich eine höhere Frequenz fremdsprachlicher lexikalischer Einheiten (meist romanischer Herkunft) und eine erhöhte Polysemie mit einer Tendenz zur Verwendung weniger markierter Einheiten berichtet worden. Ungenügend beachtet blieb dabei die Tatsache, daß häufig gerade gegenteilige Effekte, wie zum Beispiel die Erweiterung des Lexikons, eintreten: dann nämlich, wenn in einem Gespräch viele Paraphrasen und Erklärungen auftauchen. Hier erfährt die Eingabe für den Lerner zuweilen eine beachtliche lexikalische und syntaktische Variation. Anhand der Daten von drei Informanten der Auskunftsdaten soll nun die Aussagekraft einer rein quantitativen Auswertung eines Type-Token-Verhältnisses, wie sie häufiger zur Bestimmung der lexikalischen Beschränktheit xenolektaler Interaktionen vorgenommen wird, überprüft werden. Daran anschließend werden die verschiedenen beobachtbaren Vorgänge semantischer und lexikalischer Simplifizierung und ihre syntaktischen Realisierungsmöglichkeiten genauer dargestellt und an Beispielen aus Äußerungen verschiedener Informanten belegt.

5.6.1 Type-Token-Verhältnis

Zur Bestimmung der lexikalischen Komplexität von Lerneräußerungen wird zuweilen das Type-Token-Verhältnis, das heißt die relative Häufigkeit des Auftretens von Typen lexikalischer Einheiten in einem laufenden Text, ermittelt. Ein hohes Verhältnis zeigt die Verwendung eines elaborierten oder extensiven Lexikons an, ein niedrigeres läßt auf eine häufige oder intensive Verwendung weniger Einheiten deuten. Zu vermuten ist demnach, daß sich das Type-Token-Verhältnis der Lerner mit fortlaufendem Spracherwerb zunehmend verbessert. Diese Methode der Komplexitätsbestimmungen hat schließlich auch in einigen anglo-amerikanischen Arbeiten zu Xenolekten Anwendung gefunden, in der Hoffnung, korrelative Aussagen über Eingabe- und Lernervarietät machen zu können. In einem Ansatz, der von einer feinen Abstimmung von Sprecher und Adressat ausgeht, wäre beispielsweise auch

eine stetige Verbesserung des Type-Token-Verhältnisses der Xenolektsprecher bei fortlaufendem Spracherwerb der Lerner zu erwarten. Soweit erkennbar, bleibt dabei aber die Problematik der unterschiedlichen Einflußfaktoren gänzlich unreflektiert. Die Befunde weisen in unterschiedliche
Richtungen. Arthur et. al. (1980, S. 117ff) berichten zum Beispiel von einer
deutlichen Tendenz ihrer Informanten, gegenüber ausländischen Adressaten
ein beschränktes Vokabular zu verwenden. Die Differenzen der Type-Token-Verhältnisse zwischen Informanten- und Kontrollgruppe waren signifikant. Sie führen diesen Befund vorwiegend auf eine beschränktere Wortwahl
und auf die begrenzte Informationsübermittlung (kürzere Gesamtdauer der
Interaktionen) gegenüber den ausländischen Adressaten zurück. Demgegenüber ergaben sich in den Untersuchungen von Long (1982) keine signifikanten Veränderungen der Eingabe im Vergleich zur Kommunikation unter
Sprechern der gleichen Muttersprache (Englisch). Allerdings blieben bei
Long mögliche Unterschiede spezifisch adressatenbedingter Veränderungen
unberücksichtigt.

Um die Aussagekraft einer rein quantitativen Auswertung des Type-Token-Verhältnisses zu testen, wurden für die vorliegende Untersuchung die
jeweils 7 Gespräche (bei D101 nur 6, da das Gespräch mit T13 nicht zustande
kommen konnte) von drei Informanten der Auskunftsdaten auf adressatengerichtete Veränderungen untersucht und in einem sprecherspezifischen
Vergleich gegenübergestellt. Für die Auswertung herangezogen wurden
dabei jeweils soweit möglich die ersten 250 Wörter laufenden Textes der
Informanten. Da einige Gespräche diese Gesamtzahl von Wörtern nicht
erreichten, mußte die Stichprobe bei Pe0110/D101 auf 220 Wörter, bei
It0104/D103 und It0207/D103 auf je 200 Wörter und bei It01/D101 und
It02/D102 auf je 150 Wörter beschränkt bleiben. Eine größere Stichprobe als
250 Wörter laufenden Textes wäre jedoch ebenfalls ungeeignet, da sie die
Vergleichbarkeit mit den natürlichermaßen auf 150 bis 200 Wörter beschränkten Interaktionen nicht mehr gewährleisten würde. Zum einen kann
sich die Frequenz des relativ begrenzten Inventars von Funktionswörtern so
erhöhen, daß das Verhältnis negativ beeinflußt werden könnte, zum anderen
könnte sich durch die Einführung zusätzlicher thematischer Aspekte bei
ausgedehnterem Gespräch mit einem erweiterten Lexikon ein positiver Einfluß ergeben. Gewertet wurden alle Vorkommen lexikalischer Einheiten
ohne Verzögerungssignale wie *mm*, *ää* und dergleichen. Als ein Typus wurden dabei alle phonetischen oder flexionsbedingten Varianten in der Kategorie einer lexikalischen Einheit gewertet.

Die Ergebnisse sind in Abbildung 13 dargestellt. Sie weichen von sämtli-
chen aus der Literatur erwartbaren Hypothesen entscheidend ab und zeigen

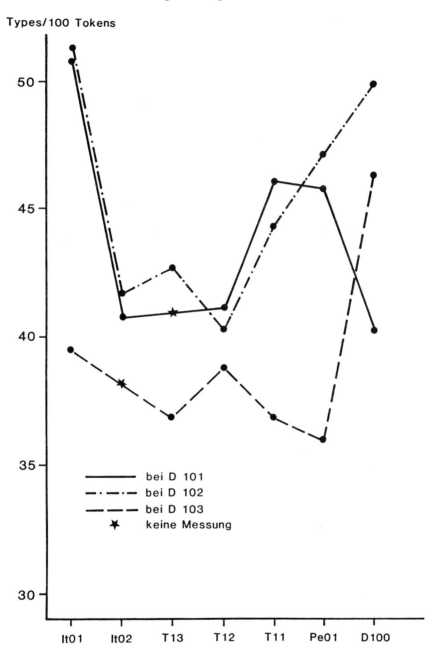

ABBILDUNG 13: Type-Token-Verhältnis in den Auskunftsdaten

eine starke Variation, die einer qualitativen Interpretation bedarf. Die Anordnung der Adressaten entspricht der Rangfolge der Bewertung ihrer Verständlichkeit, wie sie sich aus der subjektiven Sprachstandsbewertung ergab
(von links nach rechts steigende Bewertung)[31].

Getrost kann die einfache, aber verbreitete Gleichung, je geringer die
sprachlichen Fertigkeiten des Adressaten, desto niedriger das Type-Token-
Verhältnis des Informanten, verworfen werden. Deutlich zeigt sich in allen
drei Verläufen jeweils ein Gipfelwert, also ein hohes Verhältnis, bei Gesprächen mit dem in der subjektiven Sprachstandsbewertung am niedrigsten
bewerteten Adressaten It01. Erst danach fallen die Werte mehr oder weniger
drastisch zu einem niedrigen Type-Token-Verhältnis ab, bevor sie, bei unterschiedlichen Adressaten einsetzend, wieder ansteigen. Besonders auffällig
zeigt sich der erneute starke Abfall der Werte in dem Gespräch von D101 mit
dem deutschen Adressaten D100. Darauf wird noch eingegangen werden.
Gegenüber linearen Verläufen von links unten nach rechts oben in der
Abbildung oder gleichbleibenden horizontalen Verläufen, wie sie aus bereits
vorliegenden Untersuchungen zu erwarten gewesen wären, zeigen sich hier
grosso modo zweigipflige Verlaufskurven mit dazwischen liegenden, leicht
variierenden niedrigeren Werten.

5.6.1.1 Problematisierung

Im folgenden muß eine Erklärung für den zweigipfligen Verlauf, das variie-
rende Mittelfeld und den überdeutlichen Abfall der Werte von It02/D103
und D100/D101 gegeben werden. Es darf dabei vor allem nicht außer Acht
gelassen werden, daß es sich um natürliche Gesprächsdaten handelt, deren
Rahmenbedingungen, obwohl soweit wie möglich konstant oder vergleichbar gehalten, größerer situationeller Variation unterliegen als experimentell-
steril gewonnene Daten. Daher scheinen die relativ geringen Abweichungen
in den Interaktionen von It02, T13 und T12 mit D101 oder D102, von T11
und PeO1 mit D101 oder D102 sowie von It01, T13, T12, T11 und PeO1 mit
D103 eher vernachlässigbar, da situationell erklärbar. Auch stellen die dargestellten sprecherspezifischen Niveauunterschiede von D101 und D102 auf
der einen Seite gegenüber D103 auf der anderen kein Problem dar. Überra-
schend wären hier eher die deutlichen Übereinstimmungen besonders bei
D101 und D102. Interessant und problematisch sind jedoch die überein-

---

[31] Die Ermittlung der Bewertung anhand der subjektiven Sprachstandsbewertung wird in
    Kapitel 6.2 ausführlich dargestellt. Für das erste genügt es hier zu beachten, daß die auf
    der Abszisse dargestellten Informanten nach rechts zunehmend besser bewertet wur-
    den.

stimmenden Werte beziehungsweise Richtungen der Werte bei den extrem divergierenden Adressaten It01 und D100, die nur sehr schwer denkbar auf die gleichen Ursachen zurückgeführt werden können.

Alle drei Interaktionsbereiche sind situationsgebunden, können also sowohl deiktisch (mit wenigen lexikalischen Elementen) gestaltet, als auch verbal erklärend realisiert sein. Ein entscheidender Einflußfaktor ist dabei die Handlungskompetenz und das Verhalten des Adressaten: je nachdem ob dieser vom Informanten ein aktives (hier erklärendes) oder reaktives (hier bestätigendes) sprachliches Handeln verlangt (was er hier durch seine vorgegebene Rolle tun kann), wird sich dies auch in der Realisierung des Lexikons widerspiegeln. Und es spiegelt sich auch in der Dauer und der Intensität der gesamten Interaktion wider. Das Interesse der Informanten in den hier beobachteten Situationen an einer Interaktion ist wesentlich von den Forderungen (Fragen, Thematisierungen) der Adressaten bestimmt. Keiner der Informanten kann ein besonderes Interesse an der Aufrechterhaltung der Auskunftskommunikation über die vom Adressaten geforderten Antworten oder Erklärungen hinaus haben, die ja durch die Rollendefinition der Interaktionspartner bis zu einem bestimmten Grade einforderbar sind. Natürlich würde sich das ändern, wenn vom Adressaten ein unmittelbarer Kaufwunsch signalisiert würde, doch ist dies in den hier beobachteten Interaktionen nicht der Fall. Das heißt also, Interaktionen in Xenolekten sind nicht notwendig kurz, weil es sich um xenolektale Interaktionen handelt (wie häufiger behauptet), sondern weil das Sprechen für die Informanten (bei wenig Interesse) anstrengender ist und weil die Handlungskompetenz des Adressaten begrenzt ist und daher die Informanten nicht genügend gefordert werden. Sie können daher leichter auf Vermeidungsstrategien ausweichen. In den thematisch offenen Interaktionen der Fabrikdaten, die Adressaten und Informanten einen größeren Handlungsspielraum ermöglichen, sind derartige Beschränkungen daher auch nicht zu beobachten oder dann auf andere Gründe zurückzuführen.

Eine genauere Auswertung der quantitativen Befunde zeigt für die Interaktionen der Informanten D102 und D103 mit dem Adressaten D100 die Verwendung eines extensiven Lexikons mit größerer lexikalischer Variation. Diese geht einher mit einem aktiveren Erklärungsverhalten, bei dem auch neue thematische Aspekte vom Informanten eigeninitiiert thematisiert werden. Die Informanten beschränken sich also nicht auf einfache Erklärungen oder deren einfache (identische) Wiederholungen, sie führen verschiedene Aspekte einer Frage auf und entwickeln unterschiedliche Lösungsmöglichkeiten. Sie erörtern, im ursprünglichen Sinne des Wortes, ein Problem. Nicht so der Informant D101 in der Interaktion mit D100. Er verwendet eine deutlich höhere Anzahl deiktischer Verweismittel, die überwiegend für das auffallend niedrige Type-Token-Verhältnis verantwortlich sind. Zudem zeigen seine Äußerungen einen vergleichsweise höheren Anteil von Funktionselementen. In der Nicht-Realisierung von Funktionselementen liegt aber die Hauptursache für das hohe Type-Token-Verhältnis in den Interaktionen mit It01. Ein Vergleich mit den Abbildungen 15 und 16 zeigt auffällige Parallelen: Bei einem hohen Anteil an d-Äußerungen in den Interaktionen, die weitestgehend ohne Funktionselemente strukturiert sind, weisen auch die Type-Token-Werte in eine entsprechende Richtung. Dieser Effekt kann dabei in den Interaktionen mit It01 nur teilweise durch eine höhere Frequenz einfacher Wiederholungen ausgeglichen werden.

Die übrigen Interaktionen mit ausländischen Adressaten zeigen Werte mit unterschiedlich deutlichen Abweichungen, die niedriger liegen. Hier werden von den deutschen Informanten ebenfalls Veränderungen vorgenommen, die sich von der Bezugsnorm zwar entfernen, jedoch nicht den extremen Charakter von d-Äußerungen erreichen. Es wirkt sich zusätzlich aus, ob der Informant einfache Wiederholungen oder komplexere Paraphrasen (mit zahlreichen neuen lexikalischen Einheiten) bevorzugt, ob er stärker häufigere deiktische Verweismittel einsetzt, ob er eher aktiv oder reaktiv-bestätigend agiert und ob er zu einer frequenten Realisierung von Absicherungssignalen neigt. In besonders exponierten Konstellationen kann es dabei zu so krassen Resultaten kommen wie in der Interaktion von D103 und It02. Sie zeigt eine besonders hohe Frequenz deiktischer Verweismittel und einfacher Wiederholungen.

Im vorangehenden wurden vermeintliche quantitative Aspekte des Xenolektlexikons behandelt. Die vorherrschende Auffassung der Forschung, daß das verwendete Xenolektlexikon umso beschränkter ist, je niedriger die sprachlichen Fertigkeiten des Adressaten eingeschätzt werden, konnte nicht bestätigt werden. Es konnte dagegen aufgezeigt werden, auf welchem unsicheren Fundament derartige Verhältnisangaben stehen und zu welchen gravierenden Fehlschlüssen sie führen können. Darüber hinaus wurde Wert darauf gelegt darzustellen, welche Haupteinflußfaktoren, unter anderen, auf das Zustandekommen derartiger Verhältnisangaben einwirken und welche Effekte sie erzielen. Und in bestimmten Kombinationen führen sie zu gänzlich gegenläufigen Ergebnissen oder Tendenzen. Das Fazit dieser Darstellung sollte daher sein, derartigen Verhältnisangaben grundsätzlich zu mißtrauen, da einige der Einflußvariablen bisher nicht berücksichtigt wurden und zum Teil auch nur schwer oder nicht kontrollierbar sind. Es scheint im Bereich xenolektaler Lexikonstrukturen daher viel fruchtbarer, sich den relevanten qualitativen Erscheinungen zuzuwenden.

5.6.2 Simplifizierungsstrukturen des Lexikons

Beobachtbare Simplifizierungen im Bereich des Lexikons werden in den vorliegenden Daten nicht als Problem der Konzeptualisierung betrachtet. Schließlich beherrschen alle Informanten ja auch die Standardsprache. Das Problem des Sprechers besteht darin, Konzepte so zu realisieren, daß sie auf eine vermeintlich bessere Verständlichkeit für den Adressaten abgestimmt sind. Es kann daher davon ausgegangen werden, daß xenolektalen Realisierungen Prozesse lexikalischer Substitutionen zugrundeliegen. Im folgenden wird dargestellt, wie diese Substitutionen in Abweichung von bezugssprachlichen Realisierungen erfolgen, welcher zusätzliche Aufwand beim Auffinden adäquater lexikalischer Repräsentationen entsteht, beziehungsweise inwiefern dem Problem durch Realisierung polysemer Hyperonyme ausgewichen wird, wie das in der Literatur häufig unterstellt wird. Des weiteren wird untersucht, welche Rolle Imitationen des adressatentypischen Lexikons spielen und inwieweit als Folge davon die Ausbildung eines interpersonal einheitlichen xenolekttypischen Lexikons zu beobachten ist. Die Antworten auf diese Fragen erlauben hypothetische Aussagen über die Strukturierung und Zugänglichkeit des mentalen Lexikons. Sie besitzen darüberhinaus, sofern die Rolle der Eingabe davon betroffen ist, Relevanz für eine Kritik existierender Pidginisierungstheorien und Spracherwerbsmodelle, die zu einem späteren Zeitpunkt wiederaufgenommen wird (Kapitel 8). Auf die Verwendung identischer Wiederholungen als Klärungsstrategie wird hier nicht weiter eingegangen. Dies ist bereits in Hatch et al. (1978) und für das Deutsche in Roche (1982) dargestellt worden.

5.6.2.1 Lexikalische Substitutionen

Unter den Abschnitten 5.6.2.1.1 bis 5.6.2.1.4 werden verschiedene Arten von Substitutionen behandelt, bei denen jeweils das gleiche Denotat zugrundeliegt, aber jeweils andere Designate zugeordnet werden. Die Sprecher gehen hier implizit oder teilweise auch explizit von einer Gleichwertigkeit der Designate aus. Im Abschnitt 5.6.2.1.5 werden Substitutionen behandelt, bei denen das gleiche Konzept mittels unterschiedlicher Denotate zu verankern versucht wird.

5.6.2.1.1 Hyperonyme

Hyperonyme substituieren spezifischere Begriffe oder werden mit diesen kombiniert[32].

---

[32] Eine Bemerkung zur Notation der Belege: Im folgenden sind die substituierten Lexeme jeweils links, die Substitute jeweils rechts von der Gleichung angegeben. Die standard-

rausschmeißen = zaagcn raus
kennst = viscn, vaist
zaagcn = ßpräCcn
einen Kredit aufnehmen = maxcn kreedit
abheben = neemcn gäldc
schlecht = niC guut
noch nicht = niCt
vidjoo = färnzee
Mattscheibe = glaas
väßctroknär = troknär = trokcnmaßiin
märvärtßtoiär = doitßc ßtoiär
gibt es = hat
betrifft = ist
ist es möglich?/geht es? = ja?
umväksäln = umdreen = andrc zaitc maxcn

Hierzu gehört auch die Verwendung von Begriffen mit „neutralisierter" Semantik wie

unt zoo, unt zoo vaitär, odär ätvas, ürgänt-vii/-voo/-vas/-vär.

5.6.2.1.2 Spezifizierung

Hyperonyme werden durch spezifischere Begriffe substituiert.

a. Hierzu gehört auch die Aspektualisierung einzelner Merkmale einer Begriffsintension. Hyperonyme werden durch einzelne, konkrete Begriffe, durch Metonyme oder metaphorische Übertragung substituiert.

   boimc = opstboimc
   züsteem = kasätc
   gesagt = ärtseelt
   Bekannter = koleegc
   Markengerät = ziimäns
   betrunken sein = karusäl

b. Hervorhebungen dominanter semantischer Merkmale.
   Diese Art Substitution betrifft vor allem die Angabe des Endzustandes eines Ereignisses anstelle der vollständigen Realisierung perfektiver Verben:

---

deutsche Orthographie zeigt an, daß es sich um erschlossene oder rekonstruierte Lexeme handelt, die lautschriftliche Transkription verweist auf authentische Belege in den zugrundeliegenden Daten.

gestorben, erkrankt sein = kaput, färdiß
verloren, weggeschossen = väk, feelt

5.6.2.1.3 Synonymie und Homoionymie

Substitution durch synonyme oder pseudosynonyme (homoionyme) Begriffe.

a. Die Substitution erfolgt durch synonyme und pseudosynonyme Begriffe und Paraphrasen (zum Beispiel durch Fremdwörter in impliziten und expliziten Gleichsetzungen).

leebcn = vooncn
ärgärn = ufreegcn
überprüfen = kontrolc
fünftsänhundärt = aintauzäntfünfhundärt
jedesmal = imär
tsvißcndrin = mitc
Schleudertouren = umdreeuqän = (ßloidärtsaal)
tabälc = program
rändc = pänzioon
pflantsuq = plantaaßc = ain ßtük lant mit fiilcn boimän
kain markcngcrät = unbckantc markc
ßväär = ßviirigc = difisiil
guut, okäj = priima

Als explizite Gleichsetzungen gelten:

95 grat is koxc
änärgii haist ßtroom

b. Gelegentlich, aber seltener als vermutet, kommt es dabei zur Bildung von Neologismen, die für die Bezugssprache zumindest ungewöhnlich sind:

einen Kredit aufnehmen = übär krädit geen
Schleudertouren = ßloidärtsaal

c. Als synekdotische Substitutionen sind belegt:

Möbelabteilung = mööbcl
Teppichabteilung = täpißc
Besatzungsangehörige = bäzatsuq

d. Als analytische Konstruktionen finden sich:

monatlich = auf moonat moonat
reparaturanfällig = fiil reparatuur
gängigste = maist gängigstc

Ratenkauf = määrmaal bätsaalän
(Stiftung Waren-) Test = doitßc ßpätsialistcn habcn dii gctästct ...
ungleichmäßiger Strom = manCmaal geet liCt an + manCmaal geet viidär
aus
langsam fahren = bisclc faarc - halt + bisclc faarc - halt + bisclc faarc - halt

e. Semantische Projektionen

In pseudosynonymer Verwendung erscheinen Substitute bestimmter Begriffe aufgrund von Prozessen *semantischer Projektion*. Zwei unterschiedliche Prozesse semantischer Projektion sind in den vorliegenden Daten
beobachtbar. Sie können dadurch identifiziert werden, daß entweder das
Zielkonzept ebenfalls realisiert ist, dann also Reformulierungsstrategien
Anwendung finden, oder aber eine eindeutige Einbettung aus dem vorhandenen Kontext ersichtlich ist.

— Bei der Bildung *dimensionaler Analogie* erfolgt eine Substitution durch
   Elemente, die Gemeinsamkeiten einer dimensionalen Richtung auf-
   weisen, in anderen Merkmalen jedoch abweichen. Somit findet eine
   Übertragung aus einem anderen semantischen Feld statt:

   stärker = hööär
   kleiner = veenigär
   sehr = fiil
   häufig = imär
   nur = maißtäns
   schlecht = ßvär
   schwer = ßtark

— Bei der Verlagerung der Bezugsebene erfolgt eine Beibehaltung des
   relevanten signifikanten Merkmales, wie in

   Erz-Wasser-Gemisch = makaroonii

   (wobei *Makkaroni* gängigerweise metaphorisch das Merkmal 'Durch-
   einander' zugeschrieben wird).

5.6.2.1.4 Xenolekttypische lexikalische Stereotype

Einige der semantischen Substitutionen haben sich zu xenolekttypischen
Stereotypen oder Formeln verfestigt, die nicht nur idiosynkratisch in allen
Veränderungsstufen, sondern auch interpersonal eine größere Verbreitung
finden. Ihre Bildung und ihre Verwendung überschneiden sich nicht oder nur
teilweise mit bezugssprachlicher Verwendung in entsprechenden Kontexten.
Die vollständige Liste der als xenolekttypisch klassifizierten Einheiten der
hier zugrundeliegenden Daten wird im folgenden angegeben.

— Verständnissicherungen

färßteen?, du färßteen?, gut?

— Übernahme oder Bildung vermeintlich „*ausländischer*" Lexeme am Muster antizipierter Stereotype. Die Imitation realer Muster der Äußerungen des Adressaten spielt dabei eine marginale Rolle.

banka, faktuura, iitaaljaa; pikobäloo, priimaa, moomäntomoorii; kusi kusi, kusi kooza, komsü komsa

— Onomatopoetische Wendungen

dam-dam, tsakc tsakc tsakc (Maschinengeräusche)

— Bezeichnungen von Personen

kamarat, koleegc, ßpeetsialist; türkiß, türkißman, türkißfrau, türkißloitc; iitaljeenißmon, doitßman, ausländärloitc

— Idiome

doitßc ßpraaxc ßvärc ßpraaxc; niks färßteen ausländer (wird als *Niks verstehn, Deutscher* auch als Autoaufkleber vertrieben).

5.6.2.1.5 Substitution in pseudosynonymer Funktion in Klärungssequenzen

Die „Normalform" der Substitution besteht darin, gleiche oder ähnliche Begriffe paradigmatisch zu substituieren. In einer besonderen Substitutionsform können aber auch syntagmatisch verwandte Begriffe als Substitute erscheinen. Sie werden in einem gewöhnlich syntagmatisch organisierten Klärungsmuster dann in formal paradigmatischer (pseudosynonymer) Funktion verwendet. In Wirklichkeit handelt es sich aber um verschiedene Konzeptualisierungsversuche der gleichen zugrundeliegenden Proposition über verschiedene Denotate. Dieses Klärungsmuster wird im folgenden *Verankerungsstrategie* genannt.

(Der Informant berichtet von seiner früheren Tätigkeit, dem *Stanzen*, wobei er dann substituiert, wo und was er gestanzt hat: *Fabrik, Stanzerei, stanzen, Teile, Maschine*.)

(Pe0101-96)   p *vas xabcn zii früär gcmaxt? + vas xabcn /zii*
                d *fabrik*
                p *fabrik*
                d *fabrik*
                p *mm +++ unt vas maxtcn zii da?*
                d *+++ ßtantsärai*
                p *bitc?*

d *ßtantsc*
p *aha*
d *tailc tailc*
p *jaja*
d *ßtantsc*
p *mm*
d *maßiin* +++
   oo iß hap übär färtsiß jor gßaft ++

(Der Waschmaschinenverkäufer erklärt, was unter einer *Spartaste* zu verstehen ist. Sie bewirkt eine Minderung des Wasser- und Stromverbrauchs um die Hälfte. *Spartaste* entspricht *einhalb*.)
(T1201-21)   *unt däs für dii di ßpaartastc* +++
                ainhalp + *ja?*

5.6.2.2 Syntaktische Realisierung

Die syntaktische Realisierung semantisch simplifizierter Einheiten geschieht auf völlig unterschiedliche Art.

1a. Substitution durch ein Element der gleichen grammatischen Kategorie.
1b. Substitution durch Einheiten einer anderen Kategorie (*überprüfen* = *kontrolc*).
2. Pars-pro-toto-Substitution bei Komposita.
2a. Affixsubstitution (*mitnehmen* = *mit*)
2b. Basissubstitution (*Wäschetrockner* entspricht *troknär*, *Möbelabteilung* entspricht *mööbcl*).
3. Analytische lexikalische Paraphrase.

LKW entspricht *groosc lastvaagcn*, *verändern* entspricht *dageegcn tuun*, *verbreitet* entspricht *voos fiil kasätcn gipt*, *Sockel* entspricht *haus unc*; besonders aber auch die Bildung von Funktionsverbgefügen auf verbaler oder nominaler Basis mit *machen* und *tun* (*beten* entspricht *beetcn maxcn*, *exportieren* entspricht *äksport maxcn*, *vorwaschen* entspricht *foorväßc maxcn*, *abrechnen* entspricht *faktuura maxän*).

Insgesamt ergibt sich keine strikte kategoriale Substitution in dem Sinne, daß das Substitut jeweils der gleichen grammatischen Kategorie dessen substiuierten Elementes angehören müßte. Wie hier zu zeigen versucht wurde, verläuft die Substitution vielmehr über kategoriale Grenzen hinweg.

5.6.3 Zusammenfassung

Die verbreitete Hypothese über eine größere Polysemie des Wortschatzes in Xenolekten, die sich in der Beschränkung des Lexikons widerspiegelt, kann damit nur begrenzt bestätigt werden. Auf der anderen Seite erfährt das Xenolektlexikon über verschiedene Substitutionsprozesse eher eine beachtliche Erweiterung, zumal auch die entsprechenden *Ziellexeme* weiterhin verwendet werden. Die qualitative Analyse lexikalisch-semantischer Substitutionsprozesse bestätigt die gegenüber früheren Annahmen der Lexikonbeschränkung gegenteiligen Tendenzen, die sich bereits in der quantitativen Auswertung der Type-Token-Verhältnisse gezeigt haben. Prozessen semantischer Generalisierungen und Neutralisierungen stehen andererseits Prozesse semantischer Differenzierungen und Spezifizierungen gegenüber, so daß inbezug auf gängige Spracherwerbshypothesen auch nicht generell von einer semantisch reduzierten Eingabe im Prozeß des Zweitspracherwerbs ausgegangen werden kann[33].

Die Substitution geschieht nicht willkürlich oder unsystematisch, sie ist (mit Ausnahme der Substitution durch neutralisierte Elemente) in mehr oder minder starkem Ausmaß über relevante dominante semantische Merkmale strukturiert. Dabei folgt sie zwei Richtungen. Bei der paradigmatischen Substitution erfolgt eine Realisierung von lexikalischen Einheiten, die in einem oder mehreren semantischen Merkmalen übereinstimmen. Eine Substitution kann dabei dann erfolgen, wenn eine Übereinstimmung zwischen substituiertem Element und Substitut in mindestens einem relevanten dominanten semantischen Merkmal gegeben ist. Bei der syntagmatischen Substitution erfolgt eine Realisierung syntagmatisch organisierter Einheiten in einem formal paradigmatischen Muster.

Die Analyse der Organisation des Xenolektlexikons könnte in Ergänzung von Analysen der vergleichsweise viel untersuchten Lexikonstrukturen von Aphasikern (und anderen psycholinguistischen Untersuchungen) Aufschluß über die allgemeine Strukturierung des mentalen Lexikons bereithalten.

5.7 Erzählen in Xenolekten

Nach den methodischen, klassifikatorischen und strukturellen Darlegungen der vorangehenden Kapitel soll nun das Zusammenspiel der einzelnen Bereiche in einem größeren Textzusammenhang dargestellt werden. Am besten

---

[33] Zur Funktion reduzierter Eingabe beim Zweitspracherwerb siehe besonders Krashen (1980), Chaudron (1985), Kelch (1985) und Gass/Varonis (1985).

eignen sich hierfür Erzählungen, weil in Erzählungen eigene oder fremde Erfahrungen in der Erzählsituation reproduziert werden (Benjamin 1969), weil sie als größere Einheiten im Zusammenhang eines Textes und dessen kommunikativen Rahmens interpretierbar sind, weil sie auch ein wesentlicher Bestandteil der bezugssprachlichen Alltagskommunikation sind und somit Vergleiche zulassen, weil sie die besonderen Mittel der deutschsprachigen Informanten zur Erreichung des kommunikativen Gelingens der Aufgabe bloßlegen und weil sich einige konzeptuelle Fragen in deren morphologisch und lexikalisch unterspezifizierter Realisierung in Xenolekten in besonderer Deutlichkeit aufwerfen. Erzählungen finden sich vor allem in den wenig vorstrukturierten Fabrikdaten, so daß hier ausschließlich diese Daten herangezogen werden sollen. Auf andere Gesprächssituationen, die in Xenolekten ebenso bedeutend sind (Instruktion, Auskunft, Erklärung, Diskussion, Small-Talk), wird an anderer Stelle eingegangen.

Das Grundproblem eines Sprechers besteht ja darin, eine bestimmte mentale Repräsentation einer Geschichte, die in den hier zugrundeliegenden Daten zumeist auf einer tatsächlich erlebten Folge von Ereignissen basiert, verbal so zu realisieren, daß sie auch von einem als weniger kompetent eingeschätzten Adressaten verstanden werden kann. Er muß in irgendeiner Weise klarmachen, daß es sich um eine Erzählung erlebter - und nicht geplanter zukünftiger - Ereignisse handelt und daß diese Ereignisse in einem logischen und geordneten Zusammenhang stehen, und er muß in geeigneter Weise dafür sorgen, daß der Adressat bei seiner Dekodierungsaufgabe nicht überfordert, sondern entlastet wird. Schließlich muß er auch im Auge behalten, daß er sich selbst mit dieser Vereinfachungsaufgabe nicht überfordert. Vor diesen Problemen stehen in graduell unterschiedlicher Weise grundsätzlich alle Sprecher, so daß sich einige Parallelen zu anderen Gesprächs- oder Erzählsituationen ergeben werden. Hier interessiert jedoch der spezifische Charakter einer erschwerten Kommunikationssituation zwischen einheimischen Informanten und fremden Adressaten.

Es würde im Rahmen dieser Arbeit zu weit führen, Aussagen über erzähltheoretische Fragen (im Rahmen der Problematik interethnischer Kommunikation) machen zu wollen. Es soll lediglich eine Untersuchung der Erzählungsstruktur vorgenommen werden. Die Untersuchung orientiert sich dabei grob an dem von Labov/Waletzky (1967) geprägten Schema der Erzählanalyse der Alltagssprache. Dieses besteht aus sechs identifizierbaren aufeinanderfolgenden Einheiten, die Labov (1972b, S. 363) folgendermaßen bezeichnet[34]:

---

[34] Von Labov selbst stammen weitreichende Modifikationen dieses starren Schemas: in Bezug auf die tatsächliche Realisierung der einzelnen Positionen in einer aktuellen

1. *Abstract*
2. *Orientation*
3. *Complicating action*
4. *Evaluation*
5. *Result or resolution*
6. *Coda*

Auf die Strukturierung xenolektaler Erzählungen nach diesem Schema wird im Anschluß an die Wiedergabe eines Textes aus den Fabrikdaten zurückgekommen. Insbesondere wird dabei zu berücksichtigen sein, daß die Informanten dieser Untersuchung keine spezifische Aufgabe hatten und keine besondere Lebenssituation ('Lebensgefahr' oder ähnliches) als Thema der Erzählung vorgegeben war. Zuvor ist jedoch auf die für bezugssprachliche Erzählungen essentielle Markierung des Tempus und dessen regionale Besonderheiten einzugehen.

5.7.1 Regionale Besonderheiten des Tempus

In Xenolekten, das hat sich bisher bereits gezeigt, kann auf die Realisierung der Flexionsmorphologie und damit auch der Tempusmarkierung weitestgehend verzichtet werden. Im folgenden wird untersucht, inwieweit das auch für Erzählungen zutrifft.

Welche Funktionen übernimmt das Tempus in bezugssprachlichen Erzählungen? Weinrich (1971) zufolge hat die Tempusentscheidung des Sprechers vor allem eine charakterisierende Funktion bei der Verbalisierung der abzubildenden Welt. In diesem Sinne teilt er das deutsche Tempussystem in zwei Gruppen: die Tempora der besprochenen und der erzählten Welt. So gelten Präteritum und Plusquamperfekt als die beiden Haupttempora der erzählten Welt, Perfekt, Präsens und Futur als Tempora der besprochenen Welt. In den süddeutschen Dialekten südlich der Linie Trier-Frankfurt-Plauen, und damit auch im Aufnahmegebiet, ist diese Opposition jedoch aufgehoben, werden Präteritum und Plusquamperfekt fast nicht mehr realisiert. Das ist

---

Erzählung und in Bezug auf Funktion und Charakterisierung von Evaluationen. In Labov (1972b) geht er davon aus, daß Evaluationen von der Evaluationsposition über die gesamte Erzählung ausstrahlen und daher auch an weiteren Stellen der Erzählung auftreten können. Des weiteren macht er bereits auf Einschränkungen der Gültigkeit dieser strukturellen Klassifikation aufmerksam, die sich aus dem von ihm gewählten Elizitierungsverfahren ergeben. Die genannten Arbeiten bildeten in der Folge die Grundlage für weiterführende Untersuchungen und haben daher einige Erweiterungen und einige Kritik erfahren. Hierzu nehmen ausführlich Quasthoff (1980) und Ehlich (1982) Stellung.

gemeinhin als *oberdeutscher Präteritumschwund* bekannt. Nach den Aufzeichnungen des Deutschen Sprachatlas bezieht sich die geographische Ausdehnung des Präteritumschwundes, der für *kam* und *kamen* ermittelt wurde
(nach den Angaben Lindgrens auch für *that/lag(en)*), auf das Gebiet südlich
der oben genannten Linie. Es wird aber auch ersichtlich, daß diese Grenze für
die genannten Wörter deutliche Streuungen nach beiden Seiten hat. Die
ermittelte Grenze für *wollte* liegt zudem weiter südlich auf der Linie Saar-
burg - Mannheim - Aschaffenburg - Coburg, die für *war* noch weiter südlich
auf der Linie Saarbrücken - Weissenburg - Würzburg - Eger. Darauf verweist
Lindgren (1957, S.43ff) unter Bezug auf Karten des Deutschen Sprachatlas.
Dies scheine, so Lindgren, daran zu liegen, daß Hilfsverben eine größere
Resistenz gegenüber den Schwunderscheinungen besäßen.

Es ist also eher davon auszugehen, daß in der Bezugssprache des besagten
Aufnahmegebietes Erzählungen allgemein nicht (mehr) durch die Wahl zwischen verschiedenen Tempusformen markiert werden. Unter bestimmten
Bedingungen kann hier zudem neben dem Perfekt auch das Präsens in Erzählungen auftreten, dann nämlich, wenn es in einen *Perfektrahmen* des Textes
eingebettet ist. Diese süddeutschen Besonderheiten sind auch für die Interpretation der hier verwendeten Daten als Maßstab anzulegen, da alle Informanten bis auf zwei Ausnahmen dem Sprachgebiet südlich der *kam*-Grenze
und dem Streugebiet der anderen Grenzen zuzuordnen sind. Die Ausnahmen sind D140 in T1802 und D167 in T1815, die zwar beide seit langem in
Süddeutschland leben (insbesondere im Aufnahmegebiet), aber im nord-
deutschen Sprachgebiet aufgewachsen sind.

Das betroffene Sprachgebiet weist inbezug auf die Tempusproblematik zwei
weitere Besonderheiten auf, die für das Verständnis und die Bewertung der
Erzähltexte von Bedeutung sind und daher berücksichtigt werden müssen:

1. Das Partizip Perfekt von „Bewegungsverben" wie *gehen, fahren* und anderen wird in Verbindung mit direktionalen Adverbialen im Perfekt nicht
   realisiert.

   (T1801-14) *da bin iß tsum ä hämoopaat nax HÄPÄNHOIM*

   In diesen Fällen repräsentiert die Verbflexion also nicht eine Präsensmarkierung, wie bei formaler Betrachtungsweise naheliegen könnte, sondern
   in der Tat nur den flektierten Teil des Verbkomplexes (*bin gefahren/ge-
   gangen*). Derartige Erscheinungen dürfen also auch in den vorliegenden
   Texten nicht als xenolekttypische Auslassungen gewertet werden.

2. Es finden sich zwar außer den genannten wenigen Ausnahmen weder
   Präteritum- noch Plusquamperfektformen, dafür aber die dialekttypi-
   schen Perfektvarianten, bestehend aus Perfekt und doppeltem Perfekt.

Das doppelte Perfekt wird im gesamten Sprachgebiet verwendet.

är hot ä audo kaaft (er hat ein Auto gekauft)
är hot ä audo kaaft kad (*er hat ein Auto gekauft gehabt)

Bei Berücksichtigung der dargestellten regionaltypischen Besonderheiten geht es nun um die Frage der Realisierung der Tempusfunktionen in den morphologisch ärmeren Xenolekten. Die Informanten haben dabei theoretisch drei verschiedene Möglichkeiten:

1. Sie greifen doch auf das Ausgangssystem zurück oder bauen es (redundant) aus, weil die beschränkten Möglichkeiten des Xenolektsystems ihnen zumindest in bestimmten Situationen keine andere Wahl lassen.
2. Sie schaffen sich neue Möglichkeiten der Tempus- beziehungsweise Erzählmarkierung (Substitution durch bezugssprachlich vorhandene Elemente, die neue Funktionen erhalten; Bildung von Neologismen).
3. Sie lassen unausgedrückt, was mit Hilfe von bestimmten Anordnungsprinzipien implizit ausgedrückt werden kann.

Zur Klärung der offenen Fragen wird nun auf einen für xenolektale Kommunikation repräsentativen Textausschnitt zurückgegriffen. Anhand dieser Erzählung kann exemplarisch und anschaulich demonstriert werden, wie Xenolektsprecher Erzählungen strukturieren und welchen Strategien sie dabei den Vorrang geben.

5.7.2 Ein Beispiel: *Der Autounfall*

Die Erzählung entstammt der Aufnahme T1814. Gesprächspartner sind Tekin (T18) und Dietmar (D166). Die gesamte Erzählung ist eingebettet in eine Diskussion zwischen Dietmar und Tekin über die Arbeitsverhältnisse am gemeinsamen Arbeitsplatz, die Qualität bestimmter Reifenfabrikate, das Auto von Tekin und die berufliche Situation von Dietmar. Die Aufzeichnung fand nach Ende der Arbeitsschicht auf dem Parkplatz des Werkgeländes in unmittelbarer Nähe des Autos von Tekin statt. Zur Zeit der Aufnahme wartet Dietmar auf einen Kollegen, der ihn mit nach Hause nehmen soll. Tekin will nach Hause fahren und trifft Dietmar, der nach seinem verspäteten Kollegen Ausschau hält. Deshalb unterbricht er auch gelegentlich die Erzählung des Unfallherganges, wenn er meint, seinen Kollegen ausgemacht zu haben. Schließlich kommt dieser Kollege tatsächlich und Dietmar bricht die Erzählung ab, indem er sich bei Tekin verabschiedet (37).

(T1814)
0 t (...) *flai ausländär maxcn? flaiß*
0 d *flaiCt iß vais nit abär is dox ßaizc häj* +++
0 *iß nit* +++

0   *ääbc komt är hä?* +
0   *jaja ääbc komt är* + *do hinc* +
0   *oo is hoit früü häj* +
0   *fünf nax halp* ++
0   *noa is är goanät*
0   *is är niks* ++
0   *är is gonts ßmaal* + *gants dürr* + *ama* +
1   *mainc audoo is kaput* ++
2   *donärsdax unfal gcmaxt* +
3   *donärsdax hap iß cn unfal gcmaxt*
4 t *voo?*
5 d *tsvißä ä BREITENBRUNN unt KRUMBACH* +
6   *vilt fornc druf als* +
7   *aläs kaput* +
8   *väikßtat* ++
9   *(...) iß iß vär* + *jäts ßon tsuu hauzc* +
10 *vär ßon tsuu hauzc* ++ *fuftsäjn minuudc* ++
11 *dox däs is är* + *däs is är do*
12 t *un vär is ßult?* + *unfal*
13 d *iß bin ä tailkaskoo* +
14 *vilt* + *brant* + *diipßtaal nc?*
15 *däs iß cn bctsaalc* +++
16 *bäzär*
17 *vän iß däs bctsaalc mus* + *noinhundärt tauzcnt mark* ++ *fort*
18 +++ *aläs kaput goqc* +++
19 t *abär du ßnäl farän filaißt ägal nä?*
20 d *bin iß* + *übärhaupt niß* +
21 *bin niß ßnäl gfaan*
22 *ägaal o op op iß ßnäl faar odär laqzam ägaal* ++
23 *iß hap* + *gcbrämst*
24 *vaar nas* +
25 *audoo väk* +
26 *graabc runär* +
27 *furnc aläs drin*
28 t *du politsai mäldcn /nä?/*
29 d */ja/*
30 *politsai gcmält*
31 t *politsai komä?*
32 d *ja* ++
33 *bluutproobc* +

34   *guut* +
35   *niks* +
36   *drai flaßc biir trinkc* + *ßpätßißt* +++
37   *maxs guut bis mojc gäl?*
38 t *ja*

Die Geschichte wird zweimal erzählt, in unterschiedlicher Ausführlichkeit
und abhängig von den Nachfragen von Tekin. Zeile 11 markiert einen kurzen
Themawechsel und betrifft den Kollegen, der Dietmar abholen will. Daran
anschließend folgen zwei Nachfragen von Tekin bezüglich der Unfallursa-
chen, die von den erzählten Ereignissen wegführen. 17/18 ist in diesem Sinne
wieder als Rückbezug auf die Geschichte zu werten, und zwar als Evaluation
der bis dahin erzählten Ereignisse. Dietmar beginnt seine Erzählung mit
dem, was Labov *abstract* nennen würde (Zeile 1), und liefert anschließend die
temporale, thematische und lokale Orientierung (2-5). Dabei wird der tem-
poral-thematische Teil zweimal genannt: Zum ersten in xenolektaler Realisierung (2), zum zweiten in dialektaler Paraphrasierung zur Absicherung für
Informant und Adressat (3). Die lokale Orientierung wird nach Intervention
von Tekin genannt, es ist aber nicht auszuschließen, daß Tekin hier Dietmar
nur zuvorgekommen ist. Es folgt dann die dreiteilige Komplikation (6-8), die
entsprechend der natürlichen Abfolge angeordnet ist. Das Prinzip, die
Menge der Ereignisschritte entsprechend ihrer natürlichen Abfolge abzubil-
den, strukturiert zumeist auch bezugssprachliche Erzählungen, es gilt aber
als eine notwendige Bedingung für Erzählungen in starken Xenolekten, da
auf morphologische Tempusmarkierung und auf die Verwendung adverbialer Markierungen (*Erzählpartikel*) völlig verzichtet wird. Und so finden sich
auch im ersten Abschnitt dieser Erzählung, abgesehen von der Einleitung
(dem Abstract), der paraphrasierten Orientierung und den evaluativen Teilen (9-11), weder Tempusformen noch irgendwelche temporalen Konnekto-
ren. Im zweiten Abschnitt der Erzählung (23-36), der die Geschichte in
mehreren Details erzählt, sieht dies etwas anders aus. Hier finden sich in der
ersten Komplikation immerhin eine vollständige Perfektform (23) und
außerdem eine partizipiale Markierung (30). Eine weitere Markierung ist
bereits im ersten Rückgriff (18) auf die Erzählung gegeben. *goqc* ist die
dialektale Entsprechung des Partizips *gegangen*. Dennoch erfolgt auch hier
die Abbildung der Ereignisschritte strikt dem oben beschriebenen Prinzip
der natürlichen Abfolge. Es ist charakteristisch für Xenolekterzählungen,
daß gelegentlich partizipiale Formen im Wechsel mit Infinitivformen realisiert werden, wenn schon das Verb überhaupt realisiert wird. Dieser zweite
Abschnitt der Erzählung ist auf die Abbildung der Ereigniskette konzentriert, wobei sich die beiden von Tekin erfragten Ereignisse völlig darin

eingliedern (30 und 32). Abgeschlossen wird auch dieser Abschnitt der Erzählung mit einer Evaluation (36), die als resultatives Ereignis der Ereigniskette
interpretiert werden könnte, wenn Dietmar dies nicht durch die Situierung
Spätschicht disambiguieren würde. Sie erklärt, warum die Blutprobe *natürlichermaßen* gar nichts ergeben konnte, da Dietmar in der gesamten, dem
Ereignis vorangehenden Spätschicht nur drei Flaschen Bier getrunken hatte
(was bei seiner körperlichen Tätigkeit tatsächlich kaum ins Gewicht fallen
dürfte).

Wie in dieser Erzählung, so weisen auch die übrigen Erzählungen zumindest eine vierteilige Gliederung auf, bestehend aus Einleitung, Orientierung,
Ereigniskette und Evaluationen. Eine Einleitung ist zumeist nötig, um die
Einbettung der Erzählung in den größeren Textzusammenhang zu gewährleisten und ihre Funktion darin festzulegen. In der Orientierung nennen die
Informanten zumeist mindestens eine temporale Situierung und den thematischen Rahmen (Personen, Gegenstände, Gegebenheiten), seltener auch die
lokale Situierung. Das, was gemeinhin als Abstract klassifiziert wird, fällt in
diesem Sinne auch in die Funktion der Orientierung, da dadurch bereits
temporale, lokale und thematische Aspekte der Erzählung miteingeführt
werden, auf die sich die Erzählung zusammen mit dem notwendigen Hintergrundwissen als Ausgangsbasis stützt.

Wichtigstes Kennzeichen der Ereignisschritte ist deren morphologisch
und lexikalisch unmarkierte oder nur teilmarkierte Strukturierung nach dem
Prinzip der natürlichen Abfolge. Evaluationen werden gehäuft als Gliederungssignale zwischen den einzelnen Positionen und zur Abgrenzung und
Absicherung in der Ereigniskette verwendet. Sie markieren in diesem Sinne
Zwischenschritte, die dann wiederaufgenommen und expandiert werden
können und damit ein Entgegenkommen an den Adressaten darstellen. Der
Erzähler, der sich für die Dauer der Erzählung das Rederecht erworben hat,
räumt dem Adressaten das Recht ein, ihn an diesen Stellen zu unterbrechen
und gegebenenfalls Klärung oder zusätzliche Informationen nachzufordern.
Diese Nachforderungen können dazu führen, daß die Erzählung verlassen
wird und bestimmte individuelle oder generelle Konzepte als Hintergrundwissen eingeführt werden. Im Extremfall wird die bis dahin unvollständige
Erzählung nicht wieder aufgenommen und zu Ende geführt, sondern ausgehend vom Einschub das Thema in eine andere Richtung entwickelt. Andererseits haben daneben Evaluationen, die sich auf die Geschichte beziehen,
besonders dann, wenn sie fast stereotyp an verschiedenen Stellen der Erzählung und besonders der Ereigniskette wiederholt werden, eine Leitfunktion.
Sie markieren eine Art „roten Faden", das Ziel, auf das die Erzählung
zusteuert, und rechtfertigen dadurch zugleich die Aufwendigkeit der Erzäh-

lung. Die Realisierung einer in den Textzusammenhang zurückführenden Ausleitung (*Coda*) entspricht dem bezugssprachlichen Gebrauch und unterliegt wie dieser den textuell und situationell bedingten Variationen.

Die Bedeutung der markanten Gliederungsstrategien in Xenolekterzählungen zeigt sich zudem an zwei weiteren Phänomenen. Zum einen markieren insbesondere die hochfrequenten Rückfragen (*nä?, ja?* oder die xenolekttypischen Ausprägungen *färßteen?*) die Abgrenzung von Erzähleinheiten und damit potentielle Eingriffsstellen für Interventionen des Adressaten. Zum zweiten markiert die fein abgestimmte Pausenstruktur Begrenzung und Zusammengehörigkeit von Erzähleinheiten. Es ist charakteristisch für diese Erzählungen, daß sowohl die oben definierten Positionen als auch die Ereignisschritte der Ereigniskette voneinander deutlich getrennt sind. So werden die Ereignisschritte einer Ereigniskette (siehe die Erzählung in T1814) meist durch einfache Pausen (bis zu einer Sekunde) voneinander getrennt, eingeflochtene Evaluationen, die Abgrenzung zu anderen Positionen oder Einschüben und die Trennung zwischen komplizierenden und auflösenden Ereignissen meist durch längere Pausen. Auf die Problematik der Pausenstrukturierung und der Verlangsamung der Sprechgeschwindigkeit wird später noch detaillierter eingegangen, hier genügt es zunächst, auf ihre erzählungsstrukturierende Funktion hinzuweisen.

Xenolekterzählungen weisen weitere interessante strukturelle Aspekte auf, denen nun kurz nachgegangen werden soll. Veränderungsbewegungen gemäß der in Kapitel 4.1 dargestellten Stufentypologie lassen sich recht genau an dem oben gegebenen Positionsschema festmachen. Es ist auffallend, daß gerade ein- und ausleitende Äußerungen und Evaluationen der Geschichte nur sehr selten von strukturellen Veränderungen betroffen sind (dann in c-Äußerungen), also in der Regel bezugssprachlich realisiert sind, während Orientierung und Ereigniskette besonders häufig als d-Äußerungen erscheinen. Das bedeutet jedoch nicht, daß die Evaluationen etwa als weniger „wichtig" angesehen würden. In Ihrer Funktion, die Relevanz der Erzählung im Text deutlich zu machen, erfüllen sie eine besonders wichtige Aufgabe. Bei mehrfach modellierten Erzählungen, die das kommunikative Ziel in der ersten Fassung nicht erfüllt haben, nimmt die Anzahl der Evaluationen stetig zu, während die Erzählung selbst mehr und mehr in den Hintergrund rückt. Hier treten dann verständlicherweise auch verstärkt Realisierungen von d-Äußerungen auf.

Nach der orientierenden Darstellung der strukturellen Besonderheiten größerer Texteinheiten in xenolektaler Realisierung wird in den folgenden Kapiteln 6 und 7 auf die Einflußfaktoren, die für die Veränderungen verantwortlich sind, noch ausführlich eingegangen werden.

6. Variation in Xenolekten

In den beiden vorangehenden Kapiteln wurde versucht, die Systematik xenolektaler Äußerungen in einigen Bereichen darzustellen. Im wesentlichen
stand dabei die Grammatik von d-Äußerungen im Mittelpunkt. Wie mehrfach bereits erwähnt, beschränken sich die untersuchten Xenolektsprecher
aber nicht ausschließlich auf diesen Äußerungstypus, sondern zeigen vielmehr einen stetigen Wechsel zwischen den vier klassifizierten Äußerungsstufen. Es sollte an einigen der behandelten grammatischen Bereiche klar geworden sein, daß ein Wechsel der Veränderungsstufe funktional erforderlich
wird, wenn bestimmte Inhalte in einer anderen Veränderungsstufe besser
oder überhaupt nur in dieser ausgedrückt werden können. Wie alle grammatischen Beschreibungen stellt auch die der xenolektalen Systematik eine
Idealisierung insofern dar, als sie die individuelle Variation in der Anwendung oder Frequenz bestimmter Strukturen nicht berücksichtigen kann.
Eine solche Performanzbeschreibung ist aber gerade für die Einschätzung der
Systematik und Auftretenswahrscheinlichkeit von Xenolekten von großer
Bedeutung. Außer einigen Frequenzanalysen zu Diskursstrategien, die allerdings äußerungsstufenüberlagernd sind, liegen in der gesamten Xenolektforschung bisher keine vergleichenden Untersuchungen zur Variation in Xenolekten vor. In diesem und dem folgenden Kapitel soll daher versucht werden,
anhand der in dieser Arbeit verwendeten Gesprächsdaten zu Aussagen über
die die Variation bedingenden Einflußfaktoren zu gelangen. Unter Aus-
schluß der individuellen, sprecherspezifischen Präferenzen und situativ bedingter Variationseffekte werden in diesem Kapitel die vom Adressaten
ausgehenden Einflußfaktoren im gesamten untersucht. In Kapitel 7 schließlich wird versucht, die Verbindungen zwischen Mitteilungsstruktur und
Veränderungsstufung herauszuarbeiten.

6.1 Der Einfluß des Adressaten auf die Variation

Die Variation des Verhaltens eines bestimmten Individuums (Sprechers)
oder einer bestimmten sozialen Gruppe bei wechselnden Adressaten ist ein
bevorzugtes Forschungsgebiet der Sozialpsychologie, deren Untersuchun-

gen in unterschiedlich deutlichem Maße auch adressatengerichtete Verhaltensänderungen gegenüber ethnisch verschiedenen Gruppierungen belegen. Einen Überblick hierzu geben insbesondere Giles/StClair (1979). Von der Sprache als Teilkomplex des Verhaltens werden sich ähnliche adressatengerichtete Veränderungen (Adaptationen) erwarten lassen, wenn diese auch in der bisherigen Forschung nur recht global oder nur in einigen Kommunikationssituationen beschrieben wurden[35]. Zwar existiert darüberhinaus im hier interessierenden Bereich xenolektaler Kommunikation eine mittlerweile für mehrere Sprachen nachgewiesene generelle Liste von Oberflächenerscheinungen und ebenfalls eine Untersuchung von Henzl (1975) zu sprecher- und adressatenspezifischen Adaptationen von Lehrern im Fremdsprachenunterricht (im Bereich der Sprechgeschwindigkeit), doch liegen bisher keine Ergebnisse vor, die die mehrstufige Variation der Sprache eines Xenolektsprechers gegenüber unterschiedlichen Adressaten außerhalb einer hochkontrollierten und institutionalisierten Sprechsituation belegten, geschweige denn eine qualitative und quantitative Darstellung der Adaptationen lieferten. Der hier vertretenen Auffassung folgend, daß es sich bei Xenolekten nicht um eine einzige Registerstufe handelt, sondern um eine von mehreren Faktoren beeinflußte, variierend aktualisierte Sprechweise, wird ein entscheidender Einfluß der Sprache des Adressaten auf die aktuelle Form eines Xenolektes zugeschrieben. Auf die Problematik der beeinflussenden Faktoren der Sprache des Adressaten und deren Bewertung durch die Informanten wird später noch näher eingegangen.

In einer xenolekttypischen Kommunikationssituation bringt ein Sprecher aufgrund vorangehender Erfahrungen aus ähnlichen Situationen und aufgrund von Vorannahmen über die aktuelle Situation ein idiosynkratisches „Grundkapital" von Veränderungsstrategien mit. Davon ausgehend ist eine weitere Bedingung das Vorhandensein eines für einen Adressaten relevanten, mitteilungswerten Sachverhaltes (Redeanlaß). Bei der Vielfalt möglicher Redeanlässe und Redesituationen ist daher anzunehmen, daß aus den verfügbaren Strategien die herausgegriffen werden, die dem Sprecher für die Mitteilung des bestimmten Sachverhaltes adäquat erscheinen. Zudem wird der Sprecher abzuwägen und auszuhandeln haben, welche Effizienz diese beim aktuellen Adressaten erreichen können. So werden sich daraus, bei unterschiedlichen Adressaten, unterschiedliche adressatengerichtete Modifikationen ergeben. Da nun jeweils alle drei (sprecherspezifisch, adressaten-

---

[35] Mit dem Einfluß einzelner sprachlicher und nicht-sprachlicher Merkmale ausländischer Adressaten auf die Reaktionen von Sprechern der Zielsprache beschäftigen sich unter anderem Eisenstein (1983), Olynyk et al. (1983) und Ryan (1983).

spezifisch und textpragmatisch bedingte) Faktoren an der Realisierung einer
Xenolektvarietät gleichzeitig beteiligt sind, läßt sich die jeweilige Gewichtung eines Faktors nur in Gegenüberstellungen bei Beibehaltung der beiden
anderen Faktoren ermessen. Alle drei Einflußfaktoren werden in der vorliegenden Untersuchung systematisch variiert und einzeln behandelt. Wenn
dabei jeweils von einem isolierten Faktor die Rede ist, so bedeutet dies noch
nicht, daß dies die wichtigste oder gar einzige Ursache für die Auslösung des
sprachlichen Anpassungsverhaltens ist. Zusätzlich wird dabei auch von einigen außersprachlichen Einflußfaktoren zu sprechen sein, die hier nicht systematisch kontrolliert werden konnten, die aber dennoch für die Erklärung
bestimmter Abweichungen herangezogen werden müssen, auch wenn sie
nicht im Mittelpunkt der Untersuchung stehen. So soll insgesamt verständlich werden, wie die starke in diesen und anderen Daten beobachtete Variation in Xenolekten, inklusive des möglichen Sonderfalles des Nicht-Auftre-
tens von Xenolektmerkmalen, durch die Interaktion ihrer Einzelvariablen
zustandekommt.

6.2 Subjektive Sprachstandsbewertung

Um Aussagen über adressatenspezifisches Sprachverhalten machen zu können, bedarf es zunächst einer Feststellung der Differenzen in der Sprechweise
eines bestimmten Informanten bei wechselnden Adressaten. Linguistische,
paralinguistische und viele verschiedene nicht-linguistische Faktoren bilden
dabei die Ursachen für Verhaltensänderungen. Es wurde bereits dargestellt,
welche gravierenden sprachlichen Veränderungen bestimmte Informanten
bei wechselnden Adressaten vornehmen, um sich nach ihrer Auffassung
optimal verständlich zu machen. Es ist in höchstem Maße unwahrscheinlich,
daß diese Veränderungen, zudem in längeren Interaktionen, unsystematisch
vorgenommen werden. Nur sehr schwer sind aber die Faktoren zu isolieren,
die in einer gegebenen Interaktion tatsächlich eine bestimmte Veränderung
bewirken. Es muß deshalb einschränkend vorausgeschickt werden, daß auch
diese Untersuchung keine quantifizierbaren Bewertungen der einzelnen Einflußfaktoren liefern kann. Um Derartiges zu gewährleisten, wären andere
Elizitierungsverfahren erforderlich, die aber beim derzeitigen Stand der Forschung aus den in den Kapiteln 2 und 3 dargestellten Überlegungen noch
nicht angewendet werden können. Die hier dargestellten Ergebnisse erlauben
aber dennoch die Bildung von vergleichsweise gut abgesicherten Hypothesen. Da nun nach dem hier gewählten Elizitierungsverfahren nur vage direkte
Aussagen über den Einfluß nicht- oder paralinguistischer Faktoren auf das
Sprachverhalten möglich sind, scheint die Bewertung des Sprachstandes der

Adressaten der fruchtbarste Weg zur Gewinnung von direkten Aussagen zum Einfluß linguistischer Faktoren und zu indirekten Aussagen über nicht- oder paralinguistische Einflüsse.

In der Spracherwerbsforschung finden gänzlich unterschiedliche Bewer- tungsverfahren der Lernervarietäten Verwendung (zu Vergleichen siehe Labov (1972a), HFP (1977), Schumann/Stauble (1983), Tropf (1983) und Fasold (1984)). Sie dienen hauptsächlich der Darstellung einer systemati- schen Folge von Erwerbsstufen des Zweitspracherwerbs und können daher, sofern sie lediglich strukturelle Eigenschaften der Sprache des Adressaten berücksichtigen, für den Zweck der vorliegenden Aufgabe nicht verwendet werden. Es ist noch völlig offen, ob sich Sprecher der Zielsprache bei der Einschätzung der Sprache ausländischer Gesprächspartner an einzelne struk- turelle Merkmale (zum Beispiel der Syntax oder der Negation) halten und überhaupt linguistisch objektive Eigenschaften erkennen und bewerten. Daher scheint es für den Zweck dieser Untersuchung angemessener, mit Hilfe einer subjektiven Sprachstandsbewertung in einer der realen Ge- sprächssituation möglichst ähnlichen Konstellation die wahrscheinliche Ein- schätzung durch die Informanten zu ermitteln. Diese subjektive Bewertung hat den Vorteil, die Situation des tatsächlichen Informanten möglichst genau nachempfinden und die tatsächlich beteiligten Parameter ohne eine Einzel- analyse berücksichtigen zu können und so Aussagen mit einer höheren inneren Validität als andere Verfahren zu ermöglichen. Auf der anderen Seite erfordert sie aber ein hohes Maß an sorgfältiger Planung für die vorzuneh- mende Befragung und eine möglichst große Stichprobe.

6.2.1 Vorgehensweise

Bei der Bewertung des subjektiven Sprachstandes der Adressaten für die vorliegende Untersuchung wurde folgendermaßen vorgegangen. In einer ersten Phase der Planung wurden nach dem Verfahren von Williams mehre- ren Versuchspersonen kurze, anonyme und ohne weitere Erklärungen verse- hene Ausschnitte aus den vorhandenen Gesprächsdaten des ersten Korpus- teils vom Tonband vorgespielt[36]. Die Versuchspersonen wurden anschlie- ßend gebeten, Kommentare zu den jeweiligen Aufnahmen abzugeben. Dieses Vefahren wurde gewählt, um Kriterien für die eigentliche Bewertung durch andere Versuchspersonen (zweite Phase) zu gewinnen, die nicht oder zumin- dest möglichst wenig von den Vorannahmen der Untersuchung beeinflußt sein sollten. Als dominierendes Kriterium wiesen die Bewertungen dabei das Merkmalsparadigma *Verständlichkeit/ verständlich/ besser verständlich als/*

---

[36] Eine ausführliche Beschreibung des Verfahrens ist in Fasold (1984, S.171) enthalten.

unverständlich auf, so daß dieses sich als geeignete Grundlage für die zweite
Phase heraushob[37]. In der zweiten Phase wurde insgesamt 14 per Zufall
ausgewählten Versuchspersonen, je 7 männliche und weibliche, aus der Region der Datenaufnahmen ein dreiteiliger Satz von Gesprächsausschnitten
zur Bewertung auf einer 7-stelligen Skala vorgespielt. Die Fragen lauteten wie
folgt:

*Teil 1: Im folgenden hören Sie kurze Ausschnitte aus 3 verschiedenen Gesprä-
chen zwischen einem deutschen und einem ausländischen Arbeitskollegen. Sie
werden jeweils einmal wiederholt.*

*Wie, glauben Sie, würde der Deutsche die Verständlichkeit des ausländischen
Kollegen auf einer 7-stelligen Skala angeben?*
(0 = Minimum, 6 = Maximum an Verständlichkeit).

*Teil 2: Im folgenden hören Sie jeweils einmal die ersten Sätze eines Kunden, der
in einem Kaufhaus eine Waschmaschine kaufen will.*

*Wie, glauben Sie, würde der deutsche Verkäufer die Verständlichkeit des jewei-
ligen Kunden auf einer 7-stelligen Skala angeben?*

*Teil 3: Im folgenden hören Sie jeweils einmal die ersten Sätze eines Kunden, der
in einem Warenhaus eine Videoanlage kaufen will.*

*Wie, glauben Sie, würde der deutsche Verkäufer die Verständlichkeit des jewei-
ligen Kunden auf einer 7-stelligen Skala angeben?*

Die Bewertung war jeweils unmittelbar nach jeder einzelnen Aufnahme
abzugeben. Zwischen zwei Aufnahmen lag eine Pause von 30 Sekunden, um
Interferenzen der vorangehenden Aufnahmen zu minimieren beziehungsweise auszuschließen. Die je drei Aufnahmen in Teil 1 stammen aus den
Fabrikdaten und wurden jeweils wiederholt vorgespielt. Dieser Teil 1 der
Bewertung diente aber lediglich als Anlaufphase, um die Versuchspersonen
mit der Aufgabe vertraut zu machen und um bei den Bewertungen von Teil 2
und 3 Neuigkeits- und Überraschungseffekte auszuschließen. Um darüberhinaus mögliche Reihenfolgeeffekte in der Abfolge von höher zu niedriger
bewerteten Gesprächen oder umgekehrt auszuschließen, wurde die interne
Reihenfolge der Aufnahmen im Teil 3 komplementär zu der des zweiten
Teils variiert. Um zusätzliche Reihenfolgeeffekte auszuschließen, wurde die
Abfolge von Teil 2 und Teil 3 bei den Versuchspersonen systematisch

---

[37] Gass/Varonis (1985) kommen in ihren experimentellen Untersuchungen ebenfalls zu
dem Ergebnis, daß die Verständlichkeit der Sprache des *Nicht-Muttersprachlers (non-
native speaker)* einer der wichtigsten Determinanten für das Auslösen von sprachlichen
Veränderungen beim Informanten ist. Es scheint also gerechtfertigt, sie als besonders
dominanten Faktor anzusehen.

variiert. Mögliche Effekte wurden auf diese Weise neutralisiert. Die Aufnahmen von Teil 2 bildeten jeweils die ersten Äußerungen des Adressaten (Kunden) beim Waschmaschinenkauf (W- Teil), die Aufnahmen von Teil 3 bildeten jeweils die ersten Äußerungen des Adressaten beim Kauf einer Videoanlage (V-Teil). Es wurden jeweils die authentischen Gesprächsausschnitte verwendet, wobei mögliche eingeschobene Kommentare oder Zwischenfragen des Verkäufers eliminiert wurden. Auf diese Weise konnte die authentische Situation der sprachlichen Einschätzung der Adressaten durch die Verkäufer für die Versuchspersonen so getreu wie möglich simuliert werden. Verkäufer und Versuchsperson hatten somit, was die rein sprachliche Bewertungsaufgabe betrifft, nahezu identische Ausgangsbedingungen. Die Aufnahmen der beiden genannten Verkäufer D101 und D102 wurden ausgewählt, da sich in diesen Gesprächen die größten Veränderungen der Sprechweise zeigten. Der Befragungsaufbau ermöglichte so eine jeweils doppelte Bewertung der Adressaten, ohne daß den Versuchspersonen dies zum Zeitpunkt der Befragung bewußt geworden wäre. (Dies ergab die Kontrollbefragung am Ende der gesamten Bewertung.) Er ermöglichte aber auch eine separate Skalierung jeweils der W- und V-Aufnahmen, die mit den in Abschnitt 6.3 dargestellten individuellen Veränderungen bei D101 und D102 korreliert werden kann. Die Gesamtskalierung aus beiden Einzelskalierungen ermöglicht darüber hinaus eine auf einer größeren Stichprobe basierenden Mittelwertsbestimmung, die die Repräsentativität der gewonnenen Ergebnisse erheblich erhöht.

Tabelle 2: *Der Befragungsaufbau im Überblick*

Versuchsperson	1	2	3	4	5	6	7	8	9	10	11	12	13	14
Aufnahme														
W		x	x	x	x	x	x	x						
V		x	x	x	x	x	x	x						
V									x	x	x	x	x	x	x
W									x	x	x	x	x	x	x

Die Reihenfolge lautet bei:

Teil W		Teil V	
1. T11-05		1. T13-02	
2. It01-01		2. T12-02	
3. It02-05		3. Pe01-07	
4. Pe01-10		4. It02-06	
5. T12-01		5. It01-02	
		6. T11-06	

Verschiedene Tests wurden anschließend durchgeführt, um unbeabsichtigte, in der Anordnung der Aufnahmen begründete Effekte zu bestimmen. Einflußeffekte einer bestimmten Anordnung der W- und V-Teile konnten dabei nicht festgestellt werden. Wie aus Tabelle 3 ersichtlich ist, ergaben sich jedoch unabhängig von der Anordnung unterschiedliche Bewertungen für die Aufnahmen der beiden Blöcke.

6.2.2 Ergebnisse

Die subjektive Bewertung des Sprachstandes der sechs ausländischen Adressaten der Auskunftsdaten ergibt folgende Mittelwerte (Tabelle 3 und Abbildung 14). Sie bezieht sich auf jeweils zweimal 14, also je 28, Einzelskalierungen der Verständlichkeit der Adressaten, die für den realen Verkäufer angenommen wurde[38]. Die Standardabweichung ist jeweils in Klammern angegeben.

Tabelle 3: *Subjektive Sprachstandsbewertung*

	D101 (W-Block)	D102 (V-Block)	Gesamt	
It01	2,57	1,00	1,79	(1,32)
It02	2,42	2,28	2,36	(1,19)
T13	----	2,71	2,71	(1,20)
T12	4,50	3,71	4,11	(1,23)
T11	3,86	4,50	4,18	(1,41)
Pe01	5,21	4,86	5,04	(1,23)

Fast identisch ist die Bewertung für beide Aufnahmen nur bei IT02 (Differenz 0,1). Bei Pe01 beträgt die Differenz in beiden Aufnahmen 0,3, bei T11 0,64, bei T12 0,8 und bei IT01 1,6. Das bedeutet, daß nur die Aufnahme von T11 im V-Teil besser als im W-Teil bewertet wird. Die Bewertungsunterschiede sind jedoch nicht auf einen Reihenfolgeeffekt zurückzuführen, da im Gesprächsausschnitt von IT01-02 (V-Teil) tatsächlich starke Anzeichen für

---

[38] Da bei T13 eine Aufnahme mit D101 nicht zustandekommen konnte, bezieht sich der Mittelwert von deren Bewertung dementsprechend lediglich auf 14 Einzelskalierungen.

eine schlechtere Verständlichkeit gefunden werden können (undeutliche Aussprache, keine Realisierung von Umlauten und Flexionsendungen, unverständliche syntaktische Konstruktionen). Zudem kann davon ausgegangen werden, daß mögliche Abfolgeeffekte nach Pausen von 30 Sekunden, die zwischen dem Vorspielen der Aufnahmen jeweils eingehalten wurden, nahezu ausgeschlossen sind. Eine ähnliche Erscheinung derartiger Effekte ergab sich im übrigen bei keinen anderen Bewertungen. So sind also insgesamt kaum negative Einflüsse aus der Anordnung der Aufnahmen auf die Bewertungen zu befürchten. Die Standardabweichung der Gesamtskalierung der einzelnen Sprecher liegt bei Werten zwischen 1,19 und 1,41 Skalenwerten relativ hoch, was nicht zuletzt auf die Unterschiede der Aufnahmen in beiden Blöcken zurückzuführen ist. Sie liegt bei den Skalierungen einzelner Aufnahmen zum Teil erheblich niedriger. Ein Ausgleich in gewissen Grenzen wäre bei dem vorliegenden Datenmaterial jedoch nur durch eine entsprechende Vergrößerung der Stichprobe (das heißt mit mehr Versuchsperso-

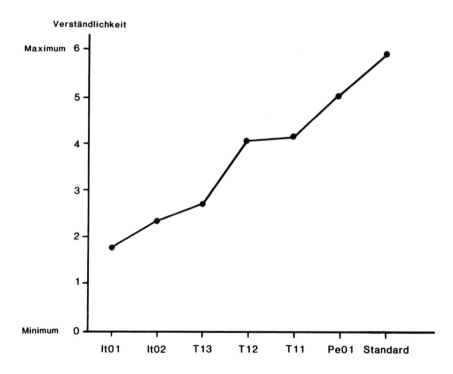

ABBILDUNG 14: Subjektive Sprachstandsbewertung der sechs ausländischen Adressaten

nen) möglich. Eine Signifikanz auf dem 5%-Niveau, die knapp verfehlt
wurde, scheint für den vorliegenden Zweck der Untersuchung, die ja keine
Laboruntersuchung ist und daher mit der großen Varianz natürlicher Sprache arbeiten muß, ausreichend. Der Korrelationskoeffizient zwischen den
Teilen W und V liegt bei 0,87 auf dem 95%-Niveau.

6.3 Adressatengerichtete Variation am Beispiel der Auskunftsdaten

Die Darstellung unterschiedlicher adressatenabhängiger Adaptationen als
eines der Hauptanliegen dieser Arbeit erfolgt exemplarisch an den Interaktionen der Sprecher D101 (Verkauf einer Waschmaschine) und D102 (Verkauf von Videoanlagen) der Auskunftsdaten, da sich Veränderungen gegenüber bezugssprachlichen Normen bei diesen Informanten am deutlichsten
zeigen. Das sprachliche Verhalten der anderen Informanten der Auskunsda-
ten zeigt keine oder, im Vergleich zu D101 und D102, nur relativ geringe
sprachliche Veränderungen im strukturellen und lexikalisch-semantischen
Bereich, so daß sie sich für die folgende Darstellung nur bedingt eignen
würden.

Für beide Informanten werden pro Interaktion mit einem der sechs Adressaten (It01, It02, Pe01, T11, T12, T13) vier verschiedene Werte angegeben,
die variierendes Verhalten in unterschiedlichen Bereichen angeben sollen.
Diese Werte beziehen sich lediglich auf das quantitative Vorkommen bestimmter als sinnvoll und für Xenolektäußerungen als konstitutiv erachteter
Merkmale. Sie erheben nicht den Anspruch, qualitative Aussagen über die
Grammatik von Xenolekten zu sein oder solche zu ersetzen. In den Abbildungen 15 und 16 werden im einzelnen angegeben: die Anzahl von d-Äußerungen pro 100 Wörter zur Darstellung der Vorkommenshäufigkeit der
Veränderungsstufe d, eine gemeinsame Wertung der Merkmale 'AA', 'VA',
'PrA' pro 100 Wörter laufenden Textes zur Darstellung der Häufigkeit von
strukturellen Veränderungen der Stufe c, die Anzahl morphonologischer
Generalisierungen ('MG') pro 100 Wörter und der Wert für das Vorkommen
lexikalisch-semantischer Simplifizierungen ('LS') pro 100 Wörter. Die Ein-
zelwerte dieser und der übrigen Xenolektmerkmale sind in den Abbildungen
11 und 12 in den Mittelwerten für die beiden Informanten zusammengestellt.
Zu beachten ist, daß ein Gespräch zwischen D101 und T13 trotz mehrfacher
und komplizierter Bemühungen nicht zustandekommen konnte und der
Versuch schließlich abgebrochen werden mußte. Zu beachten ist ferner, daß
die Klassifikationen eine unterschiedliche Reichweite haben, da die Merkmale 'AA', 'PA', 'VA','PrA', 'MG/AG', 'IN', 'NN' und 'XL' sich jeweils auf

ein Element beziehen, also den objektiven Wert angeben, während die Merkmale 'LS' und 'SV' und die d-Äußerungen mehrere Elemente oder komplexe Äußerungen betreffen und daher als mittelbare Werte angegeben werden. Würde man die durchschnittliche Länge einer d-Äußerung mit 2,5 Wörtern ansetzen, so wären die entsprechenden Werte mit 2,5 zu multiplizieren, um zu einem mit den anderen Merkmalen auch prozentual vergleichbaren Wert zu gelangen. Dies bedeutete zum Beispiel in der Interaktion von D101 und It01, daß 51,5% des Textes in d-Äußerungen realisiert sind.

Alle Adressaten haben die gleichen Aufgaben, die sich in beiden Gesprächssituationen im wesentlichen nur im Kaufgegenstand unterscheiden (Waschmaschine versus Videoanlage). Die daran anknüpfenden Fragen, wie *Kosten, Transportmöglichkeit ins Ausland, Ratenkauf* und die weiteren, sollen neben spezifischen Fragen (*kleine Waschmaschine, Spartaste, Kompatibilität mit anderen Anlagen* und weiteres) in beiden Gesprächssituationen angesprochen werden. Die thematische Ähnlichkeit beider Informationsgespräche zusammen mit den konstant gehaltenen Variablen erlaubt daher auch indirekte Aussagen über sprechertypische Präferenzen bestimmter Simplifizierungsstrategien.

Weder D101 noch D102 folgen der in der subjektiven Sprachstandsbewertung ermittelten Reihenfolge der Sprecher völlig kontinuierlich. Besonders deutlich fallen bei D101 die d-Werte der Äußerungen aus, wobei ein krasser Unterschied in der Bewertung des Sprachverhaltens von It01 und den übrigen Adressaten besteht. Die Bewertung von It02 und T12 ist bei leichten Unterschieden im wesentlichen auf der gleichen Stufe anzusiedeln, während die Werte von T11 und Pe01 überraschenderweise wieder stark ansteigen. Die Bewertung von Pe01 ist dabei insgesamt leicht schlechter als die von T11. Bis auf eine bedeutsame Ausnahme verlaufen die vier Werte einer jeden Interaktion in der Regel weitestgehend parallel oder zumindest in die gleiche Richtung. Dies läßt darauf schließen, daß sich die Simplifizierungsstrategien nicht gegenseitig substituieren, sondern weitgehend anteilsmäßig gleich verteilt sind. Die entscheidende Ausnahme betrifft das Verhältnis von d-Äußerungen zu den in nur einem Merkmal veränderten c-Äußerungen ('AA', 'VA', 'PrA'). Liegt der d-Wert der Gespräche über einem bestimmten Niveau, so fallen die Werte für 'AA', 'VA', 'PrA' offensichtlich automatisch ab, das heißt, je höher der Anteil von d-Äußerungen, desto niedriger der Anteil von strukturell leicht abweichenden Äußerungen mit den Merkmalen 'AA', 'VA', 'PrA'. Bei D101 liegt das Niveau zwischen den Werten von T11 und Pe01, also zwischen 7,3 und 8,1. Denn während der Wert der d-Äußerungen von Pe01 steigt, fällt gleichzeitig der 'AA/VA/PrA'-Wert leicht ab. (Bei T11 sind die entsprechenden Werte noch in der gleichen Richtung gestiegen.)

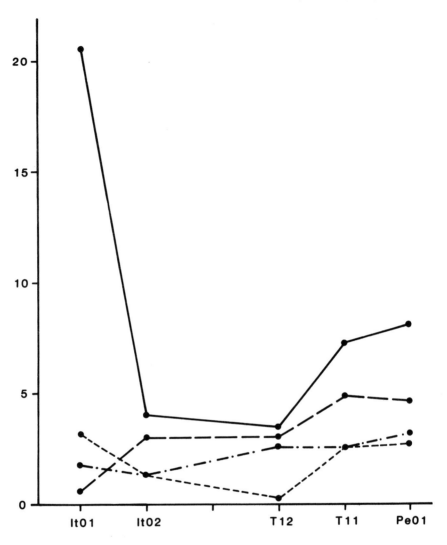

ABBILDUNG 15: Adressatengerichtete Veränderungen bei D101 (pro
100 Wörter)
──────── Anteil von Äußerungen der Stufe d
── ── Anteile der Nicht-Realisierung von Arti-
kel, Kopula und Pronomen
── ── ── Anteile 'Morphologischer Generalisierung'
── · ── · Anteile 'lexikalisch-semantischer Simplifi-
zierungen'

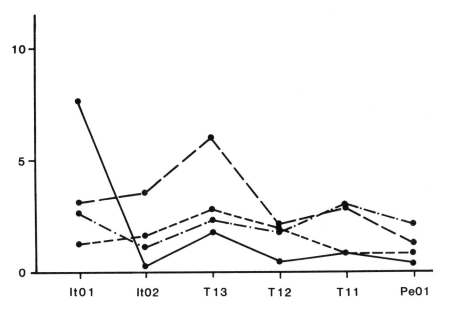

ABBILDUNG 16: Adressatengerichtete Veränderungen bei D102 (pro
100 Wörter)
——————— Anteil von Äußerungen der Stufe d
— — Anteile der Nicht-Realisierung von Arti-
kel, Kopula und Pronomen
— — — Anteile 'Morphologischer Generalisierung'
— · — · Anteile 'lexikalisch-semantischer Simplifi-
zierungen'

Noch deutlicher wird dieses Verhältnis bei den entsprechenden Werten von
It01, wo die d-Äußerungen dominieren, der 'AA/VA/PrA'-Wert aber eine
verschwindend geringe Rolle spielt. Ein ähnlicher Effekt zeigt sich ebenfalls
in der Interaktion von D102 und It01, allerdings weniger deutlich, da der
Anteil der d-Äußerungen bei D102 insgesamt viel niedriger liegt als bei D101.
Die Präferenzen von D102 liegen bei Äußerungen des 'AA/VA/PrA'-Typus.
Noch deutlicher als bei D101 zeigt sich hier der weitestgehend parallele
Verlauf der Merkmalsanteile. Leicht abweichend sind hier jedoch die 'MG'-
Werte von It01 und T11 sowie der etwas hohe 'AA/VA/PrA'-Wert von It02.
Beachtenswert ist die erheblich schlechtere, aber in sich stimmige Bewertung
von T13 gegenüber den übrigen Sprechern (außer It01), die insgesamt gleiche

Bewertung von It02 und T12 und die leicht schlechtere Bewertung von T11 (dies entspricht D101), davon abweichend aber die deutlich bessere Bewertung von Pe01.

Beide Interaktionen zeigen also, auf der Basis sprechertypischer Präferenzen bestimmter Strategien, ein gegenüber unterschiedlichen Adressaten graduell variierendes sprachliches Adaptationsverhalten, wobei die verschiedenen Strategien anteilsmäßig auf unterschiedlich angesiedelten Niveaus im wesentlichen entsprechend gleichmäßig verteilt sind. Das deutet darauf hin, daß ein globales Substitutionsverhalten einer Simplifizierungsstrategie anstelle anderer nicht auftritt. Es zeigt darüberhinaus, daß der Grad der Veränderungen nicht linear mit der höheren Bewertung der sprachlichen Fertigkeiten des Adressaten abnimmt, sondern gerade auch die weiter entwickelten kommunikativen Fertigkeiten zu einer höheren Frequenz stärkerer Veränderungen führen können.

6.4 Variation der Sprechgeschwindigkeit

Nach der Darstellung adressatenspezifischer Veränderungen im syntaktischen, morphologischen und lexikalisch-semantischen Bereich sollen im folgenden Veränderungen der Sprechgeschwindigkeit detailliert behandelt werden. Die Verlangsamung der Sprechgeschwindigkeit ist ein auffälliges Phänomen, das in allen Veränderungsstufen vorkommt und von vielen Autoren berichtet wurde. Außer Henzl (1975), die Unterschiede der Sprechgeschwindigkeit in Vorlesungen gegenüber Sprechern der gleichen Muttersprache im Vergleich zu Ausländern von bis zu 170 Wörtern pro Minute ermittelte, liegen allerdings keine fundierten und abgesicherten Belege vor. Untersuchungen an Einzelfällen zu geringer vorstrukturierter Kommunikation in dialogischen Interaktionssituationen mit ausländischen Adressaten wurden bisher nur von Arthur et al. (1980) unternommen, brachten aber keine signifikanten Ergebnisse. Es handelte sich dabei um telefonische Interaktionen mit Bediensteten von Fluggesellschaften.

6.4.1 Vorgehensweise

Bei der vorliegenden Untersuchung interessieren zwei Fragenkomplexe: Gibt es eine deutliche adressatenspezifische Anpassung im Bereich der Sprechgeschwindigkeit, und verändert sich diese im Verlauf eines Gesprächs? Die Messungen der Sprechgeschwindigkeit erfolgen innerhalb von Äußerungsgrenzen. Die Messung syntaktisch-semantischer Einheiten auf der Ebene *Äußerung* scheint vor allem dadurch gerechtfertigt, daß es sich um abgeschlossene und zusammengehörige Planungseinheiten handelt, die zum einen nicht der Geschwindigkeitsvariation einzelner lexikalischer Einheiten unterliegen, zum anderen aber auch von makrostrukturellen Planungs- und Gliederungspausen oder Verzögerungsphänomenen bereinigt sind. Diese makrostrukturellen Phänomene sind bereits häufiger beobachtet worden und auch aus den hier zitierten Transkriptionen leicht ersichtlich. Ihre Berücksichtigung bei der hier vorgenommenen Art der Messung würde deren Aussagefähigkeit erheblich verzerren. Aus dem Korpus der Auskunftsdaten wurden die Gepräche von D101, D103 und D104, die adressatengerichtete Vergleiche zulassen, herausgegriffen und ausgemessen. Aus diesen Gesprächen, die von unterschiedlicher Gesamtdauer sind, wurden dann Ausschnitte ausgewählt, die sich technisch für eine Auswertung eigneten. Da es sich um natürliche Produktionsdaten aus einer natürlichen Kommunikationssituation handelt, ist diese Aufgabe ein recht aufwendiges Unterfangen, das einige Zugeständnisse an die technische Qualität der Daten erfordert. Es konnten nur Ausschnitte verwendet werden, die über klar erkennbare Anfangs- und Endpunkte verfügten und nicht von Überschneidungen anderer Sprecher, wie sie beim Wechsel der Gesprächsrollen auftreten, oder von Nebengeräuschen (Türklingeln, Maschinen und ähnliches) überlagert wurden. Nur repräsentative Ausschnitte wurden berücksichtigt, das heißt vollständige Äußerungen des Typus a oder b oder, wenn technisch nicht anders möglich, Teile daraus, unter der Annahme, daß diese aus mehreren lexikalischen Einheiten bestehenden Äußerungteile für die gesamte Äußerung ebenfalls repräsentativ sind. Ausgeschlossen wurden d-Äußerungen, da bei ihnen die syntaktische Vergleichbarkeit mit den anderen Äußerungsstufen nicht gegeben ist, und Äußerungen, deren Formulieren dem Sprecher besonders beim Auffinden geeigneter lexikalischer Einheiten offensichtlich große Schwierigkeiten bereiteten. Als solche wurden Äußerungen klassifiziert, die durch verzögernde Gestik oder parallel ablaufende Handlungen (zum Beispiel das Suchen passender Lottoscheine) oder durch Verzögerungsphänomene (Mehrfachansätze, überlange Pausen, *ähs* und ähnliches) beeinflußt sind. Auch die häufig vorkommenden und meist durch kurze Pausen von der Kernäußerung abgetrennten Verständnisfragen wurden soweit wie möglich ausgeklammert. Hier handelt es sich nicht immer um eindeutig als xenolekt-typisch identifizierbare Phänomene, die zudem in der Regel eine eigene Äußerung bilden, so daß eine entsprechende Messung die Ergebnisse ebenfalls verzerren könnte.

Alle innerhalb dieser Äußerungen vorkommenden Pausen wurden mitgemessen, vorkommende Pausen zwischen selbständigen Äußerungen wurden ausgeschlossen. Eine Auswertung von Gesprächen zwischen D101 und sechs

der Adressaten beziehungsweise zwischen D104 und vier der Adressaten
ergab zwar eine sprecherspezifisch unterschiedliche mittlere Sprechgeschwindigkeit von D101 und D104, jedoch nur geringe adressatengerichtete
Abweichungen[39]. Im folgenden beschränkt sich die Auswertung daher auf die
Daten von D103, die vom Tonband auf einen SE Galvo Conditioning Unit
SE 993 und einen SE U.V. Recorder 3006 überspielt und oszillographisch
aufgezeichnet wurden. Die Aufzeichnungsgeschwindigkeit betrug 125 Mil-
limeter pro Sekunde (mm/sec), was für diese Untersuchung vollkommen
ausreichend ist[40].

6.4.2 Anpassungen bei D103

Insgesamt wurden sieben Gepräche mit jeweils zehn bis zwölf Einzelmessungen ausgewertet (insgesamt 75 Einzelmessungen) und das Verhältnis zur
entsprechenden Silbenzahl berechnet. Lediglich beim Gepräch mit T13
waren nur acht brauchbare Einzelmessungen möglich. Für jedes Gespräch
wurde eine Mindestmeßlänge von 20.000 msec als sinnvoll erachtet, was
allerdings - technisch bedingt - bei It01 und T13 nicht ganz erreicht werden
konnte. Für die übrigen Gespräche wurde die Sollgrenze in der Regel aber
übertroffen. Die Mittelwerte der Messungen (arithmetisches Mittel) sind in
Tabelle 4 in der entsprechenden Reihenfolge zusammengefaßt.

Tabelle 4: *Messung der Sprechgeschwindigkeit*
Informant: D103 (Lottoannahmestelle)

Adressat	Gesamt-Auswertungszeit in msec	Gesamtzahl der Silben	mittlere Sprechgeschwindigkeit msec/Silbe
D1002	47.300	283	167
It0207	22.260	130	171
T1308	19.570	114	172
It0104	15.230	87	175
T1107	47.000	258	182
T1206	57.130	302	189
Pe0103	71.560	282	254

[39] Die Auswertung der Daten von D101 ergab Mittelwerte von: 146,7 msec/Silbe gegenüber D100, 150,0 msec/Silbe gegenüber T11, 150,4 msec/Silbe gegenüber T12, 151,0
msec/Silbe gegenüber It02, 154,4 msec/Silbe gegenüber Pe01 und 167,1 msec/Silbe
gegenüber It01. Die Auswertung der Daten von D104 ergab Mittelwerte von 198,0
msec/Silbe gegenüber D100, jeweils 200,0 msec/Silbe gegenüber It02 und T11 und 216,4
msec/Silbe gegenüber T13.

[40] Die Gesprächssituationen sind im Kapitel 3 bereits beschrieben worden.

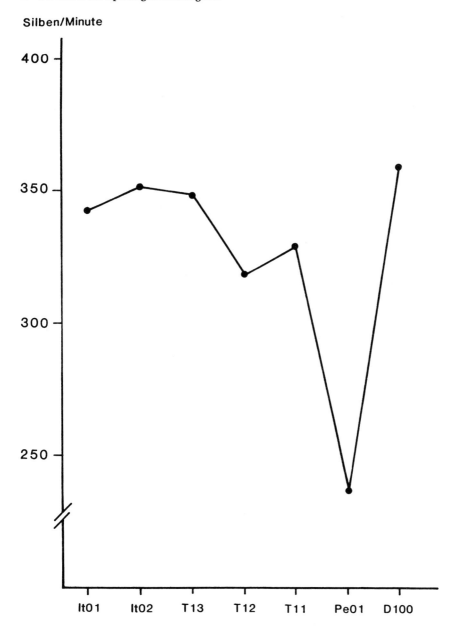

ABBILDUNG 17: Adressatengerichtete Veränderung der Sprechgeschwindigkeit bei D 103

Offensichtlich gelingt D103 eine recht fließende Abstimmung auf den Adressaten. Die Werte der Interaktionen mit It02, T13, It01 und T11 können in einer Gruppe zusammengefaßt werden, während gegenüber der deutschen Kontrollperson D100 starke Tendenzen zu einer noch größeren Beschleunigung der Sprechgeschwindigkeit zu beobachten sind. Gegenüber T12 tendiert D103 in die andere Richtung, so daß sich die Sprechgeschwindigkeit von den zuvor genannten Werten abhebt. Die Aufnahme von der Interaktion mit Pe01 erreicht deutlich den niedrigsten Wert. So ergeben sich hier also vier unterschiedliche „Geschwindigkeitsbereiche". Eine Gesamtbetrachtung der Interaktionen bei Berücksichtigung der gesamten Pausenstrukturierung zeigt eine deutliche Verstärkung der hier beschriebenen Tendenzen.

6.4.3 Ursachen der Variation

Was verursacht nun die starken Abweichungen von bis zu 87 msec/Silbe gegenüber unterschiedlichen Adressaten? Die Pausen zwischen den Äußerungsteilen fallen deutlicher aus. Während gegenüber D100 häufig überhaupt keine Unterbrechung erkennbar ist (die Äußerung erscheint als eine einzige ununterbrochene Lautkette), treten in der Interaktion mit Pe01 zwischen Äußerungsteilen Pausen von 500 msec und mehr auf. Schließlich werden auch Wort- und Silbengrenzen durch längere Pausen besonders markiert. Zumindest in den extrem langsamen Interaktionen mit T12 und Pe01 wird aber deutlich, daß es sich bei den Verzögerungen nicht ausschließlich um ein Pausenphänomen handelt, sondern daß darüberhinaus die Dauer der Silben beeinflußt wird.

In allen Interaktionen ist eine ausgeprägte Variation der Sprechgeschwindigkeit zu beobachten. Sie ist in den Interaktionen mit niedriger mittlerer Sprechgeschwindigkeit am höchsten und beträgt zwischen höchster und niedrigster Rate bei Pe01 immerhin bis zu 140 msec/Silbe, bei D100 (deutsche Kontrollperson) dagegen nur bis zu 66 msec/Silbe.

Tabelle 5: *Maximale Abweichungen der Sprechgeschwindigkeit in den Inter-*
aktionen bei D 103

Adressat	Niedrigster Wert in msec/Silbe	Höchster Wert in msec/Silbe	Differenz in msec/Silbe
It01	209	117	92
It02	233	140	93
T13	196	128	68
T12	236	117	119
T11	250	150	100
Pe01	309	169	140
D100	193	127	66

Variation innerhalb einer Interaktion besteht auch in muttersprachlicher
Kommunikation und ist ein Kennzeichen natürlicher dialogischer Interaktion überhaupt. Als auffallend kann lediglich das Ausmaß der Variation
betrachtet werden. Die Variation der Sprechgeschwindigkeit innerhalb einer
Interaktion ist dabei nicht auf willkürliche oder regellose Veränderungen
zurückzuführen, sondern ist an bestimmte textpragmatische Faktoren gebunden. Die langsamsten Sequenzen sind hier diejenigen, die Erklärungen
oder Hervorhebungen (zum Beispiel inhaltlichen Korrekturen von Äußerungen des Adressaten) dienen (besonders Ersterklärungen). Die erheblichen
Beschleunigungen ergeben sich dagegen besonders bei Wiederholungen eigener Äußerungen oder Äußerungen beziehungsweise Äußerungsteilen des
Adressaten und bei Routineformeln. Ferner findet sich eine extreme Beschleunigung der Sprechgeschwindigkeit häufig bei Bestätigungen, so als ob
keine Zeit verloren werden sollte, den gerade erzielten Informationsstand zu
sichern. Um einen repräsentativen Querschnitt zu bekommen, wurden jeweils verschiedene Sprechakttypen in einer Interaktion gemessen[41]. Die Tatsache, daß in allen Gesprächen Sequenzen gemessen wurden, deren Geschwindigkeit der der mittleren Sprechgeschwindigkeit mit D100 entspricht
(maximal + 2 msec) beziehungsweise sie sogar unterschreitet (maximal - 50
msec), zeigt klar die Tendenz des Informanten, möglichst zum Variationsbereich seiner „normalen" Sprechgeschwindigkeit zurückkehren zu wollen[42].

---

[41] Eine Beeinflussung der Sprechgeschwindigkeit liegt bei D103 auch dann vor, wenn er
beim Formulieren Schwierigkeiten hat, das heißt, wenn es darum geht, sich selbst
überhaupt im Klaren zu sein, wie das Lottosystem funktioniert. Da diese Sequenzen die
Auswertung verzerren würden, wurden sie bei der Messung nicht berücksichtigt.

[42] Als „normale" Sprechgeschwindigkeit wird hier der ermittelte Mittelwert gegenüber
D100 angesehen, wenn auch die Einzelmeßwerte noch erheblich darunter liegen können.

Zwar wird dieses Ziel zum Ende des jeweiligen Gespräches nur in den
ohnehin wenig abweichenden Varietäten annähernd erreicht, aber auch gegenüber T12 und Pe01 läßt sich eine solche Tendenz klar erkennen. Beim
Einpendeln auf den Variationsbereich der „normalen" Sprechgeschwindigkeit wechseln sich schnellere und langsamere Sequenzen ab, die langsamen
Sequenzen erreichen aber nicht mehr die niedrige Rate, wie sie in der ersten
Hälfte der Messungseinheiten zwei- bis dreimal auftritt. Mit anderen Wor-
ten: die Sequenzen mit der niedrigsten Rate treten in jedem Falle in der
ersten Hälfte eines Gespräches auf. Die Interaktionen sind derart gegliedert,
daß an ihrem Anfang gehäuft Erklärungssequenzen vorkommen. Diese Erklärungssequenzen sind aber vornehmlich in einer niedrigen Sprechge-
schwindigkeitsrate realisiert. Das zeigt, daß die Veränderungen der Sprechgeschwindigkeit zum einen auf textpragmatische Ursachen zurückzuführen
sind, also nicht pauschal vorgenommen werden, das Ausmaß dieser Veränderungen zum anderen aber adressatengerichtet abgestimmt ist. Die Variation
innerhalb einer Interaktion legt zudem den Schluß nahe, daß die Informanten so bald wie möglich zu den automatisierten Produktionsbedingungen
zurücktendieren. Das Beispiel von D103 zeigt aber zugleich, daß die Einschätzungsverfahren der vermuteten Erfordernisse des Adressaten nicht ausschließlich sprachliche Faktoren heranziehen, sondern offensichtlich, bei den
Sprechern in unterschiedlichem Ausmaß ausgeprägt, auch von stereotypen
Vorstellungen beeinflußt sind, die auf nicht-sprachlichen Faktoren aufbauen. Gegenüber Pe01, der die beste sprachliche Bewertung durch die
Kontrollgruppe erhalten hat, läßt sich die Veränderung der Sprechgeschwindigkeit bei D103 daher vor allem auf die dunkle Hautfarbe des Adressaten
zurückführen. Derartige prototypgesteuerte Veränderungen unterliegen
aber dennoch Kontrollprozessen ihrer Adäquatheit und treten daher besonders in den Anfangssequenzen eines Gespräches oder in kurzen, stereotypen
Äußerungsformen auf. Im Falle von D103 ist hierbei besonders die relative
Beschleunigung der Sprechgeschwindigkeit zum Ende der Interaktion mit
Pe01 zu beachten.

7. Variation der Äußerungsstufen und kommunikative Intention

Nach allem, was bisher aus den Daten deutlich wurde, ist davon auszugehen, daß alle Informanten das dargestellte Xenolektsystem kennen. Die Ausführungen über die sprecherspezifischen Veränderungen zeigen jedoch, daß dessen Anwendung von Präferenzen bestimmt ist und in der Frequenz bestimmter Strategien stark variiert. Die durch die kommunikative Intention gesteuerte Systematik der aktuellen Realisationen, die zur Ausbildung der vier Äußerungsstufen führt, dürfte daher ebenfalls individuellen Präferenzen unterliegen. Um diese herauszuarbeiten, werden im folgenden die Besonderheiten der Interaktionen einzeln behandelt, bevor anschließend die generelle Funktionssystematik skizziert werden kann. Hier wird nun auf der Basis der quantitativen Aussagen über den Einfluß des Adressaten das unmittelbare interaktive Verhalten zwischen Informant und Adressat untersucht, und es werden dabei insbesondere mögliche vom Adressaten ausgehende Auslösefaktoren für xenolektale Realisierungen berücksichtigt. Wegen der unterschiedlichen Ausgangsbedingungen inbezug auf den Bekanntheitsgrad zwischen den Interaktionspartnern werden Auskunftsdaten und Fabrikdaten bei der Darstellung getrennt analysiert. Zuerst werden die Interaktionen von D101 zusammenfassend und dann die Fabrikdaten betrachtet. Dabei soll eine der längeren typischen Aufnahmen der Fabrikdaten inbezug auf die Variation der Äußerungsstufen in Form eines Ablaufplanes dargestellt werden. Eventuell abweichende Beobachtungen aus anderen Daten werden in der Zusammenfassung vermerkt. Dieses Kapitel versteht sich eher als *explorative Untersuchung* pragmatisch bedingter Variation in Xenolekten. Im Rahmen dieses Verständnisses und im Gesamtrahmen der Ziele der vorliegenden Arbeit kann daher keine umfassende Diskussion der Bedeutung der hier gewonnenen empirischen Befunde für die allgemeinen Fragen linguistischer Pragmatik stattfinden. Hierzu geben im übrigen Schlieben-Lange (1979) und Techtmeier (1984) einen ausführlichen Überblick. Dieses Kapitel bewegt sich in den Grenzen der zugrundegelegten Daten.

7.1 Variation der Äußerungsstufen bei D101

Bei D101, dem Waschmaschinenverkäufer in einem größeren Kaufhaus, zeigen sich in den Auskunftsdaten die größten adressatengerichteten Veränderungsvariationen. Diese Veränderungen zeigen in der bereits vorgestellten Abbildung 15 einen unvermuteten Verlauf für die Interaktionen mit T11 und Pe01, der deutlich von den Erwartungen abweicht, die aufgrund der Ergebnisse der subjektiven Sprachstandsbewertung durch die Kontrollgruppe aufgebaut wurden. Dies deutet darauf hin, daß die zusammengefaßten Werte adressatengerichteter Veränderungen nur grob das wiedergeben können, was im einzelnen in der Interaktion der Gesprächspartner ausgehandelt wird, beziehungsweise was aufgrund textpragmatischer Erfordernisse in unterschiedlichen Veränderungsstufen realisiert wird. Bei der Definition der Veränderungsstufen wird die Klassifikation der Systematik von Kapitel 4.1 zugrundegelegt, wobei auf individuelle Präferenzen innerhalb einer Veränderungsstufe gesondert hingewiesen wird. In allen Interaktionen zwischen D101 und den Adressaten sind zumindest zwei verschiedene Veränderungsstufen realisiert. Ihre Realisierung wird im folgenden auf die textpragmatische Gestaltung der Beiträge des Informanten und adressateninitiierte Einflüsse bezogen. Bei konsequenter Realisierung bestimmter Spechakttypen in einer Veränderungsstufe wird versucht, entsprechende Niveaus zu identifizieren.

Als erstes kann bei D101 ein adressatenspezifisches *Ausgangsniveau* identifiziert werden. Dieses ist das verbale Resultat einer ersten Einschätzung der verbalen und non-verbalen Fertigkeiten des Adressaten durch den Informanten. Diese Einschätzung richtet sich jedoch nicht ausschließlich nach dessen tatsächlichem sprachlichen Verhalten (siehe hierzu die Ausführungen in Kapitel 6.1), sondern scheint vielmehr von Vorannahmen über dessen Fremdheitsgrad bestimmt. Als relevante außersprachliche Faktoren bei der Bildung von Vorannahmen gelten in der hier zugrundeliegenden Art von Interaktionen in erster Linie das äußerliche Erscheinungsbild (Kleidung, Hautfarbe) und, soweit für den Informanten ermittelbar, der Sozialstatus des Adressaten beziehungsweise die ihm zugeschriebenen Eigenschaften. Darüberhinaus beeinflussen auch die prototypischen Vorstellungen von den kulturspezifischen Eigenschaften des Adressaten die Ausprägung der Vorannahmen und die entsprechenden Handlungskonsequenzen. Hierauf hat bereits insbesondere die sozialpsychologische Forschung hingewiesen. Im Gegensatz zu der weit verbreiteten, aber nicht belegten Auffassung, es gäbe für die Informanten nur ein automatisiertes Reaktionsmuster mit weitestgehend auch vorgefertigten verbalen Registermerkmalen (vergleiche zum Bei-

spiel die Position von Bodeman/Ostow (1975)), zeigt sich aber, daß diese
Vorannahmen nicht statisch beibehalten, sondern vielmehr im Verlauf der
Interaktion ständig überprüft werden und gegebenenfalls zu Modifikationen
führen. Das gilt insbesondere dann, wenn über die verschiedenen relevanten
Eingangskanäle divergierende Bewertungen eingehen. Das Ausgangsniveau
muß in diesem Fall ausgehandelt werden.

Gegenüber dem Adressaten T12 in der Aufnahme T1201 beginnt D101 im
Ausgangsniveau in der Äußerungsstufe a, gegenüber dem Adressaten T11 (in
T1105) und Pe01 (in Pe0110) in der Veränderungsstufe c und gegenüber It01
(in It0101) in Stufe d. Gegenüber It02 (in It0205) ist nach der Begrüßung, also
bereits im Hauptthema der Interaktion, ein stetiger Wechsel in der Realisierung der Äußerungsstufen zwischen a, c und d zu beobachten. Das liegt vor
allem daran, daß *Verdichtungen* und *Vertiefungen* im Anschluß an bezugssprachliche Äußerungen und *Dekomprimierungen* im Anschluß an veränderte Äußerungen miteinander abwechseln. Diese Strategien zeigen damit,
daß der Informant hier im Gegensatz zu der Interaktion mit It01 kein festes
Ausgangsniveau gefunden hat, sondern dieses erst auszuloten versucht. Bei
erklärenden Sequenzen bleibt er nach dieser Aushandlungsphase vorwiegend
in Stufe c.

Die Beibehaltung einer bestimmten, adressatenspezifisch unterschiedli-
chen Veränderungsstufe bei Erklärungen ist in fast allen Interaktionen von
D101 auffällig. Daher läßt sich hier ein *Erklärungsniveau* identifizieren.
Dieses ist gegenüber It02 und T11 in Stufe c, gegenüber It01 und Pe01 in
Stufe d realisiert. Gegenüber T12, bei dem D101 insgesamt die wenigsten
Veränderungen zeigt, ist das Erklärungsniveau relativ flexibel in den Stufen
a, b und c realisiert. Erklärungen der Funktionsweise der Waschmaschine
erfolgen gegenüber T12 aber ebenfalls immer in den Veränderungsstufen c/d.
In allen Interaktionen, in denen das Erklärungsniveau nicht ohnehin schon in
Stufe d realisiert ist, wendet der Informant *Verdichtungs-, Vertiefungs-* und
gelegentlich auch *Verankerungsstrategien* an. Verdichtungsstrategien werden
dann angewendet, wenn der Informant aufgrund von adressaten- oder eigeninitiierten Anlässen einen Sachverhalt, gemessen an dessen bezugssprachlicher Realisierung, in komprimierter Form in einer Veränderungsstufe realisiert. Dabei ist die Ausgangsäußerung meistens vorgegeben, und deren
Verdichtung wird nachgeliefert. Komprimierungen dieser Art können jedoch von Sprechern auch präventiv, das heißt ohne vorangehende Ausgangsäußerung, vorgenommen werden. Die Funktion derartiger und anderer
Komprimierungen besteht in der Behebung oder Vermeidung eines Mißlin-
gens des kommunikativen Aktes. Komprimierungen sind eng begrenzt, das
heißt, daß unmittelbar anschließend in das gängige Erklärungsniveau zu-

rückgewechselt wird. Umgekehrt sind besonders bei Sprechern, die sich ihrer Einschätzung des Adressaten nicht ganz sicher sind, *Dekomprimierungsstrategien* zu beobachten. Das heißt, komprimierten Äußerungen folgen in einer synthetischen Nachlieferung deren bezugssprachliche Entsprechungen. In allen Interaktionen von D101 ist das wichtigste Komprimierungsniveau in Stufe d, gegenüber T12 gelegentlich auch in anderen Veränderungsstufen realisiert. Eine andere Komprimierungsstrategie verfolgt D101 in T1105, wo nicht nur Äußerungen, sondern auch einzelne Konstituenten in einer Äußerung von Komprimierungen betroffen sind (-07/-71).

(T1105-07)   *hiir hab iC guutc vaßmaßiinc +*
               da +++ ziimäns

Dies (hier *guutc vaßmaßiinc*) sind die zentralen inhaltlichen Elemente der Äußerung, die zunächst in eine ansonsten nicht oder nur leicht veränderte Äußerung eingepaßt sind.

Als *Vertiefungen* werden die Äußerungen bezeichnet, die ein zuvor meist in einer leichteren Veränderungsstufe realisiertes oder ein aus dem Kontext aktiviertes Konzept mit zusätzlichen, nachgelieferten Details auffüllen und so einen breiteren Hintergrund für den Fortgang des Themas aufbauen. Sie sind zu trennen von Verankerungen, in denen dem Adressaten nach einer relativ willkürlich erscheinenden Auswahl synonyme oder nur entfernt zusammenhängende Begriffe angeboten werden, damit er so das vom Sprecher intendierte Konzept aufsuchen und verankern kann.

(T1201-33)   *das ist für vaiCßpüülär +*
               leenoor unt zoo ja? gäl?

Auf die unterschiedlichen Komprimierungs- und Dekomprimierungsprozesse wird auch im späteren noch häufiger eingegangen werden.

Das Erklärungsniveau betrifft zunächst den Hauptstrang und das Hauptthema der Interaktion, auf das auch nach Einlagerungen oder thematischen Einschüben zurückgekommen wird. Die Einschübe, die entweder auf Zwischen- oder Ergänzungsfragen der Adressaten zurückgehen oder eigeninitiierte Ergänzungen oder Abschweifungen darstellen, die mit dem Hauptthema, der Erklärung der Funktionsweise der Waschmaschine, nur am Rande zu tun haben, sind in einer weniger veränderten Stufe realisiert. Sofern sie allerdings Relevanz für das Hauptthema besitzen oder nach dessen Abarbeitung selbst zum Hauptthema werden (wie etwa *die Mitnahme der Waschmaschine in die Türkei, die Zollformalitäten* und andere), werden sie im Erklärungsniveau realisiert. Als selbstverständlich vorausgesetzte oder als bestätigt geltende Information wird (gelegentlich) in Stufe a realisiert (It0101-35 bis -41). Bei stärker adressatenorientiertem Sprechen erfolgt aber auch in diesen Fällen eine Realisierung in einer Veränderungsstufe. In T1105 und Pe0110 wird der Hauptstrang der Erklärung der Funktionsweise der Waschmaschine streng beibehalten und konsequent in Stufe d abgearbeitet. Eingelagerte Themen mit Relevanz für das Hauptthema (bei T1105 *die Erklärung eines Wäschetrockners*, bei Pe0110 die Abarbeitung des Themas *Kredit*) oder neue Hauptthemen nach Abarbeitung des ersten werden konsequent in Stufe c, Letztere in Stufe d realisiert. Die scheinbar entstandene Gegenläufigkeit der in Abbildung 15 zusammengefaßten Auswertung globaler adressatengerichteter Veränderungen von D101 läßt sich aufgrund dieser Beobachtungen erklären. Es zeigt sich damit gleichzeitig, daß globale Bewertungen oder Einschätzungen des Adressaten nur sehr grobe Anhaltspunkte dafür liefern können, was in einer Interaktion tatsächlich vorsichgeht.

Das gleiche läßt sich noch deutlicher belegen für *Evaluationen* eines Sachverhaltes oder seiner Verbalisierung, *Kommentare, Einleitungen zu zitierter direkter oder indirekter Rede* oder sonstige *metasprachliche Äußerungsteile* und *spontane Bestätigungen* von Äußerungen des Adressaten. Diese sind in allen Interaktionen von D101 in Stufe a realisiert, jedoch auch stark verändert, wenn sie gleichzeitig erklärend oder in anderer Weise stärker adressatenorientiert verwendet werden.

Bestimmte Merkmale der Äußerungen des Adressaten können *Imitationen* oder *Analogiebildungen* in den Äußerungen des Informanten auslösen, die die zuvor beschriebene Niveausystematik überlagern oder in eine bestimmte Veränderungsrichtung beeinflussen. Bei D101 erscheinen sie vorwiegend in Bestätigungen von Äußerungen des Adressaten oder Thematisierungen im Anschluß daran. Sie sind auf eine Äußerung des Informanten beschränkt, werden also nicht auf längere Dauer vom Informanten verwendet oder gar konstant integriert.

7.2 Variation der Äußerungsstufen in den Fabrikdaten

Im Unterschied zu den Aufnahmen von D101, wo sich die Interaktionspartner zum erstenmal begegnen, kann in den Fabrikdaten davon ausgegangen werden, daß die Aushandlungsprozesse der Ausgangsstufe weitestgehend abgeschlossen sind, da sich die Interaktionspartner seit längerem kennen und häufiger kommunizieren.

7.2.1 Variation bei D140

Eine typische Interaktion aus dem Bereich der Fabrikdaten liegt in T1802 vor. Die Systematik der Stufenvariation soll hieran exemplarisch gezeigt werden. Interaktionspartner sind Dieter (D140) und sein türkischer Kollege Tekin (T18). Die Aufnahme wurde in einer Arbeitspause am Arbeitsplatz von Dieter hergestellt[43]. Der Themenbereich der Interaktion umfaßt

a. *das Alter von Dieter*
b. *den Arbeitsplatz und die Folgen einer möglichen Kündigung für Dieter*
c. *eine versuchte Messerstecherei und deren mögliche Folgen*
d. *die Bewertung kultureller Unterschiede zwischen Türken und Deutschen.*

Thema a (01 bis 10) ist der erste Teil des Gesprächs, den Tekin zu vertiefen versucht (11). Dieter kommt von hier aus auf die möglichen Folgen einer Kündigung zu sprechen. Er könne sofort bei einer Werkstatt anfangen. Außer Dieters Vater, einem Kollegen und nun auch Tekin wisse es aber niemand. Tekin, etwas beschwichtigend, meint, die jetzige Arbeit sei aber auch nicht schlecht, löst damit aber bei Dieter eine lange Erzählung über dessen momentane Unzufriedenheit mit der Arbeitssituation aus (18) (1.Fassung). In mehrfacher Wiederholung berichtet er von einer versuchten Attacke eines türkischen Kollegen auf sich. Zum Schluß führt er noch eine frühere, ähnliche Attacke an und macht sein Unverständnis über solches Verhalten deutlich. Zwar habe er prinzipiell gar nichts gegen unterschiedliche Gebräuche einzuwenden, zum Beispiel wenn ein anderer Kollege vor seinem Schrank anfängt zu beten (27-12 bis 27-14), aber Bedrohungen mit dem Messer und ähnliches würden Deutsche, und er sowieso, sich nicht gefallen lassen. Da würde er sich aufs Äußerste wehren (51-13 bis 51-15).

01	t	*vii alt bist duu?*
02	d	*iC?*
03	t	*ja*
04	d	*(...) tsvantsiC*
05	t	*axtcntsvantsiC?*
06-1	d	*jätst + näkstcn moonat noinäntsvontsiC +++*
06-2		*gee aux ßon auf di draisiß*
07	t	*guut guut*
08	d	*+++ bin balt draisiC ßon*
09-1	t	*+++ abär du + nox juq juq bist du /nox juq*
09-2	d	*/juq?*
10	d	*mit draisiC jaarc nox juq?*

---

[43] Die besprochenen Textabschnitte sind durch die Äußerungsnumerierung kenntlich gemacht und somit in dem folgenden Text identifizierbar.

11-1	t	*+ jaa +++ unt voo arbait + foor hiir? +*
11-2		*imär nox REIFENFABRIK?*
12-1	d	*firtsee jaarc hiir ++ firtseen jaarc +*
12-2		*in där fa FABRIK arbaitcn*
12-3		*iß hap gclärnt autooßlosär +++*
12-4		*a vän fir FABRIK am miir + zaagcn raus +*
12-5		*miir eegaal +*
12-6		*KRUMBACH ßon ßpräCcn +*
12-7		*mit autoovärkßtat + unt tankßtälc aux nä? +*
12-8		*baim SCHMITT KRUMBACH +*
12-9		*iC kan zofort anfaqcn +++*
12-10		*hiir raus*
12-11		*miir eegaal +++*
12-12		*iC kan zoofort in KRUMBACH anfaqcn ++*
12-13		*iC hap ain gczälcbriif +*
12-14		*aläs +*
12-15		*iC hap gclärnt*
13	t	*duu papiir?*
14-1	d	*+++ iC hap drai jaarc gclärnt ++*
14-2		*s klapt s vais kainär kainär vais +++*
14-3		*s vais nuur mainc fattär vais däs +*
14-4		*iC vais äs unt du gäts ++ un HEINER vais bßait +++*
14-5		*s bäsär +++*
15	t	*abär duu hiir a aux guut arbait?*
16	d	*++ najaa abär*
17	t	*niks arbait maxcn +++*
18-1	d	*dii lätstc tsait is +++*
18-2		*iC habc foor läqrär tsait*
18-3		*iC hap bctriibsraat gchoolt +++*
18-4		*där klainc türkißman dahintcn*
18-5		*däs +*
18-6		*känst cn? +*
18-7		*mit däm iß in naxtßißt arbait +*
18-8		*där naxtßißt ++*
18-9		*mäsär unt ßärc am (...) ++*
18-10		*kaam hiir angctsoogcn + mit mäsär un mit ßärc +*
18-11		*hap iC glai bctriibsraat /gehoolt maistär gchoolt*
18-12	t	*du bisCän laqzaam + lan iß +*
18-13		*vais duu das iß bin ausländär*
18-14		*niC zoofil färßtee duu bisCä laqzaam zaagc miir*

19-1	d	*da is ain türkißman +++*
19-2		*mit mäsär unt mit ßärc volt är auf miC loos ++*
19-3		*s + jätst naxtßißt arbaitcn ++*
19-4		*NAME-R vas vilst duu? +*
19-5		*hap miC zoo rum gcßtält +*
19-6		*hat mäsär gchapt unt ßärc*
19-7		*hap iC gcsat vas vilst duu? +*
19-8		*hap iC nuur zoo gcmaxt +++*
19-9		*naja da hap iC + betriibsraat komc lascn ++*
19-10		*maistär gckomcn +*
19-11		*GUSTAV komcn +*
19-12		*MARTIN gckomcn ++*
19-13		*naja mus iC mir däs gcfaln lascn? +++*
19-14		*iC hap niks geegcn türkißman + virkliC niC +*
19-15		*aux geegcn türkißfrau näks ++*
19-16		*abär ++ droon mit mäsär un mit ßärc? +++*
20	t	*gczunt arbait*
21-1	d	*iß kan där morgcn +*
21-2		*vän vän mir mal tsuzamc uf dc zälbc ßiCt zin un är aux +*
21-3		*kan iC den ma tsaigcn*
22	t	*tsuzamc arbait?*
23-1	d	*jaa vän miir tsuzamcn arbaitcn mal +*
23-2		*kan iß dir ma tsaigcn +++*
23-3		*(...) i vais jäts nät vii där haist +*
23-4		*foornaamc hat NAME gchaiscn*
24	t	*+++ naamc nc?*
25-1	d	*jaja +++ iß vais +*
25-2		*däs is naxtßißt arbait ++*
25-3		*jätst naxtßißt arbait ++*
25-4		*vais nät +++*
25-5		*komcn mäsär unt ßärc +*
25-6		*NAME-R vas vilstc? +++*
25-7		*där hät där hät ßtäCän könc ++*
25-8		*iC hät iC hät ßmärtscn gchapt ++*
25-9		*fiil ßmärts ++*
25-10		*abär iC hät nox ++ gcziCt kaput gcmaxt*
26	t	*duu + kaput ä där kaput maxän diß? + na?*
27-1	d	*nee där volt + volt mit mäsär unt ßärc vol är + deegc +*
27-2		*NAME vas vülst duu? +++*
27-3		*där hät där hät ßtäCcn köncn*

27-4		*vär iC nox <GESTIK> +++*
27-5		*kanst diC drauf färlascn +++*
27-6		*iC hap niks geegcn türkißman + türkißfrau*
27-7		*hap iC nimär ++*
27-8		*nuur iir andärs ßpräCcn vii vi vii viir nc?*
27-9		*iir andärs ßpräCcn*
27-10		*andcrc ßpraaxc +++*
27-11		*iC hap niks dageegc +*
27-12		*gcnau vii oobcn mainc ßrank +*
27-13		*is ainc türkißman imär beetcn maxcn +*
27-14		*TÜRKMEN aux +++*
27-15		*nä?*
28	t	*vas vas maxcn?*
29	d	*beetcn maxcn*
30	t	*vas cn das?*
31-1	d	*++ türk + du vaist + du bist ja zälpst cn türkc +++*
31-2		*beetcn maxcn +++*
31-3		*ja +++ un? +*
31-4		*zax iC aux niks ++*
31-5		*däs oiär glaubc +*
31-6		*viir ham andcrc glaubc +*
31-7		*ja abär + mäsär unt ßärc las iC miC niC bcdroon +++*
31-8		*KEMAL aux +*
31-9		*gcnauzoo +*
31-10		*foor laqär tsait +*
31-11		*däs zint jätst här filaißt ++ tsvai moonatc ++*
31-12		*komt aux m mäsär +++*
31-13		*KEMAL +++*
31-14		*miir fornc rain*
31-15		*s mäsär ausgctsoogcn ++*
31-16		*hä vas is? +*
31-17		*vas vilstc? +++*
31-18		*eegaal*
31-19		*vän iC ßmärtscn hap*
31-20		*mus danax im krankcnhaus +*
31-21		*abär iß ßlaax deen toot dan +++*
32	t	*a hiir fabrik + ßtarkär man*
33	d	*iC kan däs niC laidcn ++*
34	t	*hiir fabrik*
35	d	*iC kan däs niC laidcn*

36	t	*bitc?*
37	d	*iC kan däs niC laidcn +++*
38	t	*das zaak bisCcn laqzam*
39-1	d	*däs andärc türkiß is klainc frau ++*
39-2		*da miir ßpräCcn ++*
39-3		*DIETER las las las*
39-4		*där dox niks zeen +*
39-5		*hap gsat iß max vaitär ++*
39-6		*iß hap vaitär gcmaxt +++*
39-7		*(...) + niks iC mus mal kämpfcn + s abär (...)*

<D muß weiterarbeiten>

39-8	d	*niks*
40	t	*ainc ßaibc*
41-1	d	*nain +*
41-2		*trotsdeem +*
41-3		*da +*
41-4		*mus arbait +++*
41-5		*däs foorarbaitär is mainc froint zoogar +++*
42	t	*välCc? ++ välCc?*
43	d	*SCHMITT ++ där is + is a fo KRUMBACH*
44	t	*DIETER?*
45	d	*ää DIETER + DIETER + DIETER*
46	t	*DIETER?*
47	d	*ja + foornaamc DIETER naxnaamc PIETZ*
48	t	*mainä + kamärat*
49-1	d	*iC bai där baußtälc +++*
49-2		*iC bin + gärnc auf där ßiCt da + max iC gärnc ++*
49-3		*abär +++ paar andärc +++*
49-4		*fräjst du ma +*
49-5		*s klainc türkißc frau*
49-6		*kanstc ma fraagcn +++*
49-7		*hais maßiinc (...) drai jaar arbait +++*
49-8		*s klainc türkißfrau ++*
50	t	*ja*
51-1	d	*fräist du mal*
51-2		*di hat tsuu miir gczaxt*
51-3		*las las las las las +*
51-4		*hör auf las geen +*
51-5		*var dabai ++*
51-6		*iC häp vaitär gcmaxt +*

51-7		*bctriibsraat komcn +*
51-8		*aläs mit ainär roor komcn +*
51-9		*RAINER komcn*
51-10		*MARTIN komcn +++*
51-11´		*däs könt iir + in oiär lant könt iir däs maxcn +*
51-12		*da könt iir + da mitnanär aux m mäsär loosgeen +*
51-13		*abär ba uns doitßcn maxt iir däs niC ++*
51-14		*bai miir ßon gaa niC +++*
51-15		*da vär iC nemliC tsum ßva +++*
52	t	*vas cn das?*
53-1	d	*++ haist zälbc + vii + värt iC böözc +*
53-2		*zälbc +++*
53-3		*fräistc ma klain türkißfrau*
53-4		*di kan dir zaagcn ++*
53-5		*mäsär mit ßärc +++*
53-6		*vas vilst duu? +++*
53-7		*är mäsär viidär ainßtäkcn*
53-8		*ßärc viidär väkleegcn +*
53-9		*hap iC gsat jaa is guut +++*
53-10		*filaiCt tseen minuutcn firtcl ßtundc ßpätär +*
53-11		*iC hap bctriibsraat gchoolt +*
53-12		*maistär gchoolt +*
53-13		*MARTIN gchoolt +++*
53-14		*ja zoo zeet iir aus*

Die ersten Wechsel der Gesprächsrollen im Eröffnungsthema sind durchweg bezugssprachlich, das heißt in Stufe a realisiert. Veränderungen zur Stufe d finden sich erst in der darauffolgenden Erzählung (12). Die Erzählung ist durchweg in d-Äußerungen realisiert, lediglich die nötige Hintergrundinformation (12-3), die in die Erzählung eingebettet wird, ist bezugssprachlich oder nur leicht verändert realisiert (markierte Stellung). Die hypothetische Auflösung (12-9) ist wieder bezugssprachlich. Folgerichtig sind der nochmalige Rückgriff auf die Erzählung (12-10) als d-Äußerung und die anschließende Wiederholung der Auflösung und der Hintergrundinformation bezugssprachlich realisiert. Die leicht veränderte Äußerung 14 ist als Vertiefung zu 12 im Anschluß an Tekins Nachfrage in Stufe c realisiert. Ab 18 beginnt eine neue Erzählung, deren erster Teil der Einleitung (das ist die Situierung) (18-1/-2) bezugssprachlich ist. Das Erzählniveau ist hier in Stufe c, was bedeutet, daß nur Artikel und Präposition nicht realisiert werden. Lediglich die Absicherung (18-6) ist in Stufe a realisiert. In 18-5 und 18-8 finden sich Komprimierungen auf die Veränderungsstufe d.

Die Paraphrase (19) (2. Fassung), die auf das Nicht-Verstehen von Tekin zurückzuführen ist, ist im Vergleich zur ersten Fassung verändert und mit verlangsamter Sprechgeschwindigkeit realisiert. Das Erzählniveau ist weiterhin in Stufe c, das heißt, es erfolgt weiterhin keine Realisierung der Artikel. Verdichtungen und Vertiefungen (19-3/-10/-11/-12) sind in Stufe d realisiert. Direkte Rede, die zur Erzählung gehört, wird bezugssprachlich unter Beibehaltung der ursprünglichen Personendeixis wiedergegeben. Zu beachten ist, daß die in Stufe c realisierten Ereignisschritte der Erzählung dem Prinzip der natürlichen Abfolge entsprechend angeordnet sind. Die abschließende Evaluation der ersten und zweiten Fassung ist konsequent bezugssprachlich realisiert (19-13). Die weiteren Äußerungsteile in 19 schließen die Erzählung mit einer erklärenden (thematischen) Stellungnahme ab und sind in Stufe c realisiert.

Der dann folgende Gesprächsabschnitt (21-1/-2) ist als absichernde Hintergrundinformation ähnlich 12-3 aufzufassen, die hier die Identifikation des Hauptprotagonisten absichern soll und die dementsprechend in Stufe a realisiert ist. Da Tekin sein Nicht-Verstehen ausdrückt, setzt Dieter die folgenden Klärungen (23-1/-2/-4) in der Erklärungsstufe c fort, wobei Präposition und Pronomen nicht realisiert werden (Formen des Artikels erscheinen hier regulär nicht). Die eingelagerte Evaluation ist wieder bezugssprachlich realisiert (23-3). Da Tekin offensichtlich immer noch nicht ganz verstanden hat, komprimiert Dieter die Erzählung (3. Fassung) weiter auf Stufe d (25-2/-3/-5). Die Evaluationen (25-1/-4) und die Teile der Wiederaufnahme der zweiten Fassung (25-6) (direkte Rede) sind wieder in Stufe a realisiert. Die hypothetischen Folgen der Geschichte (25-7/-8), die hier als wesentliche Elemente der Erzählung thematisiert werden müssen, werden als eine Art logisch zu folgernder oder selbstverständlicher Hintergrund der Erzählung beleuchtet und in Stufe a erzählt. Es folgt eine Komprimierung auf Stufe c/d (25-9). Bei 25-10 ist Dieter wieder bei seinem Erzählniveau in Stufe c angelangt, indem er einen bisher nicht erwähnten Aspekt der hypothetischen Folgen erzählt. Nachdem Tekin immer noch Unsicherheit im Verstehen signalisiert, folgt eine Paraphrase der drei vorangehenden Fassungen der Erzählung (27) (4. Fassung), wobei Teile daraus wörtlich wiederholt werden. 27-5 ist als zusätzliche Evaluation in Stufe a realisiert.

In 27-8 beginnt Dieter aber, die Evaluation in eine Erklärung zu transformieren, das heißt zu vertiefen. Er beginnt dies bereits auf Stufe d und komprimiert in zwei Schritten weiter (27-9/-10). Die anschließende Evaluation ist wieder in Stufe a realisiert (27-11). Dieter führt dann die zuvor begonnene Erklärung mit einer exemplifizierenden, vertiefenden Erzählung in Stufe d fort (27-12/-13), die in 27-14 noch weiter komprimiert wird.

Eingeschoben wird nun eine von Tekin ausgelöste Klärung, die sich auf *beetcn maxcn* bezieht. In 29 wiederholt Dieter schlicht die infrage stehende Einheit. Sie wird dann in Stufe a mit Planungsschwierigkeiten bei Dieter abgearbeitet (31-1) und endet mit der erneuten Wiederholung des infrage stehenden Elementes (31-2). Es folgt eine Evaluation in Stufe a (31-3/-4) und ein erklärender Kommentar der bisherigen Erzählungen und Erklärungen, der konsequenterweise in Stufe c realisiert ist (31-5/-6/-7). Anschließend beginnt eine neue Erzählung (31-8 bis 31-17), die wieder als Erklärung für das hypothetische Vorhaben von Dieter eingeflochten wird. Das Erzählniveau ist wieder Stufe c, direkte Rede wird als solche bezugssprachlich zitiert (31-13/-16/-17). Ebenfalls als Stufe a realisiert ist der Einschub der Hintergrundinformation beziehungsweise die Reflexion über die Abschätzung der Situierung (31-11).

Die anschließende Wiederaufnahme von 25-9/-10 ist nicht einfach einer Veränderungsstufe zuzuordnen (31-19 bis -21). Zwar läßt sich kein eindeutiger Nachweis über eine Nicht-Realisierung von bestimmten Elementen führen, die über die Regeln regulärer Ellipsen hinausginge (insbesondere keine Nicht-Realisierung des Artikels), doch häufen sich einige, gegenüber bezugssprachlichen Äußerungen markierte Charakteristika. Weniger ungewöhnlich wäre beispielsweise die Realisierung der Kopula vor *eegaal*, die Realisierung der Konjunktion *und* zur Markierung der Folgerelation in 31-20 und die Stellung von *dan* vor *toot* (31-21). Die Realisierung der unkorrekten kontraktierten Form *im* statt *ins* (31-20) wird hier als Versprecher angesehen, da ähnliche Formen sonst weder bei D140 noch bei anderen Sprechern systematisch auftauchen. Es kann also eher davon ausgegangen werden, daß Dieter hier weiter in seinem Erzähl- und Erklärungsniveau in Stufe c verharrt. 33, 35 und 37 sind identisch wiederholte Evaluationen der erzählten Ereignisse, die in Stufe a realisiert sind. Ausgelöst durch Tekins Aufforderung, langsam zu sprechen, paraphrasiert Dieter die vorangehenden Fassungen (5. Fassung) in verdichteter und vertiefter Form (39). Erzählniveau ist nun Stufe d mit den bekannten Erscheinungen der direkten Rede und ihrer Einleitung in Stufe a (39-3/-5). Da die zitierte Rede in 39-4 von der türkischen Kollegin stammt, ist anzunehmen, daß Dieter sie hier entsprechend (vermeintlich) original, das heißt in Stufe d, zitiert. Wie in 25-2, 27-13 und 41-5 scheint gegenüber der Äußerungssystematik der Stufe d auch in 39-1 eine idiosynkratische Abweichung in der Realisierung der Kopula insbesondere bei Subjektsprädikativen vorzuliegen. Eine derartige Abweichung ist ansonsten nicht belegt. Die Äußerungen von 39-5 bis 48 bleiben hier unberücksichtigt, da es Einschübe sind, die vom Hauptthema abweichen (39 bis 43; Dieter muß wieder zurück an seine Arbeit) oder ohnehin regulär elliptisch sind (42 bis 48).

49 ist die Wiederaufnahme des Themas und die Fortsetzung dessen kommentierender Teile, die nun in Stufe a realisiert sind. Dieter kommt aber zurück zur 5. Fassung der Erzählung, indem er versucht, einen der Hauptprotagonisten (*klainc türkißc frau*) (49-4/-5) detaillierter zu verankern. Es handelt sich hier also um eine Verankerungsstrategie, die mit den für D140 typischen Komprimierungserscheinungen in Stufe d realisiert ist (49-3/-5/ -7/-8). Die eingeschobenen metasprachlichen Kommentare sind in Stufe a realisiert (49-4/-6). 51 ist ebenso strukturiert: Evaluationen, Kommentare, nachgelieferte Hintergrundinformation (*var dabai*) und die zitierte direkte Rede mit deren Einleitungen sind in Stufe a realisiert (51-1 bis 51-6 und 51-11 bis 51-15), die 6. Fassung der Erzählung ist wieder in Stufe d komprimiert (51-7 bis 51-10).

Es folgt eine Erklärungsfrage von Tekin, die Dieter in Stufe c, dem bisherigen Erklärungsniveau, zu klären versucht, bevor er nochmals auf einen bestimmten Aspekt der vorangehenden Erzählungen (deren Überprüfbarkeit) eingeht (53-3/-4). Es handelt sich dabei um eine Wiederaufnahme aus 49-2ff, die hier ebenfalls auf dem Erklärungsniveau in Stufe c realisiert ist. Anschließend rekapituliert (komprimiert) Dieter in der 7. Fassung die zentralen Ereignisse der Komplikation in Stufe d (53-5 bis 53-9). Lediglich die zitierte direkte Rede und die entsprechenden Einleitungen bleiben wieder unverändert in Stufe a. Im Unterschied zu den vorangehenden Komplikationen jedoch ist die folgende Auflösung (53-10 bis 53-13) wieder im Erklärungsniveau c realisiert. Die Verständnisschwierigkeiten scheinen hier soweit ausgeräumt, daß Dieter sich auf die die Situation entspannende Auflösung konzentrieren kann (flektierte Verbform und zwei Partizipien, also keine Infinitive mehr). Die die gesamte Interaktion abschließende Evaluation, bevor Dieter tatsächlich zurück an seine Arbeit geht, ist wieder bezugssprachlich realisiert.

Mit den vorangehenden exemplarischen Untersuchungen zur Variation der Äußerungsstufen wurde Neuland beschritten. Es liegen auch in diesem Bereich xenolektaler Kommunikation bisher keine vergleichbar umfangreichen Untersuchungen vor. Tendenzen bei der Realisierung von Veränderungsstrategien, wie sie sich bei D101 und D140 zeigen, können daher zunächst nur sehr vorsichtig generalisiert werden. Dies wird im folgenden anhand der Aufnahme von D140 in einem ersten Schritt versucht. In Abschnitt 7.3 wird dann unter Berücksichtigung weiterer Interaktionen eine allgemeingültige Zusammenfassung der Ergebnisse gegeben.

7.2.2 Ursachen und Realisierung der Veränderungsvariation

Vorläufig lassen sich folgende generelle Beobachtungen bei D140 zusammen-fassen:

1. Die Stufe c ist bei D140 durch deutliche Präferenzen für die Nicht-Reali-sierung des Artikel, des Personalpronomens und gelegentlich auch der Präposition charakterisiert. Zusätzlich finden sich gelegentlich auch Merkmale morphologischer Generalisierungen. Ungewöhnlich ist in Stufe d die Realisierung der Kopula bei Subjektsprädikativen. Es läßt sich darüberhinaus beobachten, daß bestimmte lexikalische Einheiten stets in einer bestimmten, veränderten Form oder in einem veränderten Kotext realisiert sind. Das wird deutlich an den Äußerungen mit: *naxtßißt, be-triibsraat, maistär, ßärc, ßpräCen, arbait(en)* und anderen, besonders in den Äußerungen 39-1, 49-5, 49-8 und 53-3 (*däs andärc türkiß, s klainc türkißfrau* und ähnliche Varianten) oder auch in Äußerungsstrukturen, die bei Wiederaufnahme besonders in Klärungen häufig identisch oder nur leicht verändert wiederholt werden:

(12-4/-5) *FABRIK miir zaagen raus* + *miir eegaal*
(12-10) *biir*   *raus*   *miir eegaal*

Das könnte den Eindruck entstehen lassen, daß bestimmte Einheiten automatisch und registerartig in bestimmter Weise abgeändert werden, unabhängig von deren entsprechendem thematischen oder pragmatischen Kontext. Diese Annahme läßt sich allerdings bei genauerer Betrachtung nicht erhärten, da die besagten Einheiten meist als Elemente von Para-phrasen in ähnlichem Kontext erscheinen und durchweg zum Hauptthe-menbereich der Interaktion gehören. In anderen Fällen wird deutlich, daß Einheiten, die diesen Kontextbedingungen nicht entsprechen, in unter-schiedlichem Kontext auch unterschiedlich realisiert werden (*türkißman* versus *türkc*). Es liegt daher vielmehr der Schluß nahe, daß diese Einheiten als zentrale Elemente des gleichen thematisch-pragmatischen Kontextes die Kontinuität der Referenz gewährleisten sollen. Es entsteht somit eine xenolekttypische Individualisierung des Referenzträgers, die kohärenz-stiftend ist. Diese Strategie des Sprechers basiert auf der Annahme, daß sich die Referenz einer in individueller Weise veränderten Repräsentation vom Adressaten besser identifizieren läßt, wenn diese Veränderung kon-stant gehalten wird.

2. Veränderungen werden themabezogen vorgenommen.

Beim Informanten D140 läßt sich ein generelles Erzähl- und Erklärungs-niveau auf der Stufe c identifizieren. Dies wird verlassen bei adressaten-oder eigeninitiierten Verdichtungen zur Klärung von bestimmten Sachverhalten (Beibehaltung des Sachverhaltes bei unterschiedlicher Realisierung), bei Vertiefungen (ergänzende thematische Information und Hintergrundinformation) und Verankerungen. Die Äußerungen sind dann entsprechend der Systematik von Stufe d realisiert. Nachgeliefertes Hintergrundwissen, das vom Informanten entweder als selbstverständlich, bekannt oder logisch erschließbar vorausgesetzt wird und daher unter Umständen zunächst zu erwähnen vergessen wurde, wird dagegen in Stufe a oder nur stellungsmäßig markiert realisiert (12-3, 23-1). Das sind solche Konstruktionen, die bezugssprachlich mit den Partikeln *ja* oder *natürlich* realisiert werden können (12-3, 14-1, 25-7 *der hätt' ja stechen können*). Jeweils in ihrer vermeintlichen Originalform wird die in Erzählungen eingebettete zitierte Rede realisiert. Auch dabei handelt es sich fast ausschließlich um Realisierungen der Stufe a, bei Zitaten von ausländischen (türkischen) Arbeitskollegen gelegentlich auch der Stufe d.

3. Nicht themabezogene Äußerungen, die am Rahmen der Erzählung oder Erklärung, das heißt am zu vermittelnden Sachverhalt angebracht sind, werden grundsätzlich bezugssprachlich realisiert. Das sind Evaluationen, Kommentare und Einleitungen zu zitierter Rede. Sind sie in die Entwicklung des Themas integriert, das heißt Teil des darzustellenden Sachverhaltes (zum Beispiel in 27-8/-9/-10, 31-5/-6, 39-2 oder 53-4), oder werden sie in einer klärenden oder erklärenden Funktion verwendet, so werden auch sie entsprechend in anderen Stufen realisiert. Offensichtlich gleicht sich die Veränderungsstufe dann der des umgebenden Erklärungskontextes an. Dies ist zumindest bei D140 deutlich. So lassen sich die Differenzen zwischen Ausgangs- und Veränderungsstufen in 39-2 gegenüber deren Paraphrase in 51-2 erklären.

4. Reflektierendes Reden oder Beiseitesprechen wird ebenfalls grundsätzlich bezugssprachlich realisiert (31-11). Das ist auch zu erwarten, wenn man davon ausgeht, daß diese Sprechakte nicht adressaten-, sondern eher sprechergerichtet sind. Jedoch ist die Unterscheidung von außen so deutlich meist nicht möglich, da die Äußerungen in den meisten Fällen sowohl sprecher- als auch adressatengerichtet verbalisiert werden, das heißt, auch der Informationsübermittlung dienen. Zumindest bei D140 genügt offensichtlich schon eine Komponente selbstgerichteten Reflektierens, um die gesamte Äußerung auch inmitten eines stark veränderten Kotextes bezugssprachlich zu realisieren.

5. An einigen Sequenzen läßt sich eine deutliche Tendenz von D140 erkennen, nicht in den ursprünglichen Veränderungsstufen zu verharren, sondern vielmehr in die Bezugssprache oder leichter veränderte Äußerungsstufen zurückzugleiten. Das ist sichtbar beim Wechsel des Erklärungs-

niveaus von Stufe d auf c nach 12, bei einigen weiteren Rückgleitversuchen auf weniger veränderte Stufen (zum Beispiel in 49-2 die Realisierung des Kommentars in einem erklärenden Kontext), bei der Realisierung von Orientierung und Auflösung in den Erzählungen in Stufe a und beispielsweise bei der gegenüber 25-5 entspannten Fassung in 27-1. Es ist aber auch zu beobachten, daß diese Entspannungserscheinungen ohne dauerhaften Erfolg bleiben, da der Adressat einige Verständnisschwierigkeiten signalisiert, durch die der Informant rückwirkend oder ökonomisch-präventiv seine strategischen Entscheidungen für eine der Äußerungsstufen trifft. Hieraus läßt sich auch erklären, warum der Informant in 27-12/-13/-14 in der zuvor vom Nicht-Verstehen des Adressaten (26) ausgelösten Stufe d bleibt und nicht in die ansonsten konsequent verwendete Stufe c zurückgleitet.

6. Bei vom Adressaten ausgelösten Klärungen verfolgt der Informant zwei divergierende Strategien: Zum einen versucht er, Unklares durch Wiederholungen zu klären (19-1, 29, 31-2, 37), ohne die Veränderungsstufe zu wechseln. Dies geschieht dann gegebenenfalls leicht paraphrasiert und mit Verlangsamung der Sprechgeschwindigkeit. Zum anderen setzt er aber auch die entsprechenden Komprimierungsstrategien ein. Die Wiederholungsstrategie scheint aber die dominante zu sein. Was der aktuelle Auslöser für welche Strategie ist, kann schlecht beantwortet werden. Es wird jedoch deutlich, daß auch gleiche oder ähnliche verbale Stimuli (18-12/-13 versus 38) durchaus unterschiedliches Verhalten (Strategien) beim Informanten zur Folge haben. Das unterstreicht die Auffassung, daß der aktuelle Auslöser einer Komprimierungsstrategie nicht immer unmittelbar an der phonetischen Repräsentation der Äußerung des Adressaten festgemacht werden kann, sondern daß auch andere, hier nicht direkt beobachtbare Faktoren vom Informanten bewertet werden und intervenieren.

7.3 Definition textpragmatischer Niveaus

Die Untersuchung der Variation in den Äußerungen verschiedener Informanten der Auskunfts- und der Fabrikdaten hat die Ausbildung interpersonal übereinstimmender, textpragmatisch bedingter Veränderungsniveaus zu Tage gefördert, die in den verschiedenen Äußerungsstufen repräsentiert sind. Sie werden in den folgenden Abschnitten zusammenfassend dargestellt.

7.3.1 Das Ausgangsniveau

Das Ausgangsniveau bezeichnet den Teil der Interaktion, in dem die ersten Beiträge des Informanten in einer bestimmten Äußerungsstufe realisiert sind. Seine Ausprägung kann immer dann beobachtet werden, wenn Gesprächspartner zum ersten Mal zusammentreffen und wenn nicht eines der anderen Niveaus textpragmatisch begründet den ersten Beitrag des Informanten bildet. (Wenn die Aufnahme aus technischen Gründen später beginnt als die Interaktion, läßt sich deren Anfang nicht mehr rekonstruieren und die entsprechende vermeintliche Veränderungsstufe nur schlecht erschließen.) Das Ausgangsniveau, darauf deuten die Daten von D101, wird darüberhinaus adressatengerichtet variiert, basiert auf Vorannahmen, die sich auch auf nicht-sprachliche Einschätzungen stützen, und wird bei divergierenden Bewertungen aus den unterschiedlichen Wahrnehmungskanälen ausgehandelt. Aus dem, was aus der Literatur über die Bedeutung der verschiedenen Einschätzungsvariablen bekannt ist, geht hervor, daß insbesondere phonetische Merkmale der Sprache des Adressaten sowie außersprachliche Merkmale (Kleidung, Hautfarbe, Grad der typischen *Fremdartigkeit (foreigness)*) die Einschätzung dominieren und damit bestimmte Strategien evozieren. Das Ausgangsniveau hat, wegen seiner Abhängigkeit von den nachgenannten Niveaus, einen diesen untergeordneten und vorläufigen Charakter.

7.3.2 Das Erklärungs- und Erzählniveau

Alle Informanten haben ein Erklärungs- oder Erzählniveau, dessen Realisierung jedoch sprechertypisch und adressatengerichtet variiert. Erklärende oder erzählende Textpartien, also die zentralen informationsvermittelnden Sequenzen, werden in der Regel auf einem stärker veränderten Niveau realisiert. In den Auskunftsdaten sind das die Sequenzen, die die Hauptaufgabe des Verkäufers, nämlich die Erklärung der Funktionsweise der Waschmaschine oder des Videosystems und ähnliches, und gegebenenfalls zusätzliche in der Interaktion etablierte Hauptthemen betreffen. In den Fabrikdaten sind es die Erklärungs- oder Erzählsequenzen, die den zentralen Erklärungs- und Erzählplan betreffen. Interessanterweise greifen die Informanten auf das entsprechende, meist in Stufe d realisierte Niveau zurück, auch wenn andere Sequenzen dazwischen gelagert sind oder der Erklärungs- oder Erzählplan aus einem anderen Grund später wieder aufgenommen wird. Zur Absicherung werden auch in nicht-veränderten Textpartien bestimmte Inhalte komprimiert eingelagert, und zwar zumeist als einzelne Konstituenten oder Idiome realisiert.

7.3.2.1 Das Komprimierungsniveau

Auf dem Komprimierungsniveau sind die Äußerungen angesiedelt, die in komprimierter Form, in der Regel in Stufe d,
— einen gleichbleibenden Sachverhalt verdichten
— einen Sachverhalt durch zusätzliche Information vertiefen
— einen Sachverhalt mittels unterschiedlicher Konzeptualisierungsversuche verankern.
Die Vorgehensweisen der Informanten wurden als *Verdichtungs-, Vertiefungs-* und *Verankerungsstrategien* bezeichnet. Der umgekehrte Vorgang des Entspannens oder des Zurückkehrens zur Bezugssprache wurde *Dekomprimierung* genannt.

7.3.2.2 Das Zitatniveau

Die Realisierung komplexer Einbettungen bezugssprachlich indirekt wiedergegebener Rede wird weitestgehend durch Zitierung direkter Rede unter Beibehaltung der temporalen und personalen Deixis vermieden. Die so zitierten Äußerungen bleiben auch in in d-Äußerungen realisierter Umgebung bezugssprachlich beziehungsweise vermeintlich original erhalten. Das ist interpersonal besonders in den Fabrikdaten belegt.

7.3.3 Das Nachlieferungsniveau

Auf einer in der Regel weniger stark veränderten Stufe werden Äußerungen realisiert, die als bekannt, selbstverständlich oder logisch oder kontextuell erschließbar vorausgesetzte Information explizit nachliefern. Diese kann vom Adressaten zur Bestätigung durch den Informanten nachgefordert oder vom Informanten, in Antizipation möglicher Probleme, eigeninitiiert nachgeliefert werden. Es handelt sich dabei um eine Art Absicherung. Sie unterscheidet sich darin von der gewöhnlich systematisch eingeführten Hintergrundinformation bei der Entfaltung einer Erzählung oder in der Basis einer Erklärung, die auf der Veränderungsstufe des Erklärungs- oder Erzählniveaus eingeführt wird.

7.3.4 Das Nebenthemenniveau

Zu unterscheiden ist ferner ein Nebenthemenniveau, in dem Einlagerungen, Einschübe und andere Nebenthemen realisiert sind, die vom Adressaten zum Beispiel als Zwischenfragen initiiert werden und die Entwicklung des Hauptthemas unterbrechen. Dies ist insbesondere in den Interaktionen mit D101, also den Auskunftsdaten, zu beobachten. In der Regel werden diese Nebenthemen in einer weniger stark veränderten Stufe abgearbeitet, es sei denn, ihnen würde ein zentraler Informationswert für das Hauptthema zugemessen oder es entwickelte sich aus ihnen ein neues Hauptthema. In der aktualisierten Veränderungsstufe variiert ihre Realisierung ebenfalls interpersonal.

7.3.5 Das Evaluationsniveau

Deutlich abgehoben von den verschiedenen oben genannten themaorientierten Niveaus ist das Evaluations-, Kommentar- und Metasprachniveau, in dem die Äußerungen realisiert sind, die am Rahmengerüst einer Mitteilung (Erzählung, Erklärung, Instruktion und anderes) festgemacht sind. Das sind Evaluationen sowohl des Sachverhaltes als auch dessen sprachlicher Realisierung, Kommentare, Verständnissicherungen und metasprachliche Einleitungen zu indirekter oder direkter Rede, auch wenn diese selbst in einer Veränderungsstufe realisiert ist. Intra- und interpersonal konsequent ist dieses Niveau der individuellen Bezugssprache entsprechend, also nicht verändert, realisiert. Bei Eingliederung in einen Erzähl- oder Erklärungsrahmen, das heißt, wenn sie selbst Erzählung oder Erklärung werden, kommen aber auch hier entsprechende Veränderungen vor.

7.3.6 Variation der Äußerungsstufen

Es zeigt sich, daß die Ausbildung dieser Niveaus konstant beibehalten wird und daß die Niveaus auch nach Unterbrechungen und Einlagerungen, die in anderen Äußerungsstufen realisiert sind, in der ihrer textpragmatischen Funktion entsprechenden Äußerungsstufe wiederaufgenommen werden. Diese Tatsache erlaubte es überhaupt erst, von der äußerungsstufentypischen Ausbildung von *Niveaus* zu sprechen. Die Ausprägung eines Niveaus in einer bestimmten Äußerungsstufe ist aber nicht registerartig einheitlich, sondern variiert adressatengerichtet und unterliegt der Variation in Aushandlungsprozessen.

8. Diskussion

In diesem Kapitel sollen die wichtigsten Ergebnisse der Untersuchung zusammengefaßt und deren Relevanz für die Xenolektforschung diskutiert werden.

8.1 Xenolektale Struktur- und Variationssystematik

Die Ergebnisse der Untersuchung von System und Variation in Xenolekten erlauben einen detaillierten Einblick in eine Systematik, die nicht selten durch eine immense Vielfalt von Oberflächenerscheinungen verstellt ist. Die wichtigsten Ergebnisse zur Charakterisierung der Systematik von Xenolekten werden nun kurz zusammengefaßt.

Auf der Basis eines Systems von graduellen Abweichungen, die im Vergleich zur Bezugssprache ermittelt werden, schälen sich vier verschiedene Äußerungsstufen klar heraus: eine bezugssprachliche Äußerungsstufe und drei Veränderungsstufen. Die spezifische Struktur der drei Veränderungsstufen ist von einer Reihe *intra- und interpersonal einheitlicher Veränderungsstrategien* bestimmt, deren Auswahl aber *sprecherspezifischen Präferenzen* unterliegt. Diese Aktualisierungspräferenzen variieren interpersonal sowohl qualitativ als auch quantitativ, sie variieren intrapersonal jedoch nur quantitativ. Einen entscheidenden Anteil an dieser intrapersonalen Variation hat der jeweilige *Adressat*, und zwar über die *subjektive Bewertung seiner tatsächlichen oder antizipierten sprachlichen Fertigkeiten und seiner außersprachlichen Erscheinung* durch den Informanten. Die erste Einschätzung des Adressaten bleibt dabei nicht unbeeinflußt von stereotypen Vorannahmen, die sich allein auf die bestimmten Nationalitätengruppen zugeschriebenen Eigenschaften oder die einer bestimmten äußerlichen Erscheinung zugeschriebenen sprachlichen Erfordernisse stützen können. Die Adäquatheit der dadurch bewirkten sprachlichen Veränderungen wird während einer Interaktion *an den kommunikativen Bedürfnissen des Adressaten überprüft*, so daß gegebenenfalls Verstärkungen oder Entspannungen in den Veränderungen vorgenommen werden.

Im Rahmengerüst der zuvor genannten interaktionalen Grundbedingungen erfolgt die Realisierung einer der vier Äußerungsstufen aber letztlich aufgrund textpragmatischer Prinzipien. Bestimmte Ziele werden dabei in spezifischen *pragmatisch determinierten Veränderungsniveaus* realisiert. Die jedem Gespräch eigene Polyfunktionalität seiner Ziele und Teilziele (vergleiche Rehbein (1977), Schlieben-Lange/Weydt (1978), Techtmeier (1984)) kann in Xenolekten nicht ausschließlich durch die Interpretation des Kontextes und der Rahmenbedingungen eines Gespräches erkannt werden, sie tritt durch ihre unterschiedliche *verbale Realisierung* plastisch hervor. Das Hauptziel xenolektaler Kommunikation, wie sie hier beobachtet wurde, ist die Übermittlung von Informationen zu einem bestimmten Sachverhalt oder Ereignis. Als spezifisches Kriterium bei der Zuweisung einer bestimmten Äußerungsstufe zu einem bestimmten textpragmatischen Niveau kann daher die *Bewertung von Mitteilungsgehalt und inhaltlicher und thematischer Relevanz* der Mitteilung für den Adressaten angesehen werden. Je höher die inhaltliche Relevanz einer Mitteilung für das Verstehen des Adressaten bewertet wird, desto stärker sind die Veränderungen. Das heißt, die Informanten verfolgen eine themenbezogene und adressatengerichtete Veränderungsstrategie. Äußerungen, Teiläußerungen, Äußerungsschritte und dergleichen, die Ausdruck anderer Ziele oder Teilziele sind (Verständnissicherungen, Kommentare, metakommunikative Einschübe, Evaluationen, Bestätigungen und andere), werden nur dann verändert realisiert, wenn auch bei ihnen der Mitteilungsaspekt dominiert.

Die Realisierung der textpragmatischen Niveaus in bestimmten Veränderungsstufen erfolgt in zwei strategischen Richtungen: Sie ist *präventiv* zur Vermeidung von Verständnisschwierigkeiten. Sie ist *reparativ* in dem Sinne, daß bestimmte Niveaus zur Behebung von Verständnisschwierigkeiten aktiviert werden. Die entsprechenden strukturverändernden Verdichtungs-, Vertiefungs- und Verankerungsstrategien sowie die überlagernden diskursorganisierenden Kommunikationstechniken werden demnach für beide Richtungen verwendet. Eine Trennung in Taktiken und Strategien erübrigt sich daher. Die Aktualisierungen der Niveaus auf einer bestimmten Äußerungsstufe basieren auf den mitteilungsbedingten Erfordernissen in Abstimmung mit den antizipierten oder ausgehandelten Anforderungen des individuellen Adressaten. Sprecher, die sich selten in die Lage versetzt sehen, sich anderssprachigen Sprechern verständlich machen zu müssen, werden eine größere Variation in der Zuordnung einer Äußerungsstufe für eine spezifische Funktion zeigen als „trainierte" Sprecher, bei denen die Einschätzungsverfahren routinisiert sind. Sie werden auf wechselnde Anforderungen weniger flexibel und weniger konsequent reagieren als letztere. Routinisierte Sprecher werden gelernt haben, bei welcher Veränderungsstufe, für welche pragmatischen Ziele und bei welchem Adressaten mit den geringsten Schwierigkeiten und somit mit dem geringsten Aufwand zu rechnen ist. Sie werden außerdem bemüht sein, möglichst schnell wieder in eine leichter veränderte Stufe, wenn nicht in die bezugssprachliche, zurückzugelangen. So ist die Realisierung eines pragmatischen Niveaus in einer bestimmten Äußerungsstufe der — im Ermessen des Sprechers — *ökonomische Kompromiß zwischen den Mitteln zur Erreichung des Zieles und den Mitteln zur Vermeidung kommunikativer Schwierigkeiten*. Es ist daher nur folgerichtig, daß Xenolekte nicht als ein fossiliertes Register erscheinen, als das sie häufig dargestellt werden, sondern vielmehr in ihrer Ausprägung interpersonal variieren und auch intrapersonal verschiedene Veränderungsgrade zeigen. Zwar wird gelegentlich beobachtet, daß Xenolektsprecher, die von ausländischen Adressaten auf ihre Fehleinschätzung aufmerksam gemacht und um „normales Deutsch" gebeten werden, bei ihren starken Veränderungen bleiben, doch handelt es sich hierbei anscheinend ausschließlich um asymmetrische, stereotypisierte Kommunikationssituationen, die in der Regel auf *eine* Mitteilung beschränkt sind (Frage eines Verkäufers nach dem Wunsch des Kunden, Charakterisierungen von Ausländern, Idiome (*deutsche Sprache schwere Sprache*)). Imitativer Sprachgebrauch ist deutlich auf die dem Auslöser folgende Äußerung des Informanten beschränkt. Entgegen den vielzitierten Annahmen von Bloomfield findet zumindest auf Seiten der Informanten kein nachhaltiger Imitationsprozeß der Äußerungen der Adressaten statt.

8.2 Artefakte und Epiphänomene

Auf Grund der gewonnenen Ergebnisse der Untersuchung authentischer xenolektaler Kommunikation können nun eine Reihe als Foreigner-Talk-Merkmale bezeichnete Erscheinungen als Artefakte oder Epiphänomene bestimmter Untersuchungsmethoden und ungeeigneter Datenquellen identifiziert werden. Als eines der möglichen Abbildungsmuster für xenolektale Strukturen gelten literarische Quellen, und umgekehrt gelten literarische Quellen als Erwerbsmodell für xenolektale Strukturen. Dabei werden zwei strukturelle Gleichsetzungen vorgenommen:

1. Literarischer Foreigner Talk (Niks-Deutsch) entspricht Xenolekten.
2. Literarische Ausländervarietäten entsprechen Xenolekten.

Beide illustrieren die Intuitionen von Sprechern der Zielsprache gegenüber der Simplifizierung ihrer Sprache. Ein Vergleich zwischen dominanten Merkmalen literarischer Pidgin- und Foreigner-Talk-Varietäten, wie sie am ausführlichsten in Mühlhäusler (1984) dargestellt sind, und den Daten authentischer dialogischer Xenolekte ergibt aber beträchtliche Abweichungen. In Xenolekten treten nicht auf:

— *sein, haben* oder auch *werden* in infiniten Realisierungen
— eine „falsche" (bezugssprachlich unübliche Verwendung und xenolektuntypische Realisierung der) Flexion des Verbs (wie etwa **er bin tot*) oder eine konstante Nicht-Realisierung der Infinitivendungen
— eine „falsche" Flexion von Adjektiven (wie etwa **armes Bruder*)
— Konstruktionen von Artikel + Nomen + Infinitiv
— willkürliche („chaotische") syntaktische Strukturierungen oder Inversionskonstruktionen in Stufe d
— die nicht-reflexive Verwendung von *sich (Wo sich was zu holen gibt)*[44]
— Wiederholungen von thematischen Einheiten und Gesprächsrollen bei eindeutiger kontextueller oder kotextueller Einbettung
— Sprecheridentifizierung durch *er* oder einen Eigennamen
— willkürliche Mischung von pronominalen Markierungen mit bezugssprachlich „falschen" Einheiten (*mich/mir* statt *ich*, *ihm* statt *er/ihn*)
— „Chinesisch" (Kinderreime), das heißt völlig unverständliche phonetische Spielereien
— Lexikoneinheiten aus literarischer Verwendung (*Ein König? Welch Entzücken!*)
— Wort-für-Wort-Übersetzung aus einer anderen Sprache.

Nur selten erscheinen in xenolektalen c-Äußerungen mehrere Veränderungen gleichzeitig (und dann stehen sie in syntaktischem Zusammenhang), vielmehr erfolgt dann ein systematischer Wechsel in d-Äußerungen. Ohne Schwierigkeiten ließe sich eine Darstellung von Abweichungen der authentischen deutschen Xenolekte und der hier als *Niks-Deutsch* bezeichneten literarischen Charakterisierung von Fremdartigkeit fortsetzen. Die Erklärung ihrer gravierenden Differenzen liegt in ihren unterschiedlichen kommunikativen Zielen begründet. Während Xenolekte als Ausdruck der Kommunikationssicherung in der Interaktion zwischen Direktbeteiligten zu sehen sind, haben Niks-Deutsch-Varianten die Funktion, einen bestimmten

---

[44] Dieses Merkmal wird allgemein slawischen Varietäten des Deutschen und bei Mühlhäusler (1984, S.48) auch tschechisch-deutschem foreigner talk zugeschrieben. Selbst wenn dies in Lernervarietäten einer bestimmten Sprechergruppe auftreten sollte, kann eine Anpassung der zielsprachlichen Sprecher daran weitestgehend ausgeschlossen werden. Vergleichbare Anpassungserscheinungen an Besonderheiten der in der vorliegenden Arbeit beobachteten Adressaten konnten nicht festgestellt werden. Dies scheint auch insofern plausibel, als es sich hier nicht um pragmatisch relevante Einheiten handelt.

Adressaten oder eine bestimmte Situation gegenüber Dritten (den Lesern) als *fremdartig* zu charakterisieren. Es spielt dabei hier keine Rolle, welche internen Unterschiede noch dazu zwischen den einzelnen Niks-Deutsch-Varianten bestehen.

Der angestellte Merkmalsvergleich sollte genügen, um grundsätzlich darzustellen, wie fehlleitend es ist, primäre und sekundäre, ja sogar tertiäre Datenquellen zu vermischen. Im übrigen kann daher auch literarische Vermittlung als Quelle der Entstehung von Xenolekten weitgehend ausgeschlossen werden.

Als durch die Untersuchungsmethoden induzierte Artefakte oder Epiphänomene haben sich folgende vermeintlich xenolekttypische Charakteristika ergeben:

— die inhärente Abwertung der Adressaten durch Xenolekte
— die registerhaft festgeschriebene Uniformität inter- und intrapersonaler Merkmale
— die Dominanz der Hier-und-Jetzt-Deixis
— das niedrigere type-token-Verhältnis
— das Ausweichen zu semantisch weniger markierten Einheiten
— die generelle Syntaxverkürzung
— die geringere Frequenz von Neuansätzen und Selbstkorrekturen (vergleiche Hatch 1983a, S.159)
— die höhere Frequenz bestimmter Sprechakt- und Äußerungstypen.

Es handelt sich dabei jeweils um Generalisierungen von künstlichen Produkten, die unter bestimmten für authentische Kommunikation nicht repräsentativen und untypischen Bedingungen im Labor oder unter untypischen oder nicht repräsentativen Vorgaben oder Gesprächskonstellationen im Feld gewonnen werden. Im Gegensatz zu verbreiteten Annahmen stellen auch sie keine konstitutiven, sondern höchstens zufällige Eigenschaften von Xenolekten dar.

8.3 Fossilierung und Xenolekte

Es wurde in dieser Arbeit nicht untersucht, auf welche Rezeptionsbedingungen die Veränderungen beim Adressaten treffen, ob sie dem tatsächlichen Erwerbsstand des Adressaten angepaßt sind, ob sie das Verstehen tatsächlich erleichtern, oder ob sie es eher verhindern, und somit zu einer frühen Fossilierung des Erwerbsprozesses beitragen. Auszuschließen ist jedoch, daß die deutschen Informanten Xenolekte verwenden, um den ausländischen Adres-

saten den Zugang zur Zielsprache zu verwehren, um sie in einem Abhängigkeitsverhältnis zu belassen oder einen niedrigeren Sozialstatus zu markieren.
Es soll nicht ausgeschlossen werden, daß Xenolekte auch dafür eingesetzt
werden, doch kann dies jede andere Sprachform auch. *Xenolekte sind der*
Versuch, unter den besonderen Bedingungen einer sprachlich ungleichen Kom
munikationssituation das Gelingen der Kommunikation sicherzustellen. Xenolektsprecher beabsichtigen daher eher, daß ihre Veränderungen jeweils Vereinfachungen der Verstehensaufgabe der Adressaten sind. Wollten sie
tatsächlich den Erwerb der Zielsprache durch die Adressaten verhindern,
könnten sie entweder jegliche Kommunikation vermeiden oder abbrechen
oder so schnelle und so schwierige Äußerungen produzieren, daß diese für
den Adressaten mit Sicherheit nicht mehr verständlich wären. Es wäre dann
auch ungewöhnlich, daß sich Xenolektsprecher die Mühe machten, von ihren
routinisierten Produktionswegen abzuweichen und auch über längere Zeit
(beobachtete zwanzig Minuten und länger) Veränderungen ihrer Sprache
gegenüber Ausländern vorzunehmen. Auch ist nicht zu beobachten, daß
Xenolekte nur für eine beschränkte Anzahl von Sprechakten verwendet
würden, etwa stereotype Charakterisierungen von Ausländern, Beschimpfungen oder Anweisungen. Eine generelle Beschränkung der Themenauswahl ist keine notwendige Bedingung für Xenolekte, sie ist jedoch häufig
naturgegeben (Beschränkung der zur Verfügung stehenden Zeit, Vorgabe
der Themen bei bestimmten Auskunftsgesprächen, Bevorzugung gemeinsamer Themen und Interessen und weiteres). Eine weiterführende Arbeit zur
Rolle von Xenolekten im Zweitspracherwerb müßte das Wechselspiel zwischen veränderter Eingabe und jeweiliger Zweitspracherwerbsstufe berücksichtigen, also über einen längeren Zeitraum beobachten, wie sich die xenolektale Eingabe mit zunehmendem Spracherwerb verändert und wie sich die
Erwerbsprogression an die Vorgaben der Xenolekte hält. Zwar ist eine
ähnliche Frage schon häufig gestellt worden, doch wurde deren Beantwortung in allen wesentlichen Zweitspracherwerbsprojekten wegen des enormen
Aufwandes einer solchen Untersuchung stets ausgeklammert. Lediglich
einige Laborversuche oder statische Merkmalsvergleiche zielen auf die Formulierung von ersten Hypothesen ab, doch ist deren Aussagekraft, wie an
früherer Stelle dargelegt, durch die artifiziellen und statischen Bedingungen
und die Beschränktheit des Datenmaterials meist eher zweifelhaft. Diese
Arbeit geht nun zumindest soweit über bestehende Untersuchungen hinaus,
als sie das Verhalten verschiedener Informanten in Gegenüberstellung zu
mehreren Adressaten mit unterschiedlichem Erwerbsniveau in authentischen Situationen untersucht. So lassen sich zumindest soweit inbezug auf
den Zweitspracherwerb vorsichtig Hypothesen formulieren, die im Gegen

satz zu einigen gängigen, aber spekulativen oder ideologiegeprägten Ansichten stehen. Aufgrund der hier gewonnenen Ergebnisse läßt sich schließen, daß die Xenolekte, also die Eingabe, stärker auf die Erfordernisse des jeweiligen Adressaten abgestimmt sind als bisher vermutet. Zwar findet keine eins-zu-eins-Anpassung an die entsprechende Varietät des Adressaten statt, und es fließen auch nicht-sprachliche Charakteristika in die Bewertung der Erfordernisse des Adressaten und damit in die Formulierung der Eingabe ein, doch scheinen die Informanten den vermeintlichen Simplizitätsbedürfnissen der Adressaten grosso modo recht nahe zu kommen[45]. Aber, und das mag erheblich wichtiger sein, sie konfrontieren die Adressaten mit einer erheblich variierenden Eingabe und mit einem möglichst hohen Anteil an zielgerechten Äußerungsstrukturen. Das heißt, die Lerner sind also nicht nur über Fernsehen und Radio oder über die Beteiligung an Gesprächen Dritter mit zielgerechten Varietäten des Deutschen konfrontiert, sie werden daran auch in direkter Kommunikation mit Deutschen beteiligt. Und wenn man die verschiedenen Informanten miteinander in der Kommunikation mit demselben Adressaten vergleicht, dann werden auch die interpersonal abweichenden Veränderungspräferenzen deutlich, die nicht zu einer einheitlich simplifizierten Eingabe beitragen. Die Ansicht, die simplifizierten Xenolekte seien die eigentliche Ursache für das Fossilieren des Erwerbsprozesses, muß also in dieser starken Form zurückgewiesen werden. Hingegen läßt sich die Hypothese formulieren, daß ausländische Adressaten, wenn sie mit zielsprachlichen Sprechern kommunizieren, in unterschiedlichem Umfang auch mit zielsprachlicher Eingabe konfrontiert werden.

Es könnte eingewendet werden, daß dieses Faktum alleine noch nicht eine Fossilierung des Erwerbsprozesses verhindern kann, da der Adressat möglicherweise nur die simplifizierten Einheiten und Strukturen aus der Eingabe herausfiltern könnte, die er verstehen kann. Wenn nun auch gerade die mitteilungszentralen Einheiten und Strukturen der Eingabe besonders stark verändert sind, was sich im Laufe dieser Untersuchung herausstellte, dann könnten sich Eingabeveränderung und Lernervarietät auf einer extrem fossilierungsverdächtigen Ebene treffen. Aber es gibt zumindest vier Gründe, warum diese Position als zu idealistisch zu verwerfen ist. Erstens zeigt die Praxis des Zweitspracherwerbs, daß Lernen auch dann möglich ist, wenn ein Element oder eine Struktur nicht (sofort) verstanden wird. Zweitens bieten

---

[45] Vergleiche hierzu die Position von Krashen (1980). Sie basiert allerdings nicht auf Beobachtungen tatsächlicher Interaktionen zwischen Eingabe und Erwerbsverlauf, sondern ist vielmehr als ein Desiderat für einen optimalen Lernverlauf im gesteuerten Zweitspracherwerb zu verstehen.

Xenolektsprecher in der Regel verschiedene Alternativen und Paraphrasen oder sonstige zusätzliche Klärungsmittel im Rahmen ihrer besonderen Präferenzen an. Verschiedene Sprecher zeigen dabei auch verschiedene Präferenzen, manche zeigen sich sogar ganz resistent gegenüber Veränderungen. Das heißt, die Eingabe ist stark variabel. Drittens müßte den Adressaten aus ihrer eigenen Muttersprache bekannt sein, daß Ausländern häufig eine veränderte Eingabe angeboten wird (worauf sie sich einstellen könnten), und viertens müßten sie dies auch an oberflächlichen Vergleichen (zum Beispiel der Sprechgeschwindigkeit, Lautstärke und anderem) mit der Kommunikation unter zielsprachlichen Sprechern feststellen können. Und das tun sie auch. Hieraus könnte sich zumindest ein gewisses (Lern-)Interesse ergeben, dem vermeintlichen Zielstandard fortschreitend näher zu kommen.

Diese vorsichtigen Hypothesen können und sollen nicht Untersuchungen des Wechselspiels zwischen Eingabe und Lernervarietät und dessen Entwicklungen im Erwerbsverlauf ersetzen. Sie können aber einzelne Ansatzpunkte liefern, die es ermöglichen, bestehende Auffassungen über die Rolle der Eingabe im Zweitspracherwerb zu korrigieren.

8.4 Aspekte xenolektaler Simplifizierung

Das Hauptaugenmerk der Xenolektforschung hat sich immer auf eine mögliche Beziehung zwischen Eingabe und Lernervarietät gerichtet. Die Relevanz von Ergebnissen der Xenolektforschung für Fragen der Sprachproduktion ist dagegen bisher völlig übersehen worden. Auch die Diskussion um die Begriffe *Reduktion, Simplifizierung* und *Komplizierung* (siehe Meisel 1977b, Widdowson 1975, Blum/Levenston 1978, Corder 1977) stellte sich vor allem als terminologische dar. Sie hat die relevanten Fragen der Produktionsprozesse umgangen oder explizit ausgeklammert. Und auch Corders Idee der *initial heuristic hypothesis* mit ihren Voraussetzungen zielte eher auf eine Klärung der erworbenen Herkunft von *simple codes* als auf deren Produktionsprozesse ab. Die vorliegende Untersuchung ist nicht darauf ausgelegt, Fragen der Produktionsprozesse unter dem Aspekt der Simplifizierung zu beantworten. Die Ergebnisse geben jedoch Anlaß zu einigen Spekulationen über die Differenzen zwischen den drei Veränderungsstufen. Deutlich zum Vorschein treten in erster Linie die unterschiedlichen Eingriffsstellen der Veränderungen. Veränderungen, wie sie in b-Äußerungen manifest werden, betreffen den Bereich der phonologischen Verarbeitung und der phonetischen Kodierung einer Mitteilung. Veränderungen, die zu c-Äußerungen führen, haben verschiedene Ansatzbereiche, können aber zusätzlich in eine

Matrix der genannten Merkmale der b-Äußerungen eingebettet sein. Sie
können in der Semantik, im Lexikon, in der Morphologie oder an verschiedenen Stellen der Syntax einsetzen. Veränderungen erfolgen jedoch nicht
pauschal für einen dieser Bereiche oder für alle Einheiten eines Teilbereiches
dieser Bereiche (zum Beispiel für alle Realisierungen einer bestimmten syntaktischen Kategorie). Sie erfolgen auch nicht generell für ein bestimmtes
Element eines dieser Teilbereiche (zum Beispiel den definiten Artikel). So
kann beispielsweise das Vorkommen des Artikels *der* in derselben Äußerung
einmal realisiert und einmal nicht realisiert sein. Das zeigt, daß die Einheiten
einer Äußerung während des Produktionsprozesses *einzeln* und nicht kate-
goriell einer Veränderung zugänglich sind. Die Tatsache, daß beim Auftreten
einer Veränderung in einer c-Äußerung deren übrige Struktur völlig unverändert, also völlig bezugssprachlich, realisiert sein kann, legt die Vermutung
nahe, daß es sich dabei um eine Art ad-hoc-Veränderungen, die in einem
fortgeschrittenen Planungsstadium stattfinden, handeln könnte.

Demgegenüber dürften die Veränderungen, die in d-Äußerungen erscheinen, obligatorische Erscheinungen eines autonomen Äußerungstypus sein,
der von den entsprechenden pragmatischen Erfordernissen der Kommunikation gesteuert wird. Eine Mitteilung, die als d-Äußerung realisiert ist, erfordert demnach eine bestimmte funktionale syntaktische Strukturierung, für
die nur die mitteilungsrelevanten Einheiten verwendet werden. Diese erscheinen in einer äußerungstypischen morphonologischen Repräsentation
und phonetischen Realisierung. „Schaltstellen" zu bezugssprachlichen Pro-
duktionsmustern bestehen innerhalb von d-Äußerungseinheiten nicht. Hier
ist daher von einem selbständigen Äußerungstypus mit einer eigenständigen,
regelgeleiteten Grammatik auszugehen, der nicht etwa aufgrund von Reduktionsprozessen zustandekommt. Gegen Reduktionsprozesse sprechen im
übrigen vier weitere Eigenschaften xenolektaler d-Äußerungsstrukturen.

1. Nicht-Realisierungen von Elementen erfolgen stets unter Begleitung von
   Umstrukturierungen des Äußerungsaufbaues, die nicht auf Auslassungen
   zurückzuführen sind. Mit der Nicht-Realisierung der Verbflexion behält
   das Verb zum Beispiel nicht etwa die gleiche Position wie in Äußerungen
   der Bezugssprache, sondern erscheint vielmehr an letzter Stelle oder
   zumindest an späterer Stelle in der Äußerung.
2. Bei Nicht-Realisierungen oder sonstigen Veränderungen übernehmen
   andere, gegenüber bezugssprachlichen Äußerungen zusätzliche, Markierungen deren Funktion. Die Nicht-Realisierung von Tempusmarkierungen hat beispielsweise die Realisierung zusätzlicher lexikalischer Markierungen oder syntaktische Umstrukturierungen zur Folge.

3. Die Nicht-Realisierung bestimmter Elemente führt unter Umständen zum Auftreten alternativer Formen. Die Nicht-Realisierung des bestimmten Artikels hat daher zum Beispiel eine andere, generalisierte oder starke, Flexion des Adjektivs zur Folge.

4. Lexikalische Paraphrasen weisen auch in starken Veränderungen unter Umständen ein erhebliches Mehr an realisierten Elementen auf, und bezugssprachlich reguläre Ellipsen (wie zum Beispiel in Imperativen) sind in stark veränderten xenolektalen Äußerungen „aufgefüllt".

Auch die häufig beobachtbaren deutlichen Pausen haben zumindest bei der Realisierung von d-Äußerungen ihre Ursache nicht in Reduktionsprozessen einer zunächst bezugssprachlichen Äußerungsrepräsentation, sie sind auf andere Ursachen zurückzuführen. Diese Ursachen werden gewöhnlicherweise unter dem Aspekt der Simplifizierung betrachtet, es wird dabei aber zuweilen übersehen, daß Simplifizierungen in Xenolekten je nach Betrachtungsaspekt gänzlich Unterschiedliches bedeuten können.

1. *Der statische Aspekt der Simplifizierung.*

Als Bezeichnung fertiger Produktionsstrukturen findet der Begriff *Simplifizierung* im Sinne des in dieser Arbeit neutraler gefaßten Ausdruckes *Veränderung* Verwendung. Die wichtigsten *Veränderungsstrukturen* sind in den Kapiteln 4 und 5 eingehend dargestellt worden. Die Frage, was eigentlich Simplizität als strukturelles Merkmal bedeutet, sollte aber weiter problematisiert werden. Insbesondere die in dieser Arbeit dargestellte sowohl quantitative als auch qualitative Untersuchung der Lexikonstrukturen, die Widersprüche zu gängigen Simplizitätshypothesen in bezug auf semantisch weniger markierte Einheiten zeigte, legt eine Überprüfung und Modifizierung des Simplizitätsbegriffes nahe.

2. *Der adressatenbezogene Aspekt der Simplifizierung.*

Er bezeichnet die Wirkung und die Konsequenzen bestimmter struktureller Veränderungen für die Dekodierungsaufgabe des Adressaten. Es wird angenommen, daß diese Veränderungen vom Adressaten leichter zu verarbeiten sind. Langsames Sprechen gilt daher als verständniserleichterndes Mittel. Die deutliche Pausenstrukturierung und die übrigen Verzögerungsphänomene werden deshalb üblicherweise als Mittel einer Klärungsstrategie verstanden. Sie treten auch dann auf, und dadurch wird die These gestützt, wenn vorgefertigte Formeln oder Texte unter einer xenolekttypischen Aufgabe abgelesen werden. Eine Reihe weiterer möglicher Erleichterungseffekte veränderter Eingabe für den Adressaten faßt im übrigen Hatch (1983a,

S.183ff) in einer Liste zusammen[46]. Es wird hier darauf verzichtet, auf die einzelnen Punkte gesondert einzugehen, da diese auch aus weiteren Veröffentlichungen hinlänglich bekannt sind. Es sollte aber darauf hingewiesen werden, daß dieses Verständnis von *Simplifizierung* auch nicht in absoluten Größen gefaßt werden kann. Es zeigt sich vielmehr, daß die möglichen Wirkungen und Konsequenzen der Verarbeitungserleichterungen von den Sprechern stets in Relation zu den vermuteten Erfordernissen der Adressaten, und damit auch unter Ökonomiegesichtspunkten für den Sprecher, behandelt werden.

3. *Der produktionsbezogene Aspekt der Simplifizierung.*

Für den Sprecher selbst bedeuten Simplifizierungen nicht notwendig eine Erleichterung seiner kommunikativen Aufgabe. Sie sind für ihn mit einer höheren Kontrolle des Verstehens des Adressaten, mit einem höheren Aufwand bei der Konzeptualisierung der Mitteilung und mit einem Verlassen der stark automatisierten Produktionsabläufe verbunden. Prozeßmäßig bedeutet das, was strukturell als Simplifikation bezeichnet werden kann, für den Sprecher also eine Komplizierung. Einige Informanten zeigen daher auch offensichtliche Schwierigkeiten im Formulierungsprozeß, die sich durch eine signifikant höhere Frequenz von Verzögerungsphänomenen (*ähs* und ähnlichem), Neuansätzen, Versprechern oder auch durch metasprachliche Einschübe (*ja, wie soll ich das ihnen erklärn?* und andere) manifestieren. Das zeitlich beschränkte Verharren bei Veränderungen und das möglichst schnelle Zurückgleiten zu bezugssprachlichen Äußerungsstrukturen, also stärker automatisierten Produktionsbedingungen, weist ebenfalls auf Erschwernisse bei den Vereinfachungsaufgaben hin. Die Hauptschwierigkeiten des Sprechers bestehen dabei:

— Im Verstehen der unter Umständen schwer verständlichen Äußerungen und der Intentionen des Adressaten.

— In der Einschätzung der Erfordernisse des Adressaten und in der Kontrolle dessen Verstehens. Er muß dabei ständig überprüfen, ob der Adressat der ihm zugemuteten Dekodierungsaufgabe gerecht wird und Verbalisiertes und Nicht-Verbalisiertes versteht.

— In der Konstruktion einer propositionalen Repräsentation unter Berücksichtigung der antizipierten Verstehensmöglichkeiten des Adressaten.

— In der Auswahl angemessener lexikalischer Konzepte. Dabei kommen

---

[46] Vergleiche auch die Arbeiten von Kelch (1985), Krashen (1980) und Chaudron (1985) zur möglichen Rolle beziehungsweise Verarbeitung der Eingabe im Spracherwerb.

auch weniger übliche xenolekttypische Konzepte in Frage, deren Zugang besonders schwierig sein kann.

Diese in ihrer Intensität gegenüber bezugssprachlichen Bedingungen erheblich verstärkten Aufgaben können nur in kontrollierten Prozessen ablaufen und nehmen daher mehr Kapazität in Anspruch als automatisierte oder teilautomatisierte Prozesse. Hierbei besteht aber die Gefahr von Interferenzen mit anderen kontrollierten Prozessen und damit die Möglichkeit von Störungen der Kommunikation, da allgemein von einer Beschränkung der vorhandenen Kapazitätsressourcen ausgegangen werden kann (vergleiche etwa Kahneman (1973) und Posner/Snyder (1975a, 1975b)). Unter diesen erschwerten Bedingungen der Kommunikation wird der Sprecher versuchen, Entlastung zu schaffen, wo dies möglich ist. Das heißt, er wird versuchen, die ihm zur Verfügung stehenden Kapazitätsressourcen möglichst effizient einzusetzen. Eine Verringerung des Produktionsaufwandes kann insbesondere durch folgende Maßnahmen erreicht werden:

— Durch eine Strukturierung, die Vorgegebenes zuerst und das Neue oder Fokussierte zuletzt realisiert. Der Nutzen einer derartigen einfacher zu verarbeitenden Mitteilungsstrukturierung ist ausführlich in Bock (1982) und Fenk-Oczlon (1983) diskutiert.

— Durch die Verbalisierung nur der mitteilungsrelevanten Information: das heißt möglichst wenige Konzeptualisierungen, die Nicht-Realisierung von Funktionselementen und die Vermeidung von redundanten Einheiten.

— Durch eine Ausdehnung der zur Verfügung stehenden Zeitspanne in einem bestimmten Rahmen. Ist dieser Rahmen allerdings zu weit ausgedehnt, ist dessen erleichternde Funktion hinfällig.

Je größer die zusätzlichen Aufgaben dabei werden, je mehr Schwierigkeiten der Adressat also mit der Zielsprache hat, desto stärker müßten die Entlastungsmaßnahmen des Sprechers durchgreifen. Neben den adressatengerichteten Effekten der Vereinfachung der Verarbeitungsaufgabe zeigen Simplifizierungen also auch Entlastungseffekte für den erhöhten Aufwand des Sprechers beim Vereinfachen seiner Mitteilungen.

Die beobachtbare inter- und intrapersonale Variation in Xenolekten ist durchaus vereinbar mit der hier dargestellten Vorstellung von den Strukturen der Veränderungen. Die Ursachen, die für deren Variation verantwortlich sind, greifen nicht selbst in die Veränderungsstrukturen ein, sie bestimmen lediglich den Rahmen ihrer Aktualisierung. Es ist daher anzunehmen, daß alle Informanten im wesentlichen ein gleiches Konzept von der Simplizität der Strukturen besitzen, daß deren Adäquatheit für eine bestimmte aktuelle Situation und einen bestimmten Adressaten aber unterschiedlich bewertet wird. Der Xenolektsprecher kann auf individuell verschiedene Erfahrungen über die Effizienz bestimmter Veränderungsstrategien zurückgreifen oder diese unter bestimmten Bedingungen entwickeln. Er kann aus situationellen und sozial-normativen Gründen bestimmte Strategien bevorzugen und große Hemmungen bei der Realisierung anderer aufweisen. Und er wird die Realisierung seines Veränderungssystems unter sprachökonomischen Gesichtspunkten, das heißt im Rahmen der Bedingungen eines *Prinzips des geringsten Aufwandes*, betrachten und nur soweit verändern, wie es ihm aus seinen subjektiven Bewertungen der Erfordernisse des Adressaten und der Mitteilung, seiner eigenen Entlastung und seiner persönlichen Ziele notwendig erscheint.

9. Ausblicke

Mit der vorliegenden Untersuchung wurde zum ersten Mal der Versuch unternommen, die eigene Grammatikalität von Xenolekten des Deutschen in ihren Besonderheiten zu beschreiben. Da die bisherigen Arbeiten zu den strukturellen Eigenschaften des *foreigner talk* ausnahmslos eine Defizienzperspektive eingenommen haben, sind weder die Funktionsweise des xenolektalen Systems noch dessen Einflußfaktoren transparent geworden. So hat sich die Xenolektforschung von ihrem eigenen Ansatz her in eine Sackgasse begeben, in der sich bis auf ganz wenige Ausnahmen in fast einem Jahrzehnt keine entscheidenden Entwicklungen abgespielt haben. Die wenigen Ausnahmen betreffen Verlagerungen des Forschungsinteresses von strukturallinguistischen Fragen zu angrenzenden Gebieten oder Disziplinen.

Es schien daher sinnvoll, einen methodologisch neuen Zugang zu suchen. Als erstes bedeutete dies eine kritische Prüfung der Adäquatheit und Repräsentativität des verwendeten Datenmaterials, und deshalb eine Abkehr von Labor- oder Literaturdaten, und eine Sammlung authentischer Gesprächsdaten aus realitätsidentischen oder realitätsnahen Situationen und auf informantenunbeeinflußte Weise. Des weiteren galt es, Kommunikationskonstellationen zu arrangieren, aus deren sprachlichen Daten sich aussagekräftige Aufschlüsse über die Relevanz und das Zusammenspiel xenolektauslösender oder -beeinflussender Variablen ergeben. Ein Schwerpunkt wurde hier auf die pragmatischen Funktionen xenolektaler Veränderungen gelegt.

Die Analyse der Daten erfolgte schließlich im Rahmen eines funktionalen Konzeptes und nicht wie bisher anhand rein kategorialer Merkmalsbeschreibungen. Wie aus allen anderen empirischen Arbeitsbereichen, und aus genau den gleichen Kriterien, ergaben sich auch aus den Ergebnissen dieser Untersuchung erhebliche Zweifel an der Adäquatheit und Aussagefähigkeit der a-priori-Verwendung der gängigen normativen Kategorien. Exemplarisch wurde an verschiedenen Referenzbereichen der Sprache, an einigen syntaktischen und lexikalisch-semantischen Strukturierungsprinzipien sowie an morphonologischen Markierungs- und phonetischen Realisierungseigenschaften die Systematik von Xenolekten analysiert und dargestellt. Im weiteren wurde dann der Einfluß sprechertypischer Präferenzen, sprachlicher und nicht-sprachlicher adressatenbedingter Faktoren sowie pragmatischer Funk-

tionen auf die Variation des Xenolektsystems untersucht. Die Systematik
pragmatisch gesteuerter Variation wurde anschließend eingehend behandelt
und ausführlich anhand von Niveaubestimmungen dargestellt.

Über die zentralen Interessengebiete der Untersuchung hinaus, bestätigte
sich die Relevanz der Ergebnisse für angrenzende Forschungsbereiche und
Bereiche, die mit ähnlichem Sprachmaterial arbeiten. So ließen sich einige
Spekulationen über die Rolle von Xenolekten im Zweitspracherwerb zu-
rückweisen und andere, aufgrund der neuen Ergebnisse gewonnene Arbeitshypothesen formulieren. Mit diesen genaueren Positionsbeschreibungen ergeben sich nun interessante Ansatzpunkte für weitere Untersuchungen, die
aufgrund der hier verwendeten Querschnittsdaten und wegen deren immen-
sen Umfanges in dieser Arbeit nicht geleistet werden konnten. Nur eine
longitudinale Untersuchung des Zweitspracherwerbs, die nicht nur jeweils
eine Seite der Beteiligten verfolgen würde, könnte über das Wechselspiel und
die relevanten Einflußfaktoren von Grammatiken Aufschluß geben, die sich
auf Seiten des Lerners und des Xenolektsprechers entwickeln.

Die Forschung in anderen gelegentlich so genannten 'Reduktionssspra-
chen', bei denen die Verwendung der Bezeichnung 'Reduktion' nicht weniger
zweifelhaft als in Xenolekten ist, könnte sich für die Systematik von Xenolekten interessieren. So dürfte zum Beispiel die neueste Aphasieforschung
(vergleiche Heeschen 1985, Kolk/Grunsven 1985) nicht nur Unterstützung
für eine neue, bisher stark vernachlässigte methodologische Vorgehensweise
finden, sie könnte auch auffällige strukturelle Gemeinsamkeiten in den d-
Äußerungen von Xenolektsprechern und Agrammatikern (den sogenannten
„Telegrammatikern") erkennen, und sie dürfte — bei Berücksichtigung der
unterschiedlichen Ausgangsbedingungen der Sprecher — auch Parallelen in
deren strategischem Verhalten entdecken.

10. Literaturverzeichnis

ALTMANN (1981): Altmann, Hans: Formen der „Herausstellung" im Deutschen: Rechtsversetzung, Linksversetzung, Freies Thema und verwandte Konstruktionen. Tübingen 1981.

AMMON (1972): Ammon, Ulrich: Zur sozialen Funktion der pronominalen Anrede im Deutschen. In: LiLi 7, 1972, S.73-88.

ARTHUR ET AL. (1980): Arthur, B./ Weiner, R. / Culver, M. / Lee, Y.J. / Thomas, D.: The Register of Impersonal Discourse to Foreigners: Verbal Adjustments to Foreign Accent. In: Larsen-Freeman, D.: Discourse Analysis in Second Language Research. Rowley 1980, S.111-124.

BECKER ET AL. (1978): Becker, A./Dittmar, N./Klein, W.: Sprachliche und soziale Determinanten im kommunikativen Verhalten ausländischer Arbeiter. In: Quasthoff, U.: Sprechstruktur-Sozialstruktur. Kronberg 1978, S.158-192.

BEHAGHEL (1932): Behaghel, Otto: Deutsche Syntax. Bde. 1-4. Heidelberg 1931-1932.

BENJAMIN (1969): Unseld, S.: Walter Benjamin, Illuminationen - Ausgewählte Schriften. Frankfurt 1969.

BETHKE (1984): Bethke, Inge: Der freie Artikel oder der/die/das als Pronomen. Magisterarbeit. München 1984.

BLOOMFIELD (1933): Bloomfield, Leonhard: Language. Chicago 1961.

BLUM / LEVENSTON (1978): Blum, S./Levenston, E.A.: Universals of Lexical Simplification. In: Language Learning 28,2, 1978, S.399-415.

BOCK (1982): Bock, Kathryn J.: Toward a Cognitive Psychology of Syntax: Information Processing Contributions to Sentence Formulation. In: Psychological Review 89,1, 1982, S.1-47.

BODEMAN/OSTOW (1975): Bodeman, M./Ostow, R.: Lingua Franca und Pseudo-Pidgin in der Bundesrepublik: Fremdarbeiter und Einheimische im Sprachzusammenhang. In: LiLi 18. Göttingen 1975, S.122-146.

CARROLL / DIETRICH (1983): Carroll, M./Dietrich, R.: Object Reference in Learner Languages. Manuskript. Heidelberg 1983.

CHAUDRON (1985): Chaudron, Craig: Intake: On Models and Methods for Discovering Learner's Processing of Input. In: Studies in Second Language Aquisition 7-1, 1985, S.1-14.

CLARK (1979): Clark, Eve V.: The Ontogenesis of Meaning. Wiesbaden 1979.

CLYNE (1968): Clyne, Michael G.: Zum Pidgin-Deutsch der Gastarbeiter. In: Zeitschrift für Mundartforschung 35, Wiesbaden 1968, S.130-139.

CLYNE (1975): Clyne, Michael G.: German and English Working Pidgins. Paper presented at the International Congress on Pidgins and Creoles. Honolulu 1975.

CLYNE (1977): Clyne, Michael G.: Intercultural Communication Breakdown and Communication Conflict: Towards a Linguistic Model and its Exemplification. In: Molony, C./Zobl, H./Stölting, W.: Deutsch im Kontakt mit anderen Sprachen. Kronberg 1977, S.129-146.

CLYNE (1978): Clyne, Michael G.: Some Remarks on Foreigner Talk. In: Dittmar/Haberland/Skutnabb-Kangas/Teleman: ROLIG papir 12, Roskilde 1978, S.155-169.

CLYNE (1980): Clyne, Michael G.: Zur Regelmäßigkeit von Sprachkontakterscheinungen bei Bilingualen. In: Zeitschrift für Germanistische Linguistik 8, 1980, S.23-33.

CLYNE (1981): Clyne, Michael G.: 'Second Generation' Foreigner Talk in Australia. In: International Journal of the Sociology of Language 28, 1981, S.69-80.

CORDER (1977): Corder, S.P.: 'Simple Codes' and the Source of the Second Language Learner's Initial Heuristic Hypothesis. In: Studies in Second Language Acquisition 1.1, 1977, S.1-10.

CORDER/ROULET (1977): Corder, S.P./Roulet, E. (Eds.): Actes du 5ème colloque de linguistique appliquée de Neuchâtel. The Notions of Simplification, Interlanguages and Pidgins and Their Relation to Second Language Pedagogy. Neuchâtel 1977.

DIK (1978): Dik, Simon C.: Functional Grammar. Amsterdam 1978.

DIK (1983): Dik, Simon C.: Funktionale Grammatik - Eine Übersicht. In: Studium Linguistik 14/1983, S.1-19.

DITTMAR (1982): Dittmar, Norbert: „Ich fertig arbeite, nich mehr spreche Deutsch". In LiLi 45/12, 1982, S.9-34.

DITTMAR/RIECK (1977): Dittmar, N./Rieck, B.-O.: Datenerhebung und Datenauswertung im Heidelberger Forschungsprojekt „Pidgin-Deutsch spanischer und italienischer Arbeiter". In: Bielefeld, H.-U./Hess-Lüttich, E.W./Lundt, A.: Soziolinguistik und Empirie. Wiesbaden 1977, S.59-89.

EHLICH (1982): Ehlich, Konrad: Connectedness in sentence, discourse and text. In: Ehlich, K./ Riemsdijk H.v.: Proceedings of the Tilburg Conference, Tilburg 1982.

EHRICH (1982): Ehrich, Veronika: Da and the System of Spatial Deixis in

German. In: Weissenborn, J./Klein, W.: Here and There. Cross-linguistic Studies on Deixis and Demonstration. Amsterdam/Philadelphia 1982, S.43-63.

EISENSTEIN (1983): Eisenstein, Miriam: Native Reactions to Non-Native Speech: A Review of Empirical Research. In: Studies in Second Language Acquisition 5.2., 1983, S.160-176.

FASOLD (1984): Fasold, Ralph W.: The Sociolinguistics of Society. Oxford 1984.

FENK-OCZLON (1983): Fenk-Oczlon, Gertraud: Ist die SVO-Wortfolge die „natürlichste"? In: Papiere zur Linguistik 29,2, 1983, S.23-32.

FERGUSON (1971): Ferguson, Charles A.: Absence of Copula and the Notion of Simplicity. A Study of Normal Speech, Baby Talk, Foreigner Talk and Pidgins. In: Hymes, D.: Pidginization and Creolization of Languages. Cambridge 1971, S.141-150.

FERGUSON (1975): Ferguson, Charles A.: Toward a Characterization of English Foreigner Talk. In: Anthropological Linguistics 17, 1975, S.1-14.

FERGUSON (1977): Ferguson, Charles A.: Simplified Registers, Broken Language and Gastarbeiterdeutsch. In: Molony, C./Zobl, H./Stölting, W.: Deutsch im Kontakt mit anderen Sprachen. Kronberg 1977, S.25-39.

FREED (1978): Freed, Barbara F.: Foreigner Talk: A Study of Speech Adjustments Made by Native Speakers of English in Conversation with Non-Native-Speakers. Ann Arbor 1978.

GASKILL ET AL. (1977): Gaskill, W./Campbell, C./ Van der Brook, S.: Some Aspects of Foreigner Talk. In: Henning, C.A.: Proceedings of the Los Angeles Second Language Research Forum. Los Angeles 1977, S.94-106.

GASS/VARONIS (1985): Gass, S.M./Varonis, E.M.: Variation in Native Speaker Speech Modification to Non-Native Speakers. In: Studies in Second Language Acquisition 7-1, 1985, S.37-57.

GILES/STCLAIR (1979): Giles, H./StClair, R. (Ed.): Language and Social Psychology. Language in Society 1, Oxford 1979.

GIVON (1979): Givon, Talmy: From Discourse to Syntax: Grammar as a Processing Strategy. In: Givon, Talmy: Syntax and Semantics 12, Discourse and Syntax. New York/San Francisco/London 1979, S.81-112.

GIVON (1983): Givon, Talmy (Ed.): Topic continuity in Discourse: A Quantitative Cross-Language Study. Amsterdam 1983.

GRUNDZÜGE (1981): Heidolph, K.E./Flämig, W./Motsch, W.: Grundzüge einer deutschen Grammatik. Berlin 1981.

HARTMANN (1982): Hartmann, Dietrich: Deixis and Anaphora in German Dialects: The Semantics and Pragmatics of Two Definite Articles in Dialectal Varieties. In: Weissenborn, J./Klein, W.: Here and There.

Cross-Linguistic Studies on Deixis and Demonstration, Amsterdam/Philadelphia 1982, S.187-207.

HARWEG (1979): Harweg, Roland: Pronomina und Textkonstitution. München 1979.

HATCH (1978): Hatch, Evelyn M.: Discourse analysis, speech acts, and second language acquisition. In: Ritchie, W.C.: Second language acquisition research. Issues and implications. New York 1978, S.137-155.

HATCH (1983a): Hatch, Evelyn M.: Psycholinguistics: A Second Language Perspective. Rowley 1983.

HATCH (1983b): Hatch, Evelyn M.: Simplified Input and Second Language Acquisition. In: Anderson, R.: Pidginization and Creolization as Language Acquisition. Rowley 1983, S. 64-86.

HATCH ET AL. (1978): Hatch, E./Shapira, R./Gough, J.: "Foreigner Talk" Discourse. In: Review for Applied Linguistics, Leuven 1978, S.39-60.

HEESCHEN (1985): Heeschen, Claus: Agrammatism versus Paragrammatism: A Fictitious Opposition. In: Kean, M.L.: Agrammatism. Orlando 1985, S.207-248.

HELBIG/BUSCHA (1979): Helbig, G./Buscha, J.: Deutsche Grammatik. Leipzig 1979.

HENZL (1975): Henzl, Vera M.: Speech of foreign language teachers: A sociolinguistic register analysis. Vortrag beim 4. AILA-Kongreß, Stuttgart 1975.

HFP (1975): Heidelberger Forschungsprojekt „Pidgin-Deutsch": Sprache und Kommunikation ausländischer Arbeiter. Kronberg 1975.

HFP (1977): Heidelberger Forschungsprojekt „Pidgin-Deutsch": Aspekte der ungesteuerten Erlernung des Deutschen durch ausländische Arbeiter. In: Molony, C./Zobl, H./Stölting, W.: Deutsch im Kontakt mit anderen Sprachen. Kronberg 1977, S.147-183.

HINNENKAMP (1982): Hinnenkamp, Volker: „Foreigner Talk" und „Tarzanisch". Hamburg 1982.

HINNENKAMP (1985): Hinnenkamp, Volker: Zwangskommunikative Interaktion zwischen Gastarbeitern und Deutscher Behörde. In: Rehbein, J.: Interkulturelle Kommunikation. Tübingen 1985, S.276-298.

HINNENKAMP (1986): Hinnenkamp, Volker: The Conversational Accomplishment of the Social and Ethnic Category of 'Turkish Guestworkers'. Paper presented at the International Conference on 'Erving Goffman An Interdisciplinary Appreciation', held at York University, England, 8-11 July 1986.

JACOBS (1984): Jacobs, Joachim: Funktionale Satzperspektive und Illokutionssemantik. In: Linguistische Berichte 91, 1984, S.25-58.

JORDAN/FULLER (1975): Jordan, B./Fuller, N.: On the Non-Fatal Nature of Trouble: Sense-Making and Trouble-Managing in Lingua Franca Talk. In: Semiotica 13, 1975, S.11-31.

KAHNEMAN (1973): Kahneman, D.: Attention and effort. Prentice-Hall 1973.

KARAPANAGIOTOU (1983): Karapanagiotou, Anastasia: Untersuchung zum Foreigner Talk im Deutschen. Magisterarbeit, Heidelberg 1983.

KATZ (1981): Katz, Joel T.: Children's Second-Language Acquisition: The Role of Foreigner Talk in Child-Child Interaction. In: International Journal of the Sociology of Language 28, 1981, S.53-68.

KELCH (1985): Kelch, Ken: Modified Input as an Aid to Comprehension. In: Studies in Second Language Acquisition 7-1, 1985, S.81-90.

KLEIN (1978): Klein, Wolfgang: Reguläre Ellipsen im Deutschen. Manuskript. Nijmegen 1978.

KLEIN (1981): Klein, Wolfgang: Some Rules of Regular Ellipsis in German. In: Klein, W./Levelt, W.: Crossing the Boundaries in Linguistics. Dordrecht 1981, S.51-78.

KLEIN (1984a): Klein, Wolfgang: Zweitspracherwerb. Eine Einführung. Königstein 1984.

KLEIN (1984b): Klein, Wolfgang: Bühler Ellipse. In: Graumann, C.F./Herrmann, T.: Fünfzig Jahre Axiomatik der Sprachwissenschaften. Frankfurt 1984, S.117-141.

KLEIN/PERDUE (1985): Klein, W./Perdue, C.: Utterance structure in L2-Learners. Manuskript. Nijmegen 1985.

KLEIN/RIECK (1982): Klein, W./Rieck, B.-O.: Der Erwerb der Personalpronomina im ungesteuerten Spracherwerb. In: LiLi 45/1982, S.36-71.

KOLK/GRUNSVEN (1985): Kolk, H.H.J./Grunsven, M.M.F. v.: Agrammatism as a Variable Phenomenon. In: Cognitive Neuropsychology 2(4), 1985, S.347-384.

KRASHEN (1980): Krashen, Stephen: The Input Hypothesis. In: Alatis, J.E.: Current Issues in Bilingual Education. Washington D.C. 1980, S.168-180.

LABOV (1972a): Labov, William: Sociolinguistic Patterns. Philadelphia 1972.

LABOV (1972b): Labov, William: Language in the Inner City: Studies in the Black English Vernacular. Philadelphia 1972.

LABOV (1978): Labov, William: Sprache im sozialen Kontext. Königstein 1978.

LABOV/WALETZKY (1967): Labov, W./Waletzky, J.: Narrative Analysis: Oral Versions of Personal Experience. In: Helm, J.: Essays on the Verbal and Visual Arts. Proceedings of the 1966 Annual Spring Meeting of the American Ethnological Society, Seattle/London 1967, S.12-44.

LATTEY (1982): Lattey, Elsa M.: Foreigner Talk in the U.S. and Germany: Contrast and Comparison. Vortrag beim LSA-meeting New York, Dezember 1982.

LINDGREN (1957): Lindgren, Kaj B.: Über den oberdeutschen Präteritumschwund. (Suomalaisen Tiedeakatemian Toimituksia Annales Academiae Scientiarum Fennicae). Helsinki 1957.

LONG (1982): Long, Michael H.: Adaptation an den Lerner. In: LiLi 45/12, 1982, S.100-119.

LONG (1983): Long, Michael H.: Linguistic and Conversational Adjustments to Non-Native Speakers. In: Studies in Second Language Acquisition 5.2, 1983, S.177-193.

LUTZ (1981): Lutz, Luise: Zum Thema „Thema". Hamburger Arbeiten zur Linguistik und Texttheorie. Hamburg 1981.

MEISEL: (1975) Meisel, Jürgen M.: Ausländerdeutsch und Deutsch ausländischer Arbeiter. Zur möglichen Entstehung eines Pidgin in der BRD. In: LiLi 18/1975, S.9-53.

MEISEL (1977a): Meisel, Jürgen M.: The Language of Foreign Workers in Germany. In: Molony, C./Zobl, H./Stölting, W.: Deutsch im Kontakt mit anderen Sprachen. Kronberg 1977, S.184-212.

MEISEL (1977b): Meisel, Jürgen M.: Linguistic Simplification: A Study of Immigrant Workers' Speech and Foreigner Talk. In: Corder, S.P./Roulet, E.: The Notions of Simplification, Interlanguages and Pidgins and Their Relation to Second Language Pedagogy. Neuchâtel 1977, S.88-113.

MÜHLHÄUSLER (1981): Mühlhäusler, Peter: Foreigner Talk: Tok Masta in New Guinea. In: International Journal of the Sociology of Language 28, 1981, S.93-113.

MÜHLHÄUSLER (1984): Mühlhäusler, Peter: Tracing the Roots of Pidgin German. In: Language and Communication 4-1, 1984, S.27-57.

OLYNYK ET AL. (1983): Olynyk, M./Sankoff, D./d'Anglejan, A.: Second Language Fluency and the Subjective Evaluation of Officer Cadets in a Military College. In: Studies in Second Language Acquisition 5.2, 1983, S.213-236.

OOMEN (1977): Oomen, Ingelore: Determination bei generischen, definiten und indefiniten Beschreibungen im Deutschen. Tübingen 1977.

PERDUE ET AL. (1982): Perdue, C. et al.: Second Language Acquisition by Adult Immigrants. A Field Manual. Strasbourg 1982.

POSNER/SNYDER (1975a): Posner, M.J./Snyder, C.R.R.: Attention and cognitive control. In: Solso, R.L.: Information processing and cognition. Hillsdale 1975, S. 55-85.

POSNER/SNYDER (1975b): Posner, M.J./Snyder, C.R.R.: Facilitation and inhibition in the processing of signals. In: Rabbit, P.M.A./Dornic, S.: Attention and performance. New York 1975, S. 669-682.

QUASTHOFF (1980): Quasthoff, Uta M.: Erzählen in Gesprächen. Tübingen 1980.

RAUH (1983): Rauh, Gisa: Tenses as Deictic Categories. An Analysis of English and German Tenses. In Rauh, G.: Essays on Deixis. Tübingen 1983, S.229-275.

REHBEIN (1977): Rehbein, Jochen: Komplexes Handeln. Elemente zur Handlungstheorie der Sprache. Stuttgart 1977.

ROCHE (1982): Roche, Jörg: Merkmale des Foreigner Talk im Deutschen. Magisterarbeit. München 1982.

ROMAINE (1984): Romaine, Suzanne: The Status of Sociological Models and Categories in Explaining Language Variation. In: Linguistische Berichte 90, 1984, S.25-38.

RYAN (1983): Ryan, Ellen B.: Social Psychological Mechanisms Underlying Native Speaker Evaluations of Non-Native Speech. In: Studies in Second Language Acquisition 5.2, 1983, S.148-159.

SCHERER (1984): Scherer, Hans S.: Sprechen im situativen Kontext. Theorie und Praxis der Analyse spontanen Sprachgebrauchs. Tübingen 1984.

SCHLIEBEN-LANGE (1979): Schlieben-Lange, Brigitte: Linguistische Pragmatik. Stuttgart 1979.

SCHLIEBEN-LANGE/WEYDT (1978): Schlieben-Lange, B./Weydt, H.: Für eine Pragmatisierung der Dialektologie. In: Zeitschrift für Germanistische Linguistik 6.3, 1978, S.257-282.

SCHMITZ (1983): Schmitz, Ulrich: Zählen und Erzählen - Zur Anwendung statistischer Verfahren in der Textlinguistik. In: Zeitschrift für Sprachwissenschaft 2,1/1983, S.132-143.

SCHUHMACHER (1973): Schuhmacher, W.W.: Die Entwicklung des Afrikaans - ein Anpassungsvorgang. In: Grundlagenstudien aus Kybernetik und Geisteswissenschaft. Band 14, Heft 1, 1973, S.33-34.

SCHUMANN/STAUBLE (1983): Schumann, J.H./Stauble, A.-M.: A Discussion of Second Language Acquisition and Decreolization. In: Andersen, R. W.: Pidginization and Creolization As Language Acquisition. Rowley 1983, S.260-274.

SGALL ET AL. (1973): Sgall, P./Hajicova, E./Benesova, E.: Topic, focus, and generative semantics. Kronberg 1973.

SNOW ET AL. (1981): Snow, C.E./Van Eeden, R./Muysken, P.: The Interactional Origins of Foreigner Talk: Municipal Employees and Foreign Workers. In: International Journal of the Sociology of Language 28, 1981, S.81-91.

STECHOW (1981): Stechow, Arnim von: Topic, Focus and Local Relevance. In: Klein, W./Levelt, W.: Crossing the Boundaries in Linguistics. Dordrecht 1981, S.95-130.

STOCKER-EDEL (1977): Stocker-Edel, Anna: The Responses of Wellingtonians to a Foreigner's English. In: Archivum Linguisticium 26, 1977, S. 13-27.

STUTTERHEIM (1984): Stutterheim, Christiane v.: Temporality in learner varieties. A first report. In: Linguistische Berichte 92, 1984, S.31-45.

TECHTMEIER (1984): Techtmeier, Bärbel: Das Gespräch. Funktionen, Normen und Strukturen. Berlin 1984.

TEKINAY (1984): Tekinay, Alev: Wie eine „Mischsprache" entsteht. In: Muttersprache 5-6, 1984, S.396-403.

TROPF (1983): Tropf, Herbert S.: Variation in der Phonologie des ungesteuerten Zweitspracherwerbs. Bd.1: Theorie und Methode. Bd.2: Analyse der Daten. Heidelberg 1983.

VALDMAN (1977): Valdman, Albert: L'effet de modèles culturels sur l'élaboration du langage simplifié (Foreigner Talk). In: Corder S.P./ Roulet, E.: The Notions of Simplification, Interlanguages and Pidgins and Their Relation to Second Language Pedagogy. Neuchâtel 1977, S.114-131.

VALDMAN (1981): Valdman, Albert: Sociolinguistic Aspects of Foreigner Talk. In: International Journal of the Sociology of Language 28, 1981, S.41-52.

VATER (1979): Vater, Heinz: Das System der Artikelformen im gegenwärtigen Deutsch. Tübingen 1979.

VATER (1984): Vater, Heinz: Determinantien und Quantoren im Deutschen. In: Zeitschrift für Sprachwissenschaft 3,1/1984, S.19-42.

WAGNER-GOUGH/HATCH (1976): Wagner-Gough, J./Hatch, E.: The Importance of Input Data in Second Language Acquisition Studies. In: Language Learning 25/2, 1976, S.297-308.

WEINRICH (1971): Weinrich, Harald: Tempus. Besprochene und erzählte Welt. Stuttgart 1971.

WEINRICH (1982): Weinrich, Harald: Textgrammatik der französischen Sprache. Stuttgart 1982.

WENK (1978): Wenk, Brian J.: A Methodological Contribution to the Phonetic Study of Foreigner Talk. In: Working Papers on Bilingualism No.16, Toronto 1978, S.43-53.

WIDDOWSON (1975): Widdowson, H.G.: The Significance of Simplification. In: Studies in Second Language Acquisition 1,1/1975, S.11-20.

WTBW (1978): Werkgroep taal buitenlandse werknemers: Nederlands tegen buitenlanders. Publikaties van het Instituut voor Algemene Taalwetenschap 18, Amsterdam 1978.

SOZIOLINGUSTIK UND SPRACHKONTAKT
SOCIOLINGUISTICS AND LANGUAGE CONTACT

The Sociolinguistics of Urban Vernaculars

Case Studies and their Evaluation

Edited by Norbert Dittmar and Peter Schlobinski
Large-octavo. XX, 276 pages. 1988. Cloth DM 162,—
ISBN 3 11 010534 9 (Bd./Vol. 1)

CHRISTIANE VON STUTTERHEIM

Temporalität in der Zweitsprache

Eine Untersuchung zum Erwerb des Deutschen durch türkische Gastarbeiter

Groß-Oktav. XIV, 364 Seiten. 1986. Ganzleinen DM 156,—
ISBN 3 11 010696 5 (Bd./Vol. 2)

PETER SCHLOBINSKI

Stadtsprache Berlin

Eine soziolinguistische Untersuchung

Groß-Oktav. XIV, 302 Seiten, diverse Tabellen. 1987.
Ganzleinen DM 136,— ISBN 3 11 010914 X (Bd./Vol. 3)

Variation and Convergence

Studies in Social Dialectology

Edited by Peter Auer and Aldo di Luzio
Large-octavo. VIII, 320 pages, various illustrations.
1988. Cloth DM 178,— ISBN 3 11 011045 8 (Bd./Vol. 4)

Preisänderungen vorbehalten

Walter de Gruyter   Berlin · New York